Julia K. Stein

10 sichere Schritte zu einem Studium in den USA

99/2000er AUSGABE

TIA

Julia K. Stein

10 sichere Schritte zu einem Studium in den USA

99/2000er AUSGABE

TIA

Universitäten und Colleges

Hochschulwahl

Finanzierung

Bewerbungsablauf

Bewerbungsaufsätze

Stipendien

Austauschprogramme

Campus Leben

Die deutsche Bibliothek – CIP-Einheitsaufnahme

Julia K. Stein

10 sichere Schritte zu einem Studium in den USA

1. Auflage – Bonn, TIA Verlag 1999

ISBN 3-933155-03-7

TIA

Tel.: (02 28) 97 35-120, Fax: (02 28) 97 35-190

E-Mail: tiaservice@aol.com

ACHTUNG

Haftung für etwaige Personen-, Sach- und Vermögensschäden ist in jeder Beziehung ausgeschlossen.

Die Informationen in diesem Buch sind sorgfältig überprüft worden, und es ist beabsichtigt, aktuelle und genaue Informationen zu den einzelnen Themen bereitzustellen. Für etwaige Fehler kann allerdings nicht gehaftet werden.

Layout: Michael Paduch (Idee); Julia K. Stein (Umsetzung)

Korrektorinnen: Dagmar Giersberg, Feray B. Kurt, Kattrin Graff

Umschlaggestaltung: Tom Stahlhut

ISBN 3-933155-03-7

Robert M. Berdahl
Chancellor
University of California, Berkeley

Studying abroad can be one of the most enriching, memorable experiences a university student can have. I know that my time as a graduate student in Germany proved invaluable to my studies and provided wonderful associations with scholars in Germany, many of whom remain friends and colleagues to this day.

Studying abroad provides two educations at once. At prestigious U.S. universities, students have the opportunity to advance their learning with some of the world's most renowned scholars. At the same time, international students studying in the U.S. find themselves immersed in the lively culture and politics of America.

At Berkeley, we have an excellent program for international students. Each year, nearly 4,000 students from more than 100 countries study at Berkeley,both as undergraduates and graduate students. Slightly more than half of our international students are from Asia, but nearly one in five are from Europe, and the numbers are increasing each year. We have students from more than 32 European nations, with the largest number of students coming from Germany.

In addition, we have a very active summer program that is popular with international students. During our summer session, approximately 8 percent of our students come from outside the United States. We offer a full-range of classes in sessions that involve as few as two weeks to as many as 10 weeks. It is a wonderful way for international students to experience studying and living here.

If you are considering studying abroad, I wish you well. It can be a rich and wonderful experience - one that you will undoubtedly remember for the rest of your life.

Icons

Wir wollen es Dir so leicht wie möglich machen. Zur besseren Übersicht benutzen wir Bilder, die Dir helfen, die wichtigsten Informationen schnell zu finden.

Die Informationen neben diesem Icon können Dir Zeit, Geld und überflüssige Arbeit sparen.

Neben diesem Icon findest Du weiterführende Literatur.

Wichtige Hinweise. Diese Informationen solltest Du genau beachten.

Neben diesem Icon findest Du praktische Beispieltexte und Erfahrungsberichte und Hintergrundinformationen.

Alle Adressen findest Du am Ende des Buches, aber einige erschienen mir wichtig genug, sie schon vorher aufzuführen.

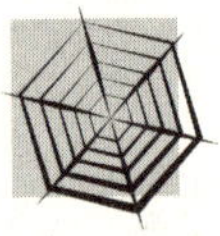

Im WorldWideWeb findest Du viel Interessantes zum Thema Studium in den USA, denn die amerikanische Öffentlichkeit ist viel stärker vernetzt als die deutsche. Hier findest Du nützliche Adressen.

Weitere Informationen kannst Du mit Hilfe der Infokarten am Ende des Buches anfordern oder rufe einfach bei TIA in Bonn an.
Tel.: 0228 9735 0 Fax: 0228 9735 190

Einleitung

Du willst in den USA studieren? Eine gute Idee!

Mehr als 480.000 internationale Studenten sind an US-Universitäten, *College*s und höheren Bildungsstätten eingeschrieben, ungefähr 14% der internationalen Studenten kommen aus Europa. Warum? Weil kein anderes Land eine derartige Vielfalt von Studienmöglichkeiten in allen erdenklichen Disziplinen und auf allen Niveaustufen bietet wie die USA. Die wissenschaftlichen Ressourcen, die Büchereien, das vorteilhafte Zahlenverhältnis von Professoren und Studenten, der Campus mit seinem großen kulturellen Angebot und nicht zuletzt die besseren Aussichten, die ein amerikanischer Abschluß oder eine amerikanische Zusatzqualifikation bieten können, sind für viele ein Grund, in den USA zu studieren. Auch wenn man Vorbehalte in anderer Hinsicht gegenüber den USA hat: Die Studienbedingungen können phantastisch sein, verglichen mit vielen deutschen Universitäten erscheinen sie (leider) häufig äußerst phantastisch.

Obwohl es recht „in“ ist, in den USA zu studieren, gibt es erstaunlich wenig Insider-Informationen zum Thema. Das wird sich mit diesem Buch ändern.

Die entscheidenden Fragen sind bisher nicht ausführlich beantwortet worden: Wer kann wo, was, wann, wie am besten studieren? Und vor allem: Wie bewerbe ich mich und bestehe im rigorosen Wettbewerb um die begehrtesten Studienplätze? Woher bekomme ich das nötige Geld?

Du hast Glück, denn das Buch, das Du in den Händen hältst, wird viele Deiner Fragen beantworten. Wenn Du noch mehr Fragen hast, die Deiner Meinung nach endlich beantwortet werden sollten, bitte ich um eine Nachricht an Jstein2609@aol.com.

Als ich mich 1989 erstmals in den USA bewarb, gab es so ein Buch nicht. Ich kämpfte mich durch die Bücherei des Amerikahauses in Köln und kopierte unzählige Seiten. Dieses Buch hätte vieles leichter gemacht. Mein eigener „Bewerbungskampf" hat Vorteile für Dich, denn erstens weiß ich genau, wovon ich spreche. Zweitens kannst Du Deine Chancen mit meiner Hilfe optimieren. Wenn Du dieses Buch gelesen hast, sind Deine Chancen, an Deiner Traumuniversität angenommen zu werden, erheblich gestiegen. Schon deshalb, weil Du wesentlich genauer wissen wirst, was auf Dich zukommt und worauf die *College*s und Universitäten Wert legen.

Eines sollte jedem, der in den USA studieren möchte, deutlich vor Augen stehen: *You get what you give* und *life is not a sofa.* Um ein Studium in den USA zu absolvieren, sind Motivation, Einsatz und noch einiges mehr vonnöten.

Wie man dieses Buch lesen sollte

Da es *das* Studium in den USA nicht gibt, genauso wenig wie *den* deutschen Studenten, werde ich verschiedene Möglichkeiten für verschiedene Studenten und Studienfächer beschreiben. Einiges fällt allerdings unter Basiswissen. Grundsätzliches Wissen schadet – wie immer – eigentlich niemandem. Wenn Du das amerikanische Bildungssystem kennst, hast Du automatisch ein klares Bild von Deinen Mitbewerbern und davon, worauf es den Hochschulen ankommt.

Grundsätzlich solltest Du die zehn Schritte lesen, aber das Buch ist so gegliedert, daß Du nicht alle Abschnitte der einzelnen Schritte lesen mußt. Juristen können sich logischerweise die Hinweise für Mediziner sparen, *College*-Bewerber die Hinweise für *Graduate students,* nur das Kapitel über die Bewerbungsaufsätze sollten alle lesen.

Das ist einleuchtend, und die Gliederung macht zeitsparendes Lesen möglich. Da die finanzielle Seite des Studiums für einige Vorhaben weniger deprimierend als für andere ist, wird in Schritt 5 ebenfalls nach Vorhaben unterschieden. Wichtig für alle ist, sich nicht zu schnell entmutigen zu lassen. Während sich in Deutschland die Einschreibung an der Uni größtenteils im Warten erschöpft, und die einzige intellektuelle Leistung in der Auswahl der richtigen Schlange zum richtigen Zeitpunkt im richtigen Studentensekretariat besteht, ist eine Bewerbung in den USA wesentlich aufwendiger: Das richtige Programm muß ausfindig gemacht werden, bürokratische Hürden genommen, ein Aufsatz geschrieben, Formulare ausgefüllt und der richtige Lehrer oder Professor, der Empfehlungen verfaßt, gefunden werden.

Beachte das Glossar am Ende von Schritt 10. Dort werden viele Begriffe beschrieben, auf die Du in diesem Buch, aber auch bei der Vorbereitung eines Studiums in den USA, immer wieder stoßen wirst.

Eins steht fest: In den USA gibt es hervorragende Universitäten. Warum nicht die Chancen nutzen, die sich bieten? Warum nicht andere Menschen kennenlernen, etwas Neues lernen und dabei die Chancen auf dem Arbeitsmarkt, der bekanntermaßen von fortschreitender Globalisierung der Märkte geprägt ist, verbessern? Ich habe noch niemanden getroffen, der ein Studium in den USA, ein Jahr oder länger, bereut hätte.

Übrigens: Wenn ich Universität schreibe, meine ich *College*s und Universitäten. Falls sich die Hinweise nur auf Universitäten beziehen, wird das aus dem Zusammenhang deutlich. Der Unterschied zwischen *College* und Universität wird in Schritt 1 erklärt.

Wenn ich Studenten schreibe, meine ich auch die Studentinnen.

Vielen, vielen Dank an Christian Hetzner und Becky Trapp für die mühsame Zusammenstellung der Adressen und Stipendien und die vielen Hinweise, die eben nur waschechte Amerikaner geben können. Das gleiche gilt für Becky Trout (Go Wesleyan!) für den Beitrag über Sport in den USA.

Dank an Michelle, Kimberley, Jennifer, Evie, Michael, Jake, Meredith, Cathleen, Narasu, Marquis, Abby, Jennifer, Nick, Santiago, Arin, Heather, Ruth, Lucas, Lisa, Andrea, Dakota, Phillip, Julia, Patty, Sarah Meenely Kyder, Professor Creeger, Professor Paul Feyerabend, Professor Novak, Heinz und Heidrun und alle anderen, die meine Zeit in den USA so interessant gemacht haben.

AUFGEPASST

Als allerallererstes: Du mußt Dich mindestens ein Jahr im voraus bewerben. Sieh Dir bitte Schritt 4 an. Dort kannst Du überschauen, wieviel Zeit Du bis zu den nächsten Bewerbungsschlüssen hast – damit Du nicht gemütlich anfängst, dieses Buch zu lesen und womöglich die letzte Möglichkeit zur Bewerbung verschläfst.

Schritt 1: Die Basics

Das amerikanische Bildungssystem ist zu einem viel geringeren Teil staatlich gesteuert als das deutsche. Die Kosten werden zu einem nicht unerheblichen Teil von den Studenten, von derzeitigen und von ehemaligen, getragen. Spenden aus Wirtschaft und Industrie sind ebenfalls üblich

Studenten achten auf Gegenleistung für ihr Geld

Studenten sind deshalb bei der Auswahl der Universität auf eine gute Gegenleistung für ihr Geld bedacht. Die Universitäten und *College*s wiederum bemühen sich um einen guten Ruf, um gute Studenten anzuziehen. Gute Studenten sind im späteren Leben potentiell erfolgreich und werden bereit sein, in Erinnerung an gute Erfahrungen an ihrer Universität für diese zu spenden. Erfolgreiche *Alumni* – ehemalige Studenten – verbessern den Ruf der Universität. Eine Universität, die Erfolge vorweisen kann, wird auch leichter Spenden aus Industrie und Wirtschaft erhalten – diese eher marktwirtschaftlichen Vorgänge wirken sich auf die Studienbedingungen positiv aus.

Acht Gründe, in den USA zu studieren

Wenn Du dieses Buch in der Hand hältst, hast Du wahrscheinlich schon Deine eigenen Gründe dafür, warum Du in den USA studieren möchtest. Es könnten allerdings noch weitere Gründe hinzukommen.

Die Studenten sind unterschiedlichster Herkunft

1 Das Schöne an den USA ist, daß es den Amerikaner per se nicht gibt. An amerikanischen Universitäten kommen Studenten der unterschiedlichsten nationalen und ethnischen Herkunft zusammen. Die Studentenschaft spiegelt die vielfältige Bevölkerungsstruktur der USA zumindest teilweise wider. Du kannst hier auf viele verschiedene Kulturen treffen und diese näher kennenlernen und Kontakte für Dein späteres Leben knüpfen.

Die Kurse sind häufig klein und persönlich

2 Im Gegensatz zu den Universitäten in vielen anderen Ländern findest Du an vielen Hochschulen noch Kurse und Seminare mit wenig Teilnehmern. Sogar an den großen, staatlichen Universitäten wirst Du immer wieder Kurse und Seminare finden, die nur von wenigen Studenten besucht werden. In so einer kleinen „Klasse" werden die Studenten dazu ermutigt, an Diskussionen teilzunehmen. Die in Deutschland mancherorts üblichen (und verpönten) „Referatsseminare", in denen die Studenten der Reihe nach Referate halten, der Professor sich gemütlich nach hinten lehnt und nur mit Glück eine Diskussion zustande kommt, wirst Du in den USA kaum finden.

Professoren sind zugänglich

3 Professoren sind gewöhnlich viel zugänglicher als andernorts, und es kann gut passieren, daß Du mit Deinem Professor essen gehst und ihn vielleicht irgendwann beim Vornamen ansprichst.

Der Campus – eine eigene Welt

4 Üblich sind Campus-Universitäten, die ausgesprochen schön sein können. Die Studenten leben und lernen auf einem mehr oder weniger abgeschlossenen Gebiet zusammen. Dadurch entsteht ein Gemeinschaftsgefühl, das auch nach dem *College* oder Universitätsabschluß viele Jahre halten kann.

Das außerakademische Angebot ist groß

5 Es gibt auf dem Campus gewöhnlich ein großes Angebot an außerakademischen Betätigungsfeldern: Sport und Freizeitangebote, aber auch Campus Radio, eigene Zeitungen und künstlerische Entfaltungsmöglichkeiten sind nicht die Ausnahme, sondern die Regel. Da die Universitäten darauf abgestimmt sind, daß die Studenten auch außerhalb der akademischen Kurse aktiv sind, liegen die Kurse so, daß – rein zeitlich gesehen – die Beteiligung am außerakademischen Angebot möglich ist.

Hohe finanzielle Mittel sorgen für gute Studienbedingungen

6 Viele amerikanische Universitäten verfügen über reichlich finanzielle Mittel. Mit diesem Geld lassen sich modernste Technik und Einrichtungen finanzieren. In Yale gibt es zum Beispiel Seminarräume, an denen jeder Platz mit einem Laptop ausgestattet ist, Papier wird gar nicht ausgeteilt. Für Studenten, die naturwissenschaftlich interessiert sind, bedeuten hohe finanzielle Mittel tolle Forschungsmöglichkeiten.

Persönlicher Gewinn

8 Einen Teil der Ausbildung im Ausland zu verbringen schadet der Karriere und dem Lebenslauf nie. Jeder, der Zeit im Ausland verbringt, profitiert davon, sowohl in beruflicher als auch in persönlicher Hinsicht.

Studiengebühren

Hohe Studiengebühren können auch positive Effekte haben

Studiengebühren sind an allen Universitäten die Regel. Sie liegen zwischen einigen Hundert und vielen Zehntausend Dollar pro Jahr. Die Studiengebühren, die in den Augen deutscher Studenten unglaublich hoch sind, haben aber eine positive Wirkung auf das universitäre Klima: Da die Studenten für ihren Aufenthalt an der Universität normalerweise bezahlen, geben sie sich mehr Mühe. Sie wollen ihre Zeit und ihre Ressourcen bestmöglichst nutzen. So kommt an manchen Fakultäten ein hervorragendes Studienklima zustande, in dem Professoren und Studenten kooperieren, um maximale Leistungen und Erfolge zu erzielen. Wir in Deutschland haben Glück mit den vom Staat (beziehungsweise von unseren Steuern) finanzierten Universitäten, aber keiner kann – abgesehen von Kritik über überfüllte Universitäten und unnahbare Professoren – leugnen, daß es in den Seminaren und Vorlesungen auch unmotivierte und faule Studenten gibt.

Persönlichkeitsbildung nimmt einen hohen Stellenwert ein

Im amerikanischen Bildungssystem besitzt die Persönlichkeitsbildung einen deutlich höheren Stellenwert als in Deutschland. Die Verwirklichung humanistischer Ideale ist genauso ein Ziel wie die akademische Ausbildung. Typischerweise sind sich viele Amerikaner darüber einig, daß Bill Clinton das Amt des Präsidenten einigermaßen zufriedenstellend erfüllt. Daß er seine Frau betrogen hat, stößt auf Ablehnung, daß er vor Gericht gelogen hat, ist für viele unverzeihlich. Der Charakter des Präsidenten macht einen großen Teil seiner Beurteilung als Präsident aus; ein guter Charakter macht einen besseren

Präsidenten. Diese Art zu urteilen prägt die amerikanische Gesellschaft und prägt entsprechend das amerikanische Bildungssystem. Das Ziel von Schulen und Universitäten, das sich in einem Leitsatz zeigen läßt, geht nicht selten in die Richtung: *A mind with good morals in a healthy body* (für Lateinliebhaber kürzer: mens sana in corpore sano). Die moralische Verfassung muß stimmen, die außerakademische Leistung und auch der Sport spielen traditionell eine größere Rolle als in Deutschland (wo er an den Universitäten überhaupt keine Bedeutung hat). Dieser Tatsache muß bei einer Bewerbung unbedingt Rechnung getragen werden.

Das amerikanische Leistungsprinzip

Weiterhin zählt Leistung. Wer hat nicht schon den etwas herablassenden Spruch gehört, daß in den USA gute Sportler mit schlechten Noten das *College* besuchen könnten? Das stimmt bedingt. Gewisse akademische Standards werden auch hier erwartet, wie in Schritt 5 nachzulesen ist. Allerdings kann man sagen, daß Leistung, egal aus welchem Bereich, immer honoriert wird. Boris Becker hätte gute Chancen in Harvard gehabt.

Das Bildungssystem ist grundsätzlich anders organisiert als in Deutschland. Da *College*s und Universitäten in organisatorischer Hinsicht eine Fortsetzung der Schulen sind, lohnt es sich, sich kurz mit dem gesamten Bildungssystem der USA vertraut zu machen.

Amerikanische Schulen

Grundsätzlich ist das Schulsystem in private und staatliche Einrichtungen unterteilt. Private Schulen werden zwar auch durch öffentliche Mittel gefördert, allerdings ist die private Zuzahlung durch die Schüler beziehungsweise deren Eltern höher. Große Qualitätsunterschiede gibt es sowohl bei privaten als auch bei staatlichen Schulen.

Das amerikanische Bildungssystem ist in vier Bereiche aufgeteilt: *Primary education*, *Secondary education*, *College* und *University*.

Primary Education

Unter *Primary education* fällt die schulische Ausbildung bis zum zwölften Lebensjahr. Mit vier Jahren können die Kinder in die *Preschool* oder *Nursery school* geschickt werden. Diese entsprechen dem deutschen Kindergarten. Mit fünf Jahren kommen die Kinder in den *Kindergarten*, einer Art Vorschule, mit sechs schließlich, wie wir es auch aus Deutschland kennen, in die Grundschule. Für die Grundschule existieren verschiedene Bezeichnungen: *Primary school, Grammar school, Grade school* oder *Elementary school.* Der Übergang von der Grundschule in die *High school* vollzieht sich über die *Middle school*, auch *Junior high school* oder *Intermediate school* genannt, die bis zur einschließlich achten Klasse reicht. Dort sammeln die Kinder in halbjährigen Kursen mit ihren Zensuren Punkte, anhand derer bei Abschluß ihre *High school*-Befähigung gemessen wird.

Leistung zählt von Beginn an

Schon früh gilt in der Ausbildung das Leistungsprinzip. Die Schüler müssen viel lernen und lesen. Gelerntes Wissen wird getestet. Wer ein *High school*-Jahr in den USA verbracht hat, wird erlebt haben, daß Faktenwissen viel stärker „abgeprüft" wird als in Deutschland. Hier gilt: Wer sich anstrengt und hart arbeitet, kann etwas erreichen, auch wenn ihm die Dinge nicht zufliegen. Die Qualität der Schulen variiert allerdings stark. Wer auf einer schlechten *High school* war, sollte sich vor pauschalen Urteilen über *die* amerikanischen Schulen hüten.

Die Konkurrenz um gute Ausbildungsplätze beginnt früh

Da die qualitativen Unterschiede der Ausbildungsinstitutionen sehr groß sind, beginnen Konkurrenz und Kampf um einen guten Ausbildungsplatz früh. Wer in der *Middle school* gute Leistungen zeigt, kann auf eine bessere *High school* gehen, wer dort einen guten Abschluß macht, kann auf das bessere *College* gehen und vielleicht ein Stipendium erhalten.

BILDUNGSHYSTERIE

In den USA artet der Konkurrenzkampf um eine gute Ausbildung mancherorts in regelrechte Bildungshysterie aus. Bei Geburt steht für manche Eltern schon fest: Mein Kind soll Student an einem *Ivy league College* – der Begriff bezeichnet eine Gruppe von äußerst prestigeträchtigen *College*s im Osten der USA –werden.

Um den Weg zu ebnen, muß ein guter Kindergarten gefunden werden, der das Kind optimal vorbereitet. Es gibt Kindergärten, die ihre Auswahl anhand von Intelligenztests durchführen! Zur Vorbereitung kann ein *Personal trainer* engagiert werden, der die lieben Kleinen vorbereitet.

Dann beginnt der *run* auf die richtige Grundschule. Das Klassenzimmer soll möglichst mit anderen privilegierten Kleinen geteilt werden. Die Aufnahme an der richtigen *High school* schließlich, einige werden passenderweise *Prep schools* genannt, wird ebenfalls durch aufwendige Bewerbungsverfahren reglementiert, die ein Abbild der späteren *College*-Bewerbungen sind.

Die langen Sommerferien werden nicht selten in *Camps* verbracht, wobei ehrgeizige Eltern ihre Kleinen auch mal in ein *Science* oder *Mathematics camp* schicken, sportlich Begabte in entsprechendes *Sport camp*. Aber auch *Journalism camps* und andere berufsorientierte *Camps* werden angeboten. So trainiert, sind Mitbewerber am *College* oder an der Universität mit 17 oder 18 Jahren schon „alte Hasen" auf dem Gebiet der Bewerbung. Dies gilt jedenfalls für den privilegierten, finanziell besser gestellten Teil der Bevölkerung.

Secondary Education

Die *Secondary Education* bezeichnet den Eintritt in die *High school* (*Secondary school*), den Kern des amerikanischen Schulwesens, die mit der neunten Klasse beginnt. Ähnlich wie die Gesamtschulen in Deutschland sind die verschiedenen Schularten und

Sporteinrichtungen in einem Komplex untergebracht. Die Kinder verbringen die Zeit von Schulbeginn bis zum Schulschluß, meist von 8.00-15.00 Uhr, gelegentlich aber auch den gesamten Nachmittag, an einer solchen Einrichtung. Im Durchschnitt beenden die Schüler die *High school* nach vier Jahren. Im ersten Jahr der *High school*, also in der neunten Klasse, werden sie als *Freshman*, im zweiten als *Sophomores*, im dritten als *Juniors* und im vierten, letzten Jahr als *Seniors* bezeichnet. Während des dritten und vierten *High school*-Jahres entscheiden sich die Schüler, ob sie anschließend ein *College* besuchen oder direkt ins Berufsleben einsteigen möchten. Die meisten staatlichen Schulen (und alle Privatschulen) bieten Vorbereitungskurse für das *College* an.

Internate

Wenn die Eltern es sich leisten können, werden die Kinder auf *High schools* geschickt, die US$ 10.000 und mehr pro Jahr kosten. *Private boarding schools*, Internate, in New England kosten bis zu US$ 24.000. Diese *High schools* sind wie *College*s organisiert, besitzen einen eigenen Campus und bieten ein ähnliches Angebot an Aktivitäten wie die Colleges. Die Schüler werden auf ihren späteren Erfolg systematisch vorbereitet. Diese Schulen sind darauf ausgelegt, möglichst viele Absolventen in *College*s und Universitäten von Rang unterzubringen. Sie werben damit, wie viele Schulabgänger eines Jahrgangs an die Top-Universitäten des Landes vermittelt werden konnten. Leistung und Wettbewerb geben hierbei den Ton an.

Private oder public

Öffentliche Schulen

Staatliche Schulen (*Public schools*) variieren in hohem Maße hinsichtlich Qualität und Sicherheit. Jede Stadt ist in sogenannte *School districts* eingeteilt. Dabei handelt es sich um die Einzugsgebiete der jeweiligen Schulen. Der *School district*, in dem man wohnt, entscheidet, welche staatliche Schule die Kinder besuchen.

Die finanziellen Mittel der Gemeinde bestimmen die Qualität der Schule

Wie gut eine Schule ist, hängt von der Lage ab. Das Bildungsressort in den USA obliegt den einzelnen Bundesstaaten. Diese wiederum haben die Organisation der schulischen Ausbildung den Gemeinden übertragen. In den USA sind die Gemeinden also Träger der örtlichen Schulen. Die finanziellen Mittel der Gemeinde bestimmen so zu einem großen Teil die Qualität der Schule.

Zur Klarstellung: Es gibt außerordentlich gute *Public schools*. Wenn man in einer „guten" Wohngegend mit finanzkräftigen Nachbarn wohnt, wirkt sich das positiv auf die Schule aus.

In armen Gegenden kann das System einen Teufelskreis bedeuten

In Gegenden, in denen die Gemeinde nur über geringe Steuereinnahmen verfügt, sind die Mittel für die entsprechenden Schulen begrenzt. Das kann in armen Gegenden einen Teufelskreis für die Kinder bedeuten. Die sozial schlechter gestellten Kinder erhalten eine schlechte Bildung, die den Ausbruch aus ihrer sozialen Schicht verhindert. Drogen und Gewalt stellen schon seit längerem und extremer, als wir es aus Deutschland kennen, ein Problem in den Schulen dar. Es gibt Schulen, in denen die Schüler täglich nach Waffen kontrolliert werden.

Magnet Schools

Zudem existieren sogenannte *Magnet schools*, die fachlich spezialisiert sind. Diese Schulen haben oft einen sehr guten Ruf und bieten eine gute Ausbildung an, die den privaten Schulen nicht nachsteht.

Private Schulen

Die Zahl der privaten Schulen (*Private schools*) hat sich seit den 30er Jahren verdoppelt. Mittlerweile besuchen ungefähr 11% der amerikanischen Schüler private Schulen. Statistisch betrachtet besuchen Schüler an privaten Schulen mehr Kurse in kleineren Klassen als Schüler an staatlichen Schulen. Im Vergleich zu staatlichen Schulen sind private Schulen in den USA höher angesehen, wobei es auch sehr gute staatliche Schulen gibt, die jedem Vergleich mit Privatschulen standhalten. Ein großer Teil der Privatschulen wird von religiösen Gruppierungen getragen.

Private Schulen sind im Durchschnitt besser

Es gibt Statistiken, die darauf verweisen, daß an Privatschulen im Lauf der Schulzeit insgesamt mehr Wissen vermittelt wird. Das liegt weniger an dem tatsächlich gelehrten Stoff als vielmehr am größeren Engagement der Schulen, der Eltern und der Schüler. Die meist in den Vororten gelegenen *Private schools* lassen durch das zu entrichtende Schulgeld einen gewissen Erfolgsdruck für alle Beteiligten entstehen. Mit diesem Druck und einer teilweise besseren schulischen Organisation lassen sich die Hauptvorteile einer Privatschule benennen. Ebenfalls gelten Privatschulen aufgrund ihrer Lage in den oftmals ruhigeren Vororten als sicherer als manche staatlichen Schulen.

Buchtip

Lanbacher, Mareike, *Ein High School-Jahr in den USA*, TIA-Verlag 1999.

ÜBERSICHT ÜBER DAS BILDUNGSSYSTEM

Die Übersicht ist eine vereinfachte Darstellung der möglichen Ausbildungswege an der Universität.

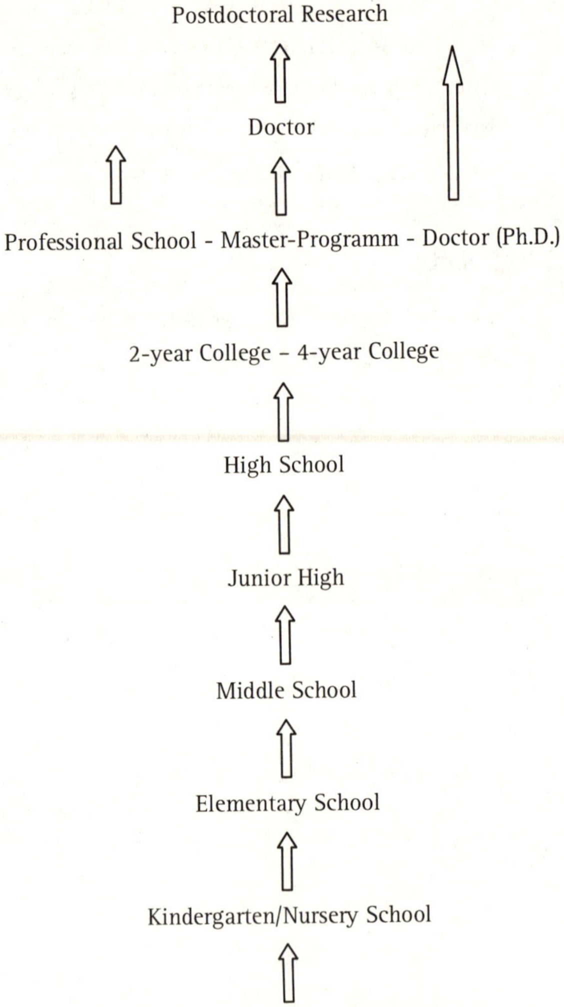

Buchtip

Peterson's Private Secondary School, 1997-1998, hg. v. Ellen Beal, Peterson's 1997.

Getting into Private High School: The A to Z Guide to the Private School Admission Process: 1997-1998, Princeton Review 1997.

Kaplan High School Handbook, Simon & Schuster 1997.

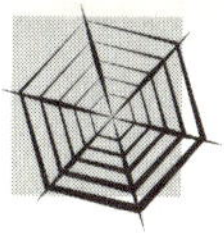

Nützliche Webseite

http://dir.yahoo.com/Education/K_12

Nach Beendigung der *High school*, hat der Schüler eine Reihe von Aus- und Weiterbildungsmöglichkeiten. Das Hochschulsystem, in das die Schüler nach dem *High school*-Diplom eintreten können, wird auch als *Higher education* bezeichnet.

Vocational school

Eine Schule für praktische Berufe

Wer einen praktischen Beruf erlernen möchte, kann dies auf einer *Vocational school* tun, die auf die Berufspraxis vorbereitet und auch ohne *High school*-Abschluß besucht werden kann. Hier erlernt der Schüler spezielle Ausbildungsberufe, wie Sekretär/-in, Automechaniker/-in oder Steuerfachgehilfe/-in. Die Ausbildungen werden meist mit einem *Certificate*, einem Zertifikat, abgeschlossen.

Colleges

Eine reiche Auswahl an Colleges

Wer studieren möchte, besucht ein *College*. Schüler mit *High school*-Diplom können sich an einer der ca. 3.600 Hochschulen im Land bewerben und werden je nach Begabung akzeptiert oder abgelehnt. Gehört man zu den besten Schülern seines Jahrgangs, wird man wenig Probleme haben, das *College* seiner Wahl zu besuchen. Aber auch Schüler mit guten Leistungen müssen eine gute Bewerbung schreiben. Für Harvard reichen gute Noten alleine nicht aus.

Für schlechtere Schüler kann es schwieriger werden. Allerdings gibt es eigentlich für jeden ein passendes *College*, man muß es nur finden. Wer studieren möchte, hat zwei Arten von *College*s zur Auswahl.

2-Year College

Günstiger und praxisnah

Die Studentinnen und Studenten können ein *Junior College* oder *Community college (2-Year College*) besuchen, das zwei Jahre dauert. Die Ausbildung ist auf Personen zugeschnitten, die nicht unbedingt eine akademische Ausbildung wünschen. Nach zwei Jahren kann die Ausbildung mit einem *Associate's Degree* abgeschlossen werden. Die Studiengebühren sind meist wesentlich geringer als die Gebühren für ein *4-Year College*, besonders auf den *Community colleges*, die von den Kommunen finanziert werden. Die *Community colleges* sind grundsätzlich öffentlich und daher erheblich billiger als private Institutionen.

Der Wechsel an ein 4-Year College ist möglich

Die *Community colleges* sind in gewissem Sinne mit Berufsschulen in Deutschland vergleichbar. Normalerweise werden zwar akademische Fächer belegt, aber insgesamt gesehen ist die Ausbildung praxisnah ausgerichtet.

Von einigen *2-Year Colleges*, besonders den privaten *College*s, kann nach abgeschlossener Ausbildung auch auf ein *4-Year College* gewechselt werden, und die Kurse sind, je nach Qualität des besuchten *College*s, übertragbar. Falls man einen derartigen Wechsel beabsichtigt, sollte man sich unbedingt im Vorfeld darüber informieren, inwiefern die Kurse des besuchten *College*s auch tatsächlich angerechnet werden können. Dies kann ein guter Weg sein, die Studiengebühren drastisch zu senken. Dazu findest Du mehr Informationen in Schritt 5.

Die Studenten schließen mit dem Abschluß *Associate of Arts* (A.A.) oder mit dem *Associate of Science* (A.S.) ab. Für Ausländer ist problematisch, daß *2-Year Colleges* im Ausland kaum anerkannt sind. Ein solches *College* sollte man also nur besuchen, wenn das für einen persönlich nicht wichtig ist – was kaum der Fall sein wird – oder wenn man einen Wechsel auf ein *4-Year College* in jedem Fall vorhat.

2-Year Colleges werden überwiegend von Studenten besucht, die in der näheren Umgebung wohnen. Den typischen, amerikanischen Campus findest Du bei *2-Year Colleges* selten.

4-Year College

Liberal Arts Colleges vs. Specialized Colleges

Das *4-year College* dient der stärker akademisch ausgerichteten Ausbildung. Es gibt *Liberal Arts Colleges* und *Specialized Colleges* für bestimmte Fachrichtungen, etwa für Musik oder Kunst. Bei den folgenden Erklärungen sind *Liberal Arts Colleges* gemeint, die verbreiteter sind als die *Specialized Colleges*, wo die Studienrichtung stärker festgelegt ist. *4-year Colleges* können privat oder staatlich sein. Private *Colleges* sind meist teurer als staatliche.

Bachelor of Arts und Bachelor of Science

Das vier Jahre dauernde *College*-Studium (*4-year College*) wird mit dem Grad eines *Bachelors* (sprich: Bätschele) abgeschlossen, dem B.A. (Bachelor of Arts) oder dem B.S. (Bachelor of Science). Wenn von *College* die Rede ist, ist normalerweise ein *4-year College* gemeint.

Studium Generale

Auf dem *College* erhalten die Studenten, die als *Undergraduates* bezeichnet werden, in den ersten zwei Jahren eine *Liberal arts education*, also ein Studium Generale. Während in Deutschland spätestens mit dem Beginn des Studiums die Richtung der Ausbildung entschieden ist, sind die Studenten in den USA bis zum dritten Jahr des *College*-Studiums hinsichtlich ihrer Studienrichtung noch nicht festgelegt. Sie haben die Möglichkeit, ihre Seminare aus verschiedensten Fachrichtungen zusammenzustellen. Nach zwei Jahren legt man sich gewöhnlich auf einen Schwerpunkt, einen *Major,* fest.

Freshmen, Sophomores, Juniors und Seniors

Im ersten Jahr des Studiums werden die Studenten *Freshmen,* im zweiten *Sophomores,* im dritten *Juniors* und im vierten *Senior* genannt, genau wie dies in der *High school* üblich ist. Am Ende des Studiums, an dem häufig eine Abschlußarbeit, eine *Thesis,* steht, erhält der Student ein Diplom, den *Bachelor's degree* oder schlicht *Bachelor.* Für Geisteswissenschaftler und Sozialwissenschaftler heißt der Abschluß *Bachelor of Arts* (B.A.), für Naturwissenschaftler, Sozialwissenschaftler, Wirtschaftswissenschaftler, Techniker und Ingenieure *Bachelor of Science* (B.S.). Es gibt zudem noch den *Bachelor of Education* (B.Ed.) für Pädagogen und den *Bachelor of Fine Arts* (B.F.A.) für Musiker und Künstler. Mit Abschluß des *College*s ist der Student ein *Graduate.* Die meisten Studenten beenden mit dem *College*-Abschluß die akademische Ausbildung.

Nach dem College ist es üblich, einige Zeit zu arbeiten, bevor weiterstudiert wird

Einige beginnen allerdings direkt nach Abschluß eine zusätzliches Studium, besuchen etwa die *Medical school,* um sich weiter zu spezialisieren. Üblicher ist es, einige Zeit zu arbeiten, was nicht zuletzt mit der hohen finanziellen Belastung der Studierenden zusammenhängt. Nachdem die Finanzen etwas saniert sind, beginnt der Bewerbungsprozeß von vorn, um in das gewünschte, weiterführende Programm aufgenommen zu werden. Zur Aufnahme an vielen *Business schools* ist eine mindestens zweijährige Berufserfahrung zusätzlich zum *College*-Abschluß sogar ausdrücklich erwünscht.

University oder College – eine Begriffsverwirrung?

COLLEGE ODER UNIVERSITY?

Der Unterschied zwischen *University* und *College* ist für Ausländer verwirrend. *College* meint die Ausbildungseinrichtung für *Undergraduates,* also für Studenten, die noch keinen *Bachelor's degree* erhalten haben, sondern nur einen *High school*-Abschluß vorweisen können. Der Besuch des *College*s dauert im allgemeinen vier Jahre. Der *Bachelor* ist, rein zeitlich gerechnet, ein Zwischending zwischen Vordiplom/Zwischenprüfung und Magister/Diplom.

Bestimmte Fachrichtungen können nicht im *College* studiert werden, etwa Medizin oder Jura. Diese Studiengänge können erst nach Beendigung des *College*s an den sogenannten *Professional schools* begonnen werden.

Eine Hochschule wird als Universität bezeichnet, wenn sie Programme für Graduierte anbietet, wenn man dort zum Beispiel den Grad eines *Master's* erlangen kann. Das ist beispielsweise bei der *University of California at Los Angeles* der Fall. Dort kann man allerdings auch das *College* besuchen, das heißt, es gibt zusätzlich Kurse auf *College*-Niveau.

Im normalen Sprachgebrauch wird oft nicht genau unterschieden. Wenn ein *Undergraduate* in Harvard studiert (um bei diesem Traum so vieler Studenten zu bleiben), ist er eigentlich an dem zugehörigen *College* Radcliff, nicht an der Harvard University selbst, eingeschrieben.

Leider ist *alles* bisher Gesagte aber nur die Regel zur Interpretation des Bezeichnungsdurcheinanders. Es gibt Institutionen, die sich als *College* bezeichnen und *Master*-Abschlüsse anbieten, und entsprechend Universitäten, die nur Bachelor-Abschlüsse anbieten. Dies ist aber die Ausnahme. Wenn Du ganz sicher sein möchtest, solltest Du Dir Informationen über die von der jeweiligen Universität angebotenen Abschlüsse besorgen.

Auch der Begriff *Institute*, im Fall des *Institute of technology* in Massachusetts (MIT), kann eine Universität bezeichnen. Der Begriff *Institute* ist im Amerikanischen genauso unpräzise wie das deutsche Institut.

University

An der Universität muß man sich erneut bewerben

Nach dem *College* besteht die Möglichkeit, die *University* zu besuchen. Die Absolventen der *College*s müssen sich erneut an der Universität bewerben. Wer direkt nach *College*-Abschluß eine Universität besuchen möchte, muß sich schon während des *Senior*-Jahres – des letzten Jahres – bewerben. Viele Studenten setzen nach dem *College* für ein oder mehrere Jahre mit dem Studium aus, um sich dann für ein *Graduate program* zu bewerben. Es gibt verschiedene Abschlüsse und unterschiedliche Programme, die zur Auswahl stehen. Die verschiedenen Abschlüsse werde ich etwas genauer unter die Lupe nehmen, denn hier besteht oft erhebliche Verwirrung.

I want to be a Master

Ein ***Master-Degree*** dauert meist zwei Jahre

Zwischen einem und drei Jahren dauert die Ausbildung, an deren Ende der Abschluß des *Masters* steht. Der Abschluß entspricht etwa dem deutschen Magister beziehungsweise Diplom. Je nachdem, auf welches Gebiet die Studenten spezialisiert sind, gibt es verschiedene Abschlüsse:

- M.A. (*Master of Arts)*
- M.S. (*Master of Science*)
- LL.M. (*Master of Law*)
- M.M. (*Master of music*)
- M.B.A. (*Master of Business Administration*)
- M.F.A. (*Master of Fine Arts*)
- M.Ed. (*Master of Education*)

Die meisten *Master programs* beinhalten bestimmte Kurse, die belegt werden müssen sowie Prüfungen und Tests. Manche verlangen eine *Thesis*, also eine Abschlußarbeit, andere nicht. Einige der genannten Abschlüsse werden in sogenannten *Professional schools* erworben.

COLLEGE ODER SCHOOL?

Für Verwirrung sorgt zudem die Verwendung der Bezeichnungen *College* und *School*. Beide Ausdrücke werden auch für die Benennung von Fakultäten benutzt. So heißt die Fakultät für Musik einer Universität möglicherweise *School of Music*. Dies ist keine Musikschule, sondern ein Teil der Universität, an der auch ein *Master* erworben werden kann. Verschiedene Graduierten Programme finden innerhalb von *Schools* statt, etwa an der *Medical school*, oder an der *Business school*, um die geläufigsten Vertreter zu nennen. Diese *Schools* heißen mit vollem Namen *Professional schools*. Ausländer haben es in Deutschland auch nicht leichter. Die Bezeichnung *Seminar* für Bibliothek und Fachbereich ist ebenfalls zweideutig und verwirrend.

Professional schools

Doktoren, Juristen und Businessmen

Als *Professional schools* werden Universitäten beziehungsweise Fakultäten bezeichnet, die nicht zur reinen Wissenschaft der *Graduate schools* führen, sondern für bestimmte Berufe qualifizieren. Die geläufigsten sind *Business schools*, *Law schools* und *Medical schools*. An den *Business schools* erhält man einen M.B.A., an der *Law school* einen LL.M..

Medizin

Pre-med und Medizin

Auch Medizin wird also an einer *Professional school* unterrichtet. Es gibt zudem *Preprofessional degrees* (*Pre-med*), die nach Beendigung des *College* für die Aufnahme an einer *Medical school* verlangt werden. *Pre-med* besteht prinzipiell aus einigen naturwissenschaftlichen Kursen. Ein Student muß am *College* nicht zwingend einen *Major* in einer Naturwissenschaft absolvieren, er muß nur bestimmte Kurse belegen, die Voraussetzung für die Aufnahme an der *Medical school* sind. Mediziner heißen am Ende ihrer Ausbildung M.D. (*Doctor of Medicine*). Mehr zu den leider schwierigen Bedingungen für Mediziner und über die *Medical schools* im nächsten Schritt.

Doktoren und andere ehrenhafte Persönlichkeiten

In fünf Jahren zum Ph.D. ist normal

Nach dem Erhalt eines *Masters* kann ein neues Programm begonnen werden, um einen sogenannten Ph.D. zu erhalten, einen *Doctor of philosophy*, der etwa einer deutschen Promotion entspricht, aber nicht in diesen Titel umgewandelt werden kann. Diese Programme dauern zwischen drei und acht Jahren, die meisten dauern um die fünf Jahre. Studenten, die ein Ph.D. Programm besuchen, heißen *Candidates.*

Die Dissertation ist die ***Dissertation***

Für diese Programme muß als wichtiger Bestandteil die *Dissertation* geschrieben werden. Weiterhin muß eine Prüfung abgelegt werden. Dazu kommt bei vielen Programmen der Besuch von Seminaren und Veranstaltungen. Meist wird zusätzlich verlangt, daß die Studenten Fremdsprachen beherrschen. Wie bei einer deutschen Promotion, soll für einen Ph.D. eine wissenschaftliche Arbeit geschrieben werden, die der Wissenschaft unveröffentlichte neue Erkenntnisse beschert.

Manche Programme können direkt im Anschluß an das College begonnen werden

Es gibt auch Ph.D.-Programme, die direkt nach dem Erhalt des B.A. begonnen werden, fünf Jahre und mehr dauern und im Rahmen ihres Verlaufs den Erhalt eines *Master* beinhalten. Das ist wichtig, da sich hier Bewerbungsmöglichkeiten für Studenten im deutschen Hauptstudium ergeben. Abschlüsse sind zum Beispiel:

Ph.D. (*Doctor of Philosophy*)

J.D. (*Doctor of Jurisprudence*)

Post Doc

Im Anschluß an eine deutsche Promotion oder einen Ph.D. kann *Postdoctoral research* unternommen werden. Es kann also nach Erhalt des Ph.D. an Forschungsprojekten gearbeitet werden, für die es einige gute Förderungsmöglichkeiten gibt.

WHAT DO YOU STUDY?

Einige Fächer werden auf den unterschiedlichen Niveaustufen angeboten. Man kann Chemie im *College* studieren. Wenn eine amerikanische Studentin sagt: „I study chemistry“, kann das heißen, daß sie nur den Einstiegskurs „Chemie 101“ auf dem *College* belegt. Es kann auch heißen (dies ist wohl am ehesten aus dem Zusammenhang verständlich), daß ihr *Major*, also ihr Hauptfach, Chemie ist und sie einen B.S. nach Abschluß des *College*s erhalten wird. Zudem kann es heißen, daß Sie gerade in einem *Master*- oder Ph.D.-Programm einer Universität eingeschrieben ist. Wenn man sicher gehen will, kann man nachfragen, ob der Abschluß ein *First professional degree* oder ein *Second professional degree* ist. Wenn sie *Business* studiert, strebt sie im erstem Fall einen *College*-Abschluß mit Schwerpunkt *Business* an, im zweiten Fall einen M.B.A..

Unileben auf amerikanisch: *Campus life*

Der Campus ist mehr als das Gelände der Hochschule

Der Begriff *Campus* wird inzwischen gern für deutsche Universitäten gebraucht, aber eigentlich versteht man unter Campus mehr als die Gebäude und Gelände einer Universität. Der Campus bezeichnet zwar rein technisch in den USA nichts anderes, in vieler Hinsicht ist er gleichzeitig ein kleiner Mikrokosmos mit eigenen Gesetzen, eigenem Lifestyle, Freizeit- und Sporteinrichtungen, kulturellen Veranstaltungen, Cafes, Theater, manchmal Kino und mehr. Der klassische Campus vereint alle Einrichtungen auf einem relativ abgeschlossenen Gelände, auch die Wohnanlagen für die Studenten befinden sich nicht selten *on campus* oder in unmittelbarer Nähe.

Besonders in Großstädten gibt es Universitäten ohne Campus

Natürlich gibt es in den USA auch Universitäten, die keine Campus-Universitäten sind, besonders in größeren Städten. Die New York University hat zum Beispiel keinen Campus. Die Gebäude verteilen sich in diesem Fall über die Stadt. Das kleine, aber feine Amherst College in Connecticut verfügt hingegen über einen wunderschönen klassischen Campus, wie viele kleinere *College*s, aber eben auch die meisten großen Universitäten. Ausnahme sind die meisten *Community colleges*.

Mehr als nur Studium

Das Angebot an nicht-akademischen Aktivitäten ist groß

Der Campus der Universitäten ist in gewisser Hinsicht die Fortsetzung eines Prinzips, das schon die *High schools* bestimmt. Schon in der *High school* wird das rein akademische Angebot durch ein außerakademisches Angebot ergänzt, das sich nicht im Sport erschöpft. Typische *High school*-Angebote wären die Gestaltung einer regelmäßig erscheinenden Schülerzeitung, ein *Debate team*, in dem Rhetorik und Argumentation geübt werden, oder künstlerische und handwerkliche Tätigkeiten.

Die ***Colleges*** sind eine Fortsetzung der ***High schools***

Diese Aktivitäten werden meist direkt von der *High school* offeriert. Eine gute *High school* zeichnet sich auch durch ein breit gefächertes Angebot an Freizeitangeboten aus. Kurse und Sportangebote finden soweit möglich auf den Anlagen der *High school* statt, so daß man auch hier von einem Campus spricht. Die Campus' der *College*s und Universitäten sind eine Fortführung dieses Prinzips, nur ist das Angebot vielfältiger.

Jede Hochschule ist einzigartig

Jede Hochschule hat ihre eigene Philosophie

Gerade an *College*s und Universitäten, die nicht in der Nähe von Städten gelegen sind, findet das gesamte studentische Leben auf dem Campus statt. Da die Universitäten bei der Auswahl der Studenten bekanntermaßen Wert auf akademische und persönliche Qualitäten legen, erklärt sich auch, daß man von unterschiedlichem Image, individueller Atmosphäre und vorherrschendem Lifestyle der *College*s reden kann. Jede Universität und jedes *College* hat bei der Auswahl der Studenten eigene Präferenzen und bildet somit ein eigenes Studentenprofil.

Buchtip

The Insider's Guide to Colleges 1999, 24th Edition, hg. v. Yale Daily News, 1998.

Von ***competitive*** bis ***relaxed***

Einige *College*s gelten als *tense and competitive*: hier regiert Ehrgeiz und Wettbewerb. Diesen Ruf haben zum Beispiel das Swarthmore College und natürlich viele Top-Level-Universitätsprogramme. Andere wiederum gelten als *laid-back and academically relaxed.* Diesen Ruf hat zum Beispiel die University of California at Santa Cruz. Einige Campus gelten als konservativ, andere als extrem liberal. Einige sind angefüllt mit Studenten der verschiedensten Nationalitäten und Überzeugungen, andere haben eine eher homogene Studentenschaft. An manchen Universitäten wird das *Social life*, also das Leben jenseits der *Academics* von den *Fraternities* und *Sororities* bestimmt, an anderen sind diese verpönt oder sogar verboten.

Nicht nur das akademische Angebot sollte bei der Auswahl im Vordergrund stehen

Eine gute Universität ist also nicht gleich eine gute Universität. Es gibt große Unterschiede, und schließlich möchtest Du Dich auch wohl fühlen und für Dein späteres Leben Kontakte knüpfen. Wie oft habe ich schon Kommentare von Austauschstudenten gehört, denen der Aufenthalt nicht gefiel, weil die Kurse so leicht waren. Andere sagten, daß alle amerikanischen Studenten nur Parties und Bier im Kopf hatten, schrecklich konservativ waren oder aber meinten das Gegenteil. Das muß nicht sein. Wie wichtig die Auswahl einer Universität ist, kann nicht oft genug betont werden.

Alumni-Liebe

Zudem herrscht eine andere Verbundenheit mit dem *College* oder der Universität, als wir das aus Deutschland kennen. Da die Studenten gemeinsam ins *College* oder ein Universitätsprogramm eintreten und dies normalerweise gemeinsam beenden, besteht ein starker Zusammenhalt zwischen Studenten eines Jahrgangs.

Jahrgangs-zusammenhalt

Alle beginnen gemeinsam ihr Studium, und zu Beginn des ersten Semesters werden Veranstaltungen durchgeführt, damit die Studis sich besser kennenlernen. Die Studenten wohnen an vielen Universitäten auf engem Raum. Die Höhen und Tiefen des Studiums werden gemeinsam gemeistert, was natürlich Zusammenhalt schafft. Dann wir der Abschluß gemeinsam gefeiert, und die ehemaligen Studenten heißen *Alumni.*

Die Kontakte werden auch nach Uniabschluß gepflegt

Der Kontakt zu den Mitstreitern bleibt manchmal ein Leben lang bestehen, über *Alumni*e-Zeitschriften und Internet werden die Kontakte gepflegt. Nicht selten kehren Graduierte zurück, um in der Kirche der Universität zu heiraten. Nach der *Graduation* folgen die ersten Spendenaufrufe der Hochschule. Daß eine wohlhabende ehemalige Studentin auch mal eine Sporthalle springen läßt, ist nichts Weltbewegendes, nicht zuletzt steht ihr Name auf einem großen Schild, und wenn die Universität an Ruhm und Ansehen gewinnt, wertet sie den eigenen Abschluß auf.

Das akademische Jahr

Semester, Trimester oder ***Quarter***

Ich beziehe mich hier vor allem auf die *4-year Colleges*, Universitäten und *Professional schools*, denn das sind die Hochschulformen, die die meisten internationalen Studenten besuchen möchten.

Das Studienjahr beträgt üblicherweise neun Monate, beginnt Anfang September und endet im Mai/Juni des folgenden Jahres. Es wird entweder in zwei *Semester* unterteilt, die durch Winterferien unterbrochen sind, oder in *Trimester*, die jeweils zwölf Wochen dauern. Es gibt auch Universitäten, wie Stanford etwa, die das Jahr in *Quarter* (Viertel) unterteilen, die ebenfalls zwölf Wochen dauern. Die Sommermonate zählen dann ebenfalls als *Quarter*. Normalerweise sind die Sommermonate die offizielle Studienpause.

Summer sessions

Viele Universitäten bieten allerdings im Sommer Kurse an, sogenannte *Summer sessions*. Dieses Angebot ermöglicht unter Umständen eine erhebliche Verkürzung der Studienzeit. In den *Summer sessions* können auch Externe die Universität besuchen, was eine tolle Möglichkeit ist, eine amerikanische Universität kennenzulernen. Die Aufnahmebedingungen sind zudem erheblich weniger anspruchsvoll als für ein „normales“ Studium. Weil diese Möglichkeit so wichtig ist, habe ich den Schritt 3 ½ den *Summer schools* gewidmet.

Semesterwochenstunden

Credit hours

In der Regel belegen die Studenten auf dem *College* pro Jahr etwa 30 *Credit hours* (Semesterwochenstunden). Manche Universitäten haben jedoch eigene Systeme zur Berechnung des Studienaufwands für die jeweiligen Fächer entworfen. Die verlangte Kurszahl, die für *Master*- und Ph.D.-Programme belegt werden muß, variiert. Diese erfährt man aus den Unterlagen der jeweiligen Studienprogramme, die man bei der Universität anfordert – dazu später mehr.

Thesis

Eine ***Thesis*** schließt viele Studiengänge ab

Als Abschlußarbeit wird normalerweise eine *Thesis* verlangt, aber auch hier gibt es von Universität zu Universität verschiedene Varianten. Es gibt eine *Bachelor's thesis* eine *Master's thesis,* und wer seinen Doktor in den USA macht, schreibt eine *Thesis* und muß diese auch öffentlich verteidigen.

Eine Habilitation im deutschen Sinne, die mit der Abfassung von einem halben Meter Buch verbunden ist, gibt es in den USA nicht. Nach dem Ph.D. muß ein angehender Professor veröffentlichen dann auf eine *Tenure* warten, einen Ruf.

Kursaufbau

Kursangebot und Pflichtveranstaltungen variieren

Die Universitäten sind verschult, leicht, sehr anspruchsvoll, verfügen über hervorragende Forschungseinrichtungen, sind beladen mit Nobelpreisträgern, sind praxisorientiert und sehr spezialisiert: All das hängt davon ab, in welches Programm man eingeschrieben ist. Generell muß man sich von unserem System vollkommen lösen. Es gibt verschiedene Programme an verschiedenen Universitäten, die äußerst unterschiedlich sein können. Deshalb ist Schritt 3 so wichtig, die Auswahl der Universität beziehungsweise des passenden Programms. Nur für *Colleges* kann man verbindlich festhalten, daß sie verschulter sind als deutsche Universitäten, und Pflichtveranstaltungen mit Tests und Prüfungen eigentlich an allen *College*s verlangt werden. Das heißt aber nicht, daß ein verschultes System schlechter und niveauloser ist, im Gegenteil, viele Deutsche empfinden das verschultere System als angenehmer. Die große Freiheit bei der Gestaltung des Studiums, die unsere Vorgänger in der Studentenrevolution erkämpft haben, bringt mit sich, daß die Verantwortung für die Planung eines anspruchsvollen und effektiven Stundenplans besonders in den Geisteswissenschaften meist alleinige Aufgabe der Studenten ist. Dies ist in den USA anders. Welches System besser ist, hängt von der Selbstdisziplin und Neigung des einzelnen ab.

Honor code

Fuschen ist out

Viele Universitäten besitzen ein *Honor system*. Das heißt: Fuschen ist out und wird keinesfalls als lustig oder clever empfunden. Die Studenten unterschreiben, daß sie ihre Arbeit vorschriftsmäßig und ohne fremde Hilfe erledigt haben. Es kann durchaus passieren, daß ein Professor Dir einen Test in die Hand drückt, wenn Du zum Klausurtermin krank warst, und sagt: „Nimm Dir zwei Stunden Zeit und schreib den Test, danach kannst Du ihn in mein Fach legen.“ Dieses Vertrauen, das einem entgegengebracht wird, sollte reichen, Fuschen zum Tabu zu machen. Außerdem: Da dieses System als sehr angenehm von allen empfunden wird, wird jede Art der Täuschung hart bestraft. Uni-Verweise oder *Suspension*, das zeitlich begrenzte Verbot die Hochschule zu besuchen, sind übliche Strafen. Nicht selten wird ein Vermerk in der Akte eingetragen. Es ist nicht so, daß die Hochschule ihre Studenten bestraft; die *Honor Committee*, die unangenehme Verhöre durchführen und die Strafen verhängen, sind unter anderem aus Studenten zusammengesetzt. Dies also zur Warnung: Was wir in Deutschland liebevoll als Fuschzettel bezeichnen, ist in den USA Betrug.

Honor program

Honor programs bieten ein Kursangebot von hoher Qualität

Einige Universitäten bieten Kurse an, die auf höherem Niveau sind als die allgemein angebotenen Kurse. Dies ist besonders an großen, staatlichen Universitäten der Fall. Die Aufnahmebedingungen für *Honor programs* sind entsprechend anspruchsvoller als die normalen Aufnahmebedingungen.

Advisor

Ein ***Advisor*** hilft bei der Stundenplangestaltung

Jeder Student erhält einen *Advisor*. Dies kann ein *Advisor* für die persönlichen Belange sein oder ein *Advisor* für die akademischen Belange, ein *Academic advisor* oder *Faculty advisor*. Der notwendige ist der akademische *Advisor*. Dieser hilft bei der Auswahl der Fächer und der Ausarbeitung des individuellen Stundenplans. Meist muß der *Advisor* auch die erbrachten Leistungen überprüfen. Eigentlich wäre er oder sie somit einem deutschen Kustos vergleichbar. Wenn ich allerdings an meinen Kustos am Germanistischen Seminar in Bonn zurückdenke, möchte ich meinen sympathischen, interessierten, bemühten *Advisor* in den USA nur ungern mit diesem cholerischen Mann vergleichen. Natürlich gibt es auch in den USA unterschiedliche Beratungsqualitäten, aber sogar an den großen Universitäten ist ein *Advisor* – soweit ich das erlebt habe – zumindest bemüht, sich um die Studenten zu kümmern.

Internationale Studenten haben zusätzlich häufig einen *International Student advisor*, der die Studenten bei Ihren spezifischen Problemen unterstützt und berät.

Courses, seminars und credits

Credits **müssen für den Abschluß gesammelt werden**

Amerikanische *Course katalogs*, Vorlesungsverzeichnisse sind toll: Alle diese Kurse darf ich belegen und bekomme auch noch *Credits* dafür! *Credits* heißt, daß man den Kurs für den Abschluß angerechnet bekommt, meist bedeutet dies auch eine Benotung. Es gibt aber auch *Credit*-Kurse, die man auf *pass/fail*-Basis belegen kann, man muß also nur irgendwie durchkommen. *Credits*, also angerechnete *Credit hours,* braucht man wiederum, um einen Abschluß zu machen. Hierfür wird eine Mindestanzahl von *Credits* verlangt, die für jeden Studiengang festgelegt ist. Gerade die kleinen *Liberal Arts Colleges* erlauben auch die Belegung exotischer Kurse für den *Credit*-Erwerb: *African Dance, Gender and Generation in Asian American Families* oder *Sign language* können durchaus als *Credit*-Kurse angerechnet werden.

Kurse haben verschiedene Niveaus

Die Kurse haben Nummern, die über das Niveau des Kurses Auskunft geben. Kurse lassen sich zumeist in *Lower division, Upper division* und *Graduate courses* unterteilen, je höher die Numerierung, desto höher das Niveau, wobei 101 der klassische Einführungskurs ist. Die Bezeichnungen hängen mit der Bezeichnung *Underclassmen* für *College*-Studenten in den ersten beiden Jahren und *Upperclassmen* für *Juniors* und *Seniors* zusammen.

Große Vorlesungen und winzige Seminare

Die Kurse reichen von Vorlesungen mit einigen Hundert Studenten bis zu winzigen Kursen und Seminaren. Die Vorlesungen werden von Diskussionsgruppen begleitet, die im Vorlesungsverzeichnis angegeben sind.

Die Kurstitel geben über Niveau und Kursart Aufschluß

Einfach läßt sich das Niveau auch aus den Kurstiteln erkennen (*Introduction to....* ist immer ein Kurs auf niedrigem Niveau) und aus den *Prerequisites.* Letzteres sind die Voraussetzungen, die erfüllt sein müssen, um an dem Kurs teilnehmen zu können. Ein Kurs, der als *Prerequisites* viele andere Kurse zur Voraussetzung hat, gehört zu einem gehobenen Level. Gerade Ausländer können aber den „Exoten-Bonus" dahingehend verwenden, Zugang zu *eigentlich* gesperrten Kursen zu erhalten. Einfach mal den Professor oder Kursleiter fragen!

Drop/add period

Die Kurse werden in den ersten Wochen endgültig belegt

Wenn der Student sich seine Kurse ausgesucht hat, und hier gibt es, ganz wie aus Deutschland gewohnt, auch den *run* auf die beliebtesten Kurse, die schnell ausgebucht sind, folgt in den ersten Wochen des Studiums eine *Drop/add period*. Hier kann man den Stundenplan noch ändern und eventuell neue Kurse hinzunehmen oder aus Wartelisten in einen begehrten Kurs nachrücken. Nach der Beendigung der *Drop/add period* ist man fest für den Kurs angemeldet. Eine kurz entschlossene Meinungsänderung ist dann nicht mehr möglich, auf dem Zeugnis würde dann ein *fail* stehen, was Du tunlichst vermeiden solltest.

Einige Universitäten erlauben hingegen auch später ein *Drop/add*, Du solltest Dich unbedingt früh im Semester danach erkundigen.

Quiz, Test, Midterm, Final

Midterm und ***Final***

Nach der Hälfte des Kurses gibt es häufig ein *Midterm exam*, zum Ende ein *Final exam*. Beides sind wichtige Prüfungen, die über die Gesamtnote entscheiden. Aber jeder Kurs ist individuell, so werden in geisteswissenschaftlichen Fächern eher *Papers*, Hausarbeiten, in naturwissenschaftlichen Fächern *Research papers* anstelle von oder zusätzlich zu Klausuren oder Tests verlangt.

Ein *Quiz* ist mit dem deutschen Test in der Schule vergleichbar, ein *Midterm* oder *Final* mit einer Klausur.

Jeder Kursleiter gibt normalerweise am Anfang des Kurses an, wie die einzelnen Teile gewichtet werden.

Eine besondere Art von Arbeit ist *Field work*, die kann zum Beispiel in Psychologie aus einer praktischen Umfrage bestehen, „out in the field“ eben.

In den naturwissenschaftlichen Arbeiten kommt ein *Lab* hinzu. Experimente müssen praktisch durchgeführt, dokumentiert und ausgewertet werden.

College Major

Der ***Major*** ist der Fachschwerpunkt

Ein *Major* ist eine Art Hauptfach, eine Studienrichtung. Einen *Major* gibt es nur im *College.* Bei späteren *Degrees* ist die Studienrichtung festgelegt, da Du Dich auf ein ganz bestimmtes Studienprogramm bewirbst, wie dies in Deutschland schon bei Eintritt an die Universität üblich ist. Der *Major* besteht aus bestimmten Kursen, die Du in einer Fachrichtung belegen mußt. Er entspricht in dieser Hinsicht den deutschen Studienfächern, etwa Vergleichende Literaturwissenschaft oder Biologie.

Nach zwei Jahren entscheidet man sich für einen Major

Normalerweise legt man seinen *Major* zum dritten Studienjahr im *College* fest, also als *Junior*, beziehungsweise am Ende des *Sophomore*-Jahres. Für einige *Major* wird allerdings Vorwissen verlangt, so daß Du schon in den ersten beiden *College*-Jahren bestimmte Kurse belegen mußt, um dann zum *Major* überhaupt zugelassen werden zu können.

Majors können auch Themenschwerpunkte sein

Es gibt *Majors*, die als Studienrichtung in Deutschland nicht existieren. *Majors* können einfach themenspezifische Fächerkombinationen sein, wie *Women's Studies*, *Peace Studies*, *Government* oder auch *Neuroscience.* Zudem gibt es *Majors*, die auf einen Beruf beziehungsweise auf den späteren Besuch einer *Professional school* vorbereiten, wie *Pre-med* oder *Pre-law.*

Studenten, die nur für begrenzte Zeit ein *College* besuchen, brauchen sich aber nicht auf einen *Major* festzulegen.

Double Major

Zwei Hauptfächer sind möglich

Es gibt an einigen Universitäten die Möglichkeit, einen *Double major* zu absolvieren, was nichts anderes heißt, als daß man zwei Hauptfächer belegen kann. Meist gibt es dafür bestimmte Regeln, an manchen *College*s müssen diese *Majors* aus völlig verschiedenen Fachrichtungen sein, an anderen gibt es zudem noch *Minors*, eine Art kleine *Majors*, bei denen nicht so viele Kurse belegt werden müssen.

Bibliotheken

Die Bibliotheken sind eine Sache des Prestiges

Die Bibliotheken - hier geraten Deutsche, die einmal in den USA studiert haben, schnell ins Schwärmen. Die Bibliotheken sind für viele Universitäten und *College*s eine Prestigeangelegenheit. Holzgetäfelte Lesesäle, viel Platz zum Lernen, Sofas, um gemütlich ein Buch zu lesen – das ist nicht die Ausnahme, sondern eher die Regel. Wer an besonders großen und gut ausgestatteten Bibliotheken interessiert ist, kann sich in den Informationsbroschüren der Universitäten über die genauen Bestände informieren. Wenn Du genauere Informationen wünschst, solltest Du einfach bei der jeweiligen Universitätsbibliothek anrufen. Dort wird Dir bestimmt gerne Auskunft gegeben. Auch die Bibliothek versteht sich in den USA als Service-Unternehmen.

Noten

Ein A ist das Ziel

Noten werden entweder auf einer Prozentskala angegeben, wobei 100% die höchste Note ist, oder als Buchstabe von A-F. A ist die beste Note, F bedeutet durchgefallen. Da alle Noten relativ zu den anderen Studenten vergeben werden, sind As zahlreicher als in Deutschland. Hieraus ergibt sich bei internationalen Bewerbungen die Notwendigkeit, schlechtere absolute Noten im Verhältnis zu den anderen Studenten darzustellen, damit klar wird: Auch mit einer 2 oder sogar 3, einem B oder C auf der amerikanischen Skala, kann man in Deutschland zu den besten Studenten oder Schülern gehören.

Noten setzen sich aus verschiedenen Faktoren zusammen

Noten werden anhand von *Tests* (deutsch: Klausuren), *Quizzes* (deutsch: Tests), *Papers* (deutsch: Hausarbeiten) und manchmal Kursbeteiligung festgelegt.

Der GPA ist der Notendurchschnitt

Der GPA ist der *Grade Point Average*, also der Notendurchschnitt. Da meist ein Gesamtnotendurchschnitt angegeben wird, ist kontinuierliche Leistung von Bedeutung, um einen guten GPA zu bekommen. Ein guter GPA ist wichtig, um ein Stipendium zu erhalten oder um ein Stipendium nicht zu verlieren.

Ein amerikanisches *College*-Zeugnis könnte folgendermaßen aussehen:

UNIVERSITY OF CALIFORNIA AT LOS ANGELES

Name: MARKUS TROMMELSCHLAEGER

SID: 98394837

Resident Status: NON-RESIDENT

Place of birth: MUENCHEN

Date admitted: AUG 1992

Major Program: UNDECLARED

College: LETTER & SCIENCE

Student status: REGULAR

Abitur, 2 TRM to 4 - 92

Pass/no pass UN 24.0 ← **Dieser Absatz bezeichnet die angerechneten Leistungen aus Deutschland**

Total: 24.0

College of L & S Transfer total: 24.0

Fall semester 92	Grade	Units
General Astronomy	A	4.0
English Comparative World Literature	B+	3.0
Ancient Philosophy	C	3.0
Introduction to American Politics	B	4.0
Sign Language	Pass	1.0

Spring semester 93		
Introduction to Music theory	A-	4.0
Elementary Russian	B	4.0
General Chemistry	A+	4.0
United States History	B-	4.0
Introduction to Indian Civilization	B	3.0

Transfer Credit: 24.0

Semester Credits Completed: 58.0

GPA: 3.27

Die Universität wechseln

Gewechselt wird die Universität hauptsächlich, um das Niveau zu steigern

Das Wechseln des *College*s ist recht unüblich. Normalerweise wählt man sich sein *College* sehr genau aus, um dann vier Jahre dort zu verbringen. Amerikanische Studenten wechseln nur dann, wenn sie beispielsweise schlecht in der Schule waren und nur auf einem schlechten *College* aufgenommen worden sind. Dann können Sie durch gute Leistungen in den ersten Semestern ihre Chancen steigern, von einem besseren *College* angenommen zu werden. In *Graduate*-Programmen ist es ebenfalls unüblich, die Universität zu wechseln, meistens sogar unmöglich.

Schritt 2: *College*, Universität, Ph.D. oder M.B.A.? Vom richtigen Zeitpunkt, in die USA zu gehen

Es gibt während jedes Stadiums der Ausbildung die Möglichkeit, in die USA zu gehen. Nur muß man wissen, welche Möglichkeiten sich zu welchem Zeitpunkt bieten. Für die Planung der Bewerbung habe ich einen Zeitplan erstellt, an den Du Dich halten kannst. Den Zeitplan findest Du zu Beginn von Schritt 4. Plane Deine Zeit großzügig, die Zeit wird immer knapp und die Bewerbung wird letztlich doch per FedEx in die USA geschickt. Im Vorfeld kann man zumindest versuchen, das zu vermeiden.

Anerkennung von Abschlüssen

Die Abschlüsse sind in den USA nicht geschützt. Es gibt aber Organisationen, die akademische Programme und Grade nach amerikanischem Standards beurteilen.

Die Hochschule sollte staatlich anerkannt sein

Es gibt zahlreiche *Associations of Colleges and Schools* sowie Berufsverbände, welche Abschlüsse anerkennen. Du kannst Dich am besten im WordWideWeb über die *Associations* erkundigen. Einfach zu Yahoo (http://www.yahoo.com) gehen und „Association of *College*s and Schools“ eingeben. Dann erhältst Du eine lange Liste verschiedener Fach- und Berufsrichtungen.

Der American Council on Education und der ***Council of Graduate Schools***

Du solltest bei der Wahl Deiner Hochschule unbedingt darauf achten, daß sie anerkannt ist. Sonst wirst Du erhebliche Probleme bei der Anerkennung Deiner Leistungen in Deutschland haben. Vom *American Council on Education* gibt es eine Mitgliederliste, die sämtliche anerkannte Institutionen auflistet. Der *Council* hat 1.800 Mitglieder, die alle anerkannte Hochschulen sind. Den *Council* kannst Du ebenfalls im Web finden, die Adresse findest Du unten. Mitglieder des *Council of Graduate Schools in the United States* (CGS), zu dem auch die Mitglieder der *Association of American Universities (AAU)* gehören, sind durchweg anerkannte Hochschulen. Auch diese kannst Du am leichtesten im Internet finden. Die in diesem Buch aufgeführten Hochschulen sind alle anerkannte Institutionen.

Nützliche Webseiten

http://www.chea.org

http://www.acenet.edu/about/memberdirectory

Hier findest Du die Mitglieder des American Council on Education

http://cgsnet.org

Dies ist die Seite des Council of Graduate Schools (CGS). Die Seite enthält auch interessante Links für Studenten über den Bewerbungsprozeß und die Finanzierung des Studiums.

Eine Warnung an diejenigen, die in den Öffentlichen Dienst in Deutschland einsteigen möchten. Sie müssen nach ihrer Rückkehr mit erheblichen Einstufungsproblemen rechnen.

Bei Austauschprogrammen darauf achten, daß die Kurse angerechnet werden

Bei Austauschprogrammen sollte man unbedingt mit dem heimischen Professor, Studienberater oder Kustos absprechen, welche Programme und Kurse anerkannt werden. Häufig werden Kurse auf *Sophomore/Freshmen*-Ebene nicht beachtet (weil diese Kurse angeblich bloß Schulniveau entsprechen). Die Kurse außerhalb der eigenen Fachrichtung werden gemeinhin nicht angerechnet.

Auf Anerkennung der Studiengänge im Vorfeld achten

Kultus- und Wissenschaftsministerien der Länder entscheiden über Anerkennung, also über die Erlaubnis, akademische Titel zu führen. Die Adressen der Ministerien findest Du im Anhang. Einige Studiengänge müssen in Deutschland anerkannt werden, damit die Personen ihre Berufe ausüben dürfen. Bei Lehrern entscheiden darüber die Kultusministerien, bei Ärzten und Apothekern die Gesundheitsbehörden.

Besonders bei ***Community colleges*** auf Anerkennung achten

Ulrich Littmann, dessen DAAD-Broschüre und Hinweise über die Einstufung und Anerkennung akademischer Grade ich wärmstens empfehlen kann, weist darauf hin, daß amerikanische Grade, die im Fernstudium oder an amerikanischen Studienzentren außerhalb der USA erworben werden, in der Regel nicht anerkannt werden, genausowenig wie die *Associate degrees* (A.A., A.S.) der *Community colleges*.

Die Anerkennung von Abschlüssen ist von der Entsprechung der Studiengänge abhängig

Die Anerkennung von *Master's degrees* und vom *Doktorate* erfolgt in der Regel dann, wenn die in den USA erbrachten Leistungen den in Deutschland erbrachten sehr ähneln und die amerikanische Hochschule akkreditiert ist (also in den oben angegebenen Listen aufgeführt ist). Manchmal akzeptieren deutsche Hochschulen einen amerikanischen *Master's Degree* als formale Voraussetzung zur Promotionszulassung, aber davon kann man nicht ausgehen.

Manche Abschlüsse sind in Deutschland inzwischen hinreichend bekannt

Master-Abschlüsse in typisch wissenschaftlichen Disziplinen sind leichter zu übertragen als beispielsweise M.B.A.'s, da der Abschluß nicht mit dem deutschen Diplom zu vergleichen ist. Allerdings sind die Abschlüsse inzwischen hinreichend bekannt, und ein M.B.A. ist für viele erklärtes Studienziel, nicht die Übertragung in einen deutschen Abschluß.

Certificates sind keine akademische Grade. Jede Sprachschule kann ein Certificate ausstellen, es kommt dann ganz darauf an, wie anerkannt die Ausbildungsinstitution ist. *Diploma* ist ebenfalls kein geschützter Begriff. Jeder kann ein *Diploma* erhalten oder vergeben.

Einstufung

Die Einstufung erfolgt nach individuellem Ermessen der Hochschulen

Es gibt keine offiziellen Regeln zur Einstufung deutscher Studenten in den USA. Jede Universität und jedes *College* hat eigene Richtlinien. Auf den nächsten Seiten abgedruckt sind die Deutsch-

Amerikanischen Empfehlungen aus dem Studienführer des DAAD. Dies sind tatsächlich Empfehlungen, keine verbindlichen Grundsätze. Aber sie können helfen, die eigene Einstufung zu verstehen und geben vielleicht auch Argumente zur Diskussion an die Hand, falls das nötig sein sollte.

Als Faustregel kann man sagen, daß Studenten im 6. Semester mit Vordiplom oder Zwischenprüfung und 2. Hauptseminarsscheinen als *Graduate students* behandelt werden. Es hängt jedoch immer davon ab, wie man sich verkauft, daß gilt besonders in den Grenzfällen, wenn man also „nur" Fachabitur hat oder eine Fachhochschule besucht. Es hängt wieder mal von Dir selbst ab, inwieweit Du das *College* oder die Universität von Deinem Wissensstand überzeugen kannst. Wie Du die Universitäten von Deinen Qualitäten überzeugen kannst, davon handeln Schritt 7, Schritt 8 und Schritt 9.

DIE DEUTSCH-AMERIKANISCHEN EMPFEHLUNGEN

GERMAN-U.S. MEETING ON ISSUES RELATED TO THE ADMISSION AND PLACEMENT OF GERMAN STUDENTS IN THE U.S.

Berlin (West), 28 February - 1 March, 1990

REPORT

In order to facilitate and encourage academic mobility and more exchange of students and scholars between the Federal Republic of Germany and the United States, the National Association for Foreign Student Affairs (NAFSA), the American Association of Collegiate Registrars and Admissions Officers (AACRAO), and the West German Rectors Conference (WRK) arranged for a meeting which was held in Berlin (West) from February 28 - March 1, 1990. Impetus for the meeting arose from concerns about possible misinterpretations of some of the placement recommendations by the National Council on the Evaluation of Foreign Educational Credentials. These recommendations are contained in the World Education Series (WES) volume Federal Republic of Germany published in 1986. The group discussed various elements of the U.S. and German educational systems, including developments since 1985. The participants agreed that the following interpretations will help German students to understand opportunities for and limitations to study in the United States, and at the same time may assist U.S. admission officers and academic departments, as well as German exchange administrators, in using the placement recommendations.

1. Undergraduate Admissions

a) In order to be considered for undergraduate admissions, German applicants should submit a certificate of "Hochschulreife" (including "Fachhochschulreife") awarded after completion of at least 12 years of full-time schooling. U.S. institutions will take into account applicants' records of achievement, goals and the comparability of courses when considering granting transfer credit for courses and examinations taken in grade 13.

b) U.S. institutions will consider transfer credits for periods of study at a German tertiary institution, i.e., a university, a "Gesamthochschule", or "Fachhochschule", if the applicants submit a record of results, such as "Scheine" and examination results.

2. Graduate Admissions

a) German applicants are advised that graduate admission practices vary widely in the U.S. Some institutions admit students to graduate studies, but place them at the Master's or Ph.D. level only after they have enrolled and taken courses. Some institutions admit only to the Master's level of study but, upon consideration of the students' work after enrolment and examinations, may allow them to enter Ph.D. programs. Others admit directly into Ph.D. programs. In addition, admission to graduate programs is subject to institutional and/or departmental policies and requirements. These may include very specific educational prerequisites, test scores, professional experience and other elements relevant to the competition for admission.

b) In order to compete for admission to graduate studies, German applicants should present evidence of the "Zwischenprüfung"/"Vordiplom" from a university including three years of university study beyond the "Hochschulreife". Applicants who present evidence of a "Diplom (FH)" of a Fachhochschule may likewise compete for admission to graduate studies.** Some institutions may have more stringent requirements for admission to graduate studies. Graduation from a university ("Diplom", "Magister Artium", "Staatsexamen") may yield graduate transfer credit if specific course work or examination and thesis work is related to the program of study.*

3. Fine Arts and Music Performance

In the disciplines of fine arts and music performance, German students admitted to their home institutions ("Kunsthochschule" or "Hochschule für Musik") on the basis of entrance examinations rather than a certificate of "Hochschulreife", may be considered for admission to U.S. institutions, according to their policies pertaining to fine arts or music.

4. Special Agreements

The preceding statements do not preclude special treatment of applicants under exchange agreements.

NOTES:

** This statement reflects current practices in many U.S. institutions. The "Advice to Admissions Officers" in the WES volume on the Federal Republic of Germany explains this point.*

*** In 1986 the Council recommended that applicants with the "Diplom (FH)" and the "Abitur" be considered for admission to graduate studies in the same field. However, the "Advice to Admissions Officers" in the WES volume predicted that admission to graduate studies with this credential would become more commonplace. This statement has proved true. Developments in the articulation between universities and Fachhochschulen in the Federal Republic of Germany since that time have facilitated the transfer of students between the two types of institutions.*

PARTICIPANTS

German Participants

Dr. Christian Bode, Secretary-General, West German Rectors Conference (WRK)

Prof. Dipl.-Ing. Hans Benedikt, President, Fachhochschule Augsburg

Dr. Beatrix Brandi-Dohrn, Head, U.S. Section, German Academic Exchange Service (DAAD)

Prof. Dr. Hans Bungert, Former President, University of Regensburg, President, European Association for American Studies

Ms. Dorothea Fitterling, Head, Office of International Relations, Technical University Berlin

Dr. Guido Herz, Foreign Office, Department of Cultural Relations

Mr. Rüdiger Jütte, West German Rectors Conference (WRK), International Department

Mr. Dieter Ludwig, Officer-in-Charge of Equivalence Matters, Federal Ministry of Education and Science

Dr. Günter Reuhl, Head, Central Office for Foreign Educational Systems (ZaB)

Dr. Christian Thieme, Officer-in-Charge of Equivalence Matters, Higher Education Committee, Standing Conference of Ministers of Culture (KMK)

U.S. Participants

Ms. Valerie Woolston, Chair, National Liaison Committee on Foreign Student Admissions (NLC)

Ms. Rebecca Dixon, Chair, PIER/WES Joint Committee of AACRAO and NAFSA

Mr. Richard Elkins, Vice President for International Affairs, AACRAO

Dr. Jules LaPidus, President, Council of Graduate Schools

Mr. Gregg Marshall, Exchanges Officer, U.S. Embassy, Bonn

Dr. William Smart, Vice Chair, National Council on the Evaluation of Foreign Educational Credentials (CEC)

Advisor

Dr. Ulrich Littmann, Executive Director, German Fulbright Commission

Berlin (West), 01 March, 1990

Appendix

Tertiary (Higher Education) Institutions in the Federal Republic of Germany

a) "Hochschule" is the generic term used (1) to refer in general to all tertiary institutions ("Hochschulen") or the higher education system ("Hochschul-System") and (2) to designate a particular institution, usually in connection with the place of location and/or disciplinary specialisation.

Note: *A "Fachschule" belongs to the secondary level of education; a "Berufsakademie" is not covered under the term "Hochschule". The term "Volkshochschule" denotes, for traditional reasons, a non-tertiary adult education center. These institutions are not part of the German tertiary system.*

b) "Universität" denotes a doctorate-granting institution. Upon completion of an intermediate examination ("Vordiplom"/"Zwischenprüfung") students work towards the final examination, leading to the "Diplom", or "Magister Artium", or the "Staatsexamen".

Note: *Some institutions designated as "Hochschulen" have university status. These include in particular "Technische Hochschulen" (Technical Universities), "Pädagogische Hochschulen" (Schools of Education), and "Gesamthochschulen" (see d) below). Some institutions listed under e) and f) below operate doctoral programs in specific disciplines.*

c) "Fachhochschule" denotes an institution with emphasis on professional orientation. Upon completion of 7 to 8 semesters (which may include 1 or 2 semesters of practical work integrated into the curriculum), the student receives the "Diplom (FH)".

d) "Universität/Gesamthochschule" denotes an institution offering curricula/degree programs of both "Universität" and "Fachhochschule". Credentials of these institutions should indicate the type of degree program.

e) "Kunsthochschule" and "Musikhochschule" offer curricula in fine arts and music, respectively, or related professional areas.

f) "Philosophisch-Theologische Hochschulen/Fakultäten" and "Kirchliche Hochschulen" are associated with the Catholic and Protestant Church, respectively, offering curricula in theology and related fields.

> **Note:** *An authoritative list of tertiary institutions is maintained by the West German Rectors Conference (WRK). In particular cases the West German Rectors Conference will provide detailed information on the character of institutions, courses of study, and degrees or examinations.*
>
> *West German Rectors Conference* (Anm.: Die Westdeutsche Rektorenkonferenz heißt heute Hochschulrektorenkonferenz - HRK*)*

Nützliche Webseite

http://www.daad.de

Die Empfehlungen können auch im Internet auf der Seite des DAAD eingesehen werden.

Direkt nach dem Abitur in die USA

Du mußt Dich gegen Ende der 12. Klasse bewerben

Du machst Abitur und möchtest dann in die USA. Du mußt Dich schon im Jahr vor Schulabschluß bewerben, um nicht den richtigen Zeitpunkt zu verpassen. Beachte den Zeitplan zu Beginn von Schritt 4.

Infolgedessen zählen in diesem Fall hauptsächlich die Noten der 12. Klasse. Die Noten vom ersten Halbjahr der 13. Jahrgangsstufe sollen meist nachgereicht werden. Zur Bewerbung erfährst Du mehr in Schritt 6.

Die Finanzierung für den *College*-Besuch ist besonders schwierig

Es gibt eine große Schwierigkeit. Für den Besuch eines *College*s erhält man von deutscher Seite keine finanzielle Unterstützung. Genauso schwierig ist es, von amerikanischer Seite finanzielle Unterstützung zu erhalten. Aus deutscher Sicht ist es unsinnig, jemandem ein Studium in den USA zu finanzieren, obwohl ein Studium in Deutschland den gleichen Zweck erfüllen würde (denn kaum ein Abiturient hat ausgereifte Forschungsvorhaben). Die Amerikaner sehen ihren Bildungsauftrag primär in der Ausbildung ihrer eigenen Bürger. Es gibt Stipendien für Ausländer, aber nicht viele, man sollte sich keinen Illusionen hingeben. Zu jedem späteren Zeitpunkt ist es leichter, finanzielle Unterstützung zu erhalten.

Gute Sportler haben gute Chancen

Eine Ausnahme sind gute Sportler. Gute Sportler können auch für das *College* ein Stipendium erhalten. Wenn Du ein Talent bist, solltest Du unbedingt das Kapitel von Becky Trout über Sport in amerikanischen Hochschulen in Schritt 5 lesen. Da die *College*s an guten Sportlern für ihre Teams interessiert sind, kannst Du möglicherweise ein Sportstipendium erhalten.

In seltenen Fällen gelingt es, später ein Stipendium zu erhalten

Da die *College*s in den USA sehr autonom handeln, gibt es bei der Finanzierung auch Ausnahmen. Ich habe von Studenten gehört, die zwar das erste Jahr im *College* bezahlt haben, aber dann mit dem *College* einen Finanzplan aufstellen konnten, weil sie hervorragende Studenten waren. Darauf kann man sich jedoch keinesfalls verlassen.

Ein Green Card kann die Studiengebühren senken

Die andere Möglichkeit, Studiengebühren zu sparen, ist der Besitz einer Green Card. Diese unbefristete Arbeits- und Aufenthaltsgenehmigung ist auf normalem Wege kaum zu bekommen, aber die Teilnahme an der sogenannten Green Card-Lotterie sollte, wenn man sich mit dem Vorhaben, in den USA Zeit zu verbringen trägt, obligatorisch sein. Die Chancen stehen nicht so schlecht, wie der Name *Lotterie* vermuten läßt. Mit einer Green Card kann man nämlich nach einem Jahr *Residen*t in einem Bundesstaat werden. Die Studiengebühren für die staatliche Universitäten, die teilweise von höchster Qualität sind, etwa für die University of Michigan, sinken dann drastisch. Du kannst Informationen direkt bei TIA anfordern, wenn Du die Infokarten am Ende des Buches benutzt.

Buchtip

Martell, Kai, *Die unbefristete Arbeits- und Aufenthaltsgenehmigung der USA per Lotterie: Die Green Card Verlosung,* TIA-Verlag 1999.

Nützliche Webadresse

http://www.us-botschaft.de

http://www.tiaservice.de

Direkt nach der Schule in die USA ist teuer

Wenn man direkt nach der Schule in die USA gehen möchte, muß man über ein ausreichendes finanzielles Polster verfügen, eine Erbtante oder großzügige Eltern beziehungsweise ein Bankdarlehen haben. In den USA beenden viele Studenten ihre Ausbildung hoch verschuldet. Das ist sicherlich nicht erstrebenswert, aber eine gute Ausbildung wird als Investition betrachtet, die sich später auszahlt. Da wir in Deutschland die Möglichkeit haben, ohne Studiengebühren zu studieren, solltest Du Dir das allerdings sehr genau überlegen. Beginne lieber ein Studium in Deutschland und wechsle später in die USA. Das ist in jedem Fall einfacher und preiswerter.

Wenn Du die Möglichkeit hast, die Studiengebühren zu bezahlen, kannst Du Dich zusätzlich um Teilstipendien bemühen. Die University of Wisconsin stellt zum Beispiel finanzielle Mittel auch für ausländische *College*-Bewerber zur Verfügung.

Einstufung

Das erste Jahr kannst Du überspringen

Schüler, die dreizehn Jahre zur Schule gegangen sind, können gewöhnlich das erste Jahr auf dem *College* überspringen und in drei Jahren ihren Abschluß machen. Wenn Dir die Einstufung an Deinem *College* zu niedrig erscheint, immer daran denken: Es gibt keine festen Regeln, alles ist Verhandlungssache und Überzeugungsarbeit. Ich kenne Fälle, in denen in zwei Jahren der *College*-Abschluß erreicht wurde, das muß aber als Ausnahme gelten.

Überlegungen zur Rückkehr

Die Rückkehr fällt vielen schwer

Wenn Du nach der Schule in die USA gehst, wird es schwierig sein, nach drei oder vier Jahren nach Deutschland zurückzukehren. Die meisten internationalen Studenten, die ich kennengelernt habe, genießen ihr Studentenleben zwischen zwei Welten sehr. Ein *College* in den USA zu besuchen, die Freiheit zu haben, das zu lernen, was man möchte, intensiv auszuprobieren, in welche Richtung man gehen möchte, ist herrlich und für Deutsche ungewohnter Luxus. Der Eingewöhnungsprozeß in Deutschland hingegen ist zäh.

Bewerbung von den USA aus ist meist leichter

Die Bewerbung für ein Programm an einer amerikanischen Universität nach *College*-Abschluß für ein *Master* oder Ph.D.-Programm ist leichter, da man sich innerhalb des amerikanischen Systems bewegt. Die Bewerbung ist dann einfacher als vom Ausland aus. Die Rückkehr nach fünf oder mehr Jahren in den USA nach Deutschland fällt um so schwerer.

Die Rückkehr ist mit einem Energieschub verbunden

Die Rückkehr ist andererseits auch mit einem Energieschub verbunden. Eigentlich jeder, der einige Zeit im Ausland verbracht hat, tankt durch den Wechsel Energie. Man hat etwas geschafft, hat den Horizont erweitert und neues Selbstbewußtsein aufgebaut. Diese Energie kann man in Deutschland nutzen. Gerade die Beherzigung des amerikanischen Mottos, das eine große Sportfirma zu ihrem Slogan gemacht hat, fällt vielen Rückkehrern leichter: *Just do it*

Während des Studiums in die USA

Dies ist der unkomplizierteste Weg

Während des Studium ist es am leichtesten, Fördermittel zu erhalten, um den teuren Aufenthalt zu bezahlen. Fördermittel stellt beispielsweise der DAAD zu Verfügung. Die Programme sind natürlich heiß begehrt, aber auch andere Stellen bieten Fördergelder. Die Adressen der Programme und eine Beschreibung der Förderungsmöglichkeiten findest Du im Adressenteil. Diese Seiten solltest Du ausgiebig studieren.

Austauschprogramme

Amerikanische Partneruniversitäten

Viele Universitäten pflegen partnerschaftliche Beziehungen zu amerikanischen Universitäten. Im grauen Kasten findest Du deutsche Universitäten und Fachhochschulen und die jeweiligen Partnerunis in den USA.

PARTNERUNIVERSITÄTEN VON DEUTSCHEN HOCHSCHULEN

Aachen FH
University of North Carolina, Eastern Illinois University, University of California at La Jolla, University of Missouri, San Francisco State University, Southwest Missouri State University, Florida Atlantic University, Michigan State University, Dartmouth College, University of Hawai, University of Tennessee, University of California at Los Angeles, Columbia University, University of Washington

Albstadt-Sigmaringen FH
Concordia University at Portland

Anhalt FH
Southern Polytechnic State University, University of Minnesota - Twin Cities, Rochester Institute of Technology, San Diego State University

Ansbach FH
Georgia State University

Augsburg FH
University of Missouri-Columbia, University of Oklahoma, University of Alabama

Augsburg U
Emory University, University of Vermont, University of Dayton, University of California at Los Angeles, University of Pittsburgh

Bamberg U
Mount Union College, University of North Carolina, University of South Carolina at Columbia, Western Illinois University, West Virginia University, University of the South, The American University, George Washington University

Bayreuth U
Indiana University of Pennsylvania, University of Nebraska-Lincoln, University of Delaware

Berlin FHTW
Kettering University, Marshall University, Texas A & M International University, University of Nebraska-Lincoln, University of Idaho, University of Nebraska at Omaha

Berlin FU
State University of New York (SUNY), Emory University, University of Texas at Austin, Johns Hopkins University, University of Chicago, Ohio State University, Duke University, Indiana University of Pennsylvania, Cornell University, Western Michigan University, University of California at Los Angeles, University of Wisconsin, University of Minnesota - Twin Cities, Vanderbilt University, Yale University, Tulane University, Columbia University, New School for Social Research, New York University, University of Pensylvania, Princeton University, University of Washington, Washington University, Stanford University, The American University, Wake Forest University

Berlin HdK
School of the Art Institute of Chicago, City University of New York, California College of Arts & Crafts, California Institute of the Arts, Dickinson College

Berlin HU
University of Texas at Austin, Johns Hopkins University, University of North Carolina, Ohio State University, Duke University, Longwood College, University of Iowa, Cornell University, University of California at Los Angeles, University of Minnesota - Twin Cities, City University of New York, Columbia University, New School for Social Research, New York University, Brown University, University of Connecticut, University of Illinois at Urbana-Champaign, Georgetown University, College of William & Mary

Berlin TFH
University of Nebraska-Lincoln, City College of New York, University of Michigan, Johns Hopkins University

Berlin TU
Massachusetts Institute of Technology (MIT), University of North Carolina, Illinois Institute of Technology, University of Maryland at College Park, Stevens Institute of Technology, University of Southern California, Texas Technical University, Ball State University, Columbia University, University of Oklahoma, North Carolina State University, Arizona State University, University of Arizona

Berlin-Weißensee KHB
Ohio State University, North Carolina State University, San Jose State University

Biberach FH
California State Polytechnic University

Bielefeld FH
Illinois Institute of Technology, Temple University, University of Michigan, University of Georgia, Georgia State University, Johns Hopkins University, University of Iowa, California State University

Bochum FH
Virgin Polytechnic Institute and State University, National Institute of Health, Massachusetts Institute of Technology (MIT), Texas A & M University, Ohio State University, Northwestern University, University of Tennessee at Memphis, University of Nebraska Med. Ctr., Fred Hutchinson Cancer Research Center St. Louis University, State University of New York at Stony Brook, Purdue University

Bonn U
Louisiana State University, University of Missouri-Columbia, Ohio State University, Duke University, University of Florida, University of Southern Mississippi, Kalamazoo College, University of Tennessee, University of Kansas, University of California at Los Angeles, University of Wisconsin, New York University, Illinois State University, University of Pittsburgh, Washington State University, Ripon College, Mount Holyoke College, Florida State University, Wartburg College

Brandenburg FH
Auburn University

Braunschweig HBK
School of the Art Institute of Chicago, San Francisco Art Institute, San Francisco State University

Braunschweig TU
State University of New York (SUNY), Georgia Institute of Technology, Virgin Polytechnic Institute and State University, Cornell University, University of Rhode Island, University of Nebraska-Lincoln, University of Oklahoma, University of Utah

Bremen H
University of North Carolina, East Tennessee State University, University of Missouri-Kansas City, Marist College, Prescott College, University of

Missouri-St. Louis, Arizona State University, Dickinson College, University of Maryland at College Park, Columbia University

Chemnitz TU
Michigan Technological University, University of Delaware

Clausthal TU
Cornell University, Xerox Corporation

Cottbus TU
Ohio Northern University

Darmstadt FH
New Jersey Institute of Technology, California State Polyechnic University, San Jose State University, State University of New York (SUNY), University of Colorado at Boulder, University of California at Los Angeles, University of Illinois

Deggendorf FH
Colorado State University

Dortmund FH
State University of New York, College at Buffalo

Dortmund ISM
Hawaii Pacific University, International School of Management (ISM)

Dortmund U
Iowa State University of Science & Technology, Georgia Institute of Technology, Oglethorpe University, Canisius College, University of Virginia, Michigan State University, University of Iowa, University of Kansas, University of Southern California, University of Tennessee at Memphis

Dresden HfM
Capital University, Belmont University, Northern Arizona University, California State University, Hayward

Dresden TU
University of Texas at Austin, University of Northern Iowa, University of Cincinnati, Ohio State University, Southern Methodist University, Belmont University, New School for Social Research, Bradley University, Carnegie Mellon University, North Carolina State University, Rensselaer Polytechnic Institute, University of Arizona, Georgetown University, Purdue University

Duisburg U/GH
Indiana University of Pennsylvania, University of Minnesota – Twin Cities, University of Washington

Düsseldorf U
University of North Carolina, University of California at Los Angeles, University of Oklahoma, Pennsylvania State University, University Park Campus

Eberswalde FH
Auburn University

Eichstätt U
Catholic University of America

Erfurt PH
University of North Carolina, University of South Carolina at Columbia

Erlangen-Nürnberg U
Alfred University, Georgia State University, University of California at Berkeley, University of Colorado at Boulder, University of North Carolina, Duke University, Kalamazoo College, University of Kansas, Virginia Commonwealth University

Essen U/GH
Clemson University, Brown University

Esslingen FHS
Indiana University-Purdue University at Indianapolis

Esslingen FHT
University of Massachusetts, Clemson University, Ohio State University, Kettering University, University of Alabama

Flensburg FH
University of Texas at Austin, Ohio State University

Flensburg U
University of Miami, California State University, University of Minnesota – Twin Cities, St. Olaf College, Winthrop University, Pennsylvania State University, University Park Campus

Frankfurt (Oder) U
Bard College Annandale-on-Hudson, Texas A & M International University

Frankfurt am Main FH
Old Dominion University

Frankfurt am Main HfB
Emory University, University of Colorado at Colorado Springs, University of Iowa, San Diego State University

Frankfurt am Main U
University of Iowa, University of Iowa, University of Wisconsin, New School for Social Research, University of Pensylvania, College of New Jersey

Freiberg TUBergAk
Southern Illinois University, Illinois Institute of Technology, University of Missouri-Columbia, Colorado School of Mines, Pittsburg State University, South Dakota School of Mines and Technology, University of St. Thomas (MN)

Freiburg HfM
University of Rochester

Freiburg PH
Stetson University

Freiburg U
University of Massachusetts, University of Texas at Austin, The Institute of European Studies, Texas Christian University, Colgate University, Yale University, University of Southern Colorado, University of Washington, University of Connecticut, University of South Florida, American University

Fulda FH
California State University, University of Illinois at Urbana-Champaign

Furtwangen FH
Oregon State University, Southeastern Louisiana University, University of Alabama

Gießen U
Denison University, University of Wisconsin at Madison, Kansas State University, University of Wisconsin, University of Wisconsin at Milwaukee, University of Washington

Gießen-Friedberg FH
University of Iowa

Göttingen U
Amherst College, University of North Carolina, Colorado College, Cornell University, Oklahoma City University, State University of New York College of Oswego

Hagen FernU
Boston University, University of Wisconsin at Milwaukee, San Diego State University

Halle-Wittenberg U
Louisiana State University, University of South Carolina at Columbia, Eastern Mennonite College and Seminary, University of Minnesota – Twin Cities, Radford University, University of Toledo

Hamburg FH
Iowa State University of Science & Technology, Indiana University-Purdue,University at Indianapolis, University of Wisconsin

Hamburg HWP
DePaul University, University of Illinois at Chicago (UIC), Johns Hopkins University, Southern Illinois University, Ohio State University, University of Arkansas, Indiana University of Pennsylvania, University of Kansas, Tulane University, Smith College, Temple University, Purdue University

Hamburg UBW
Northwestern University, Naval Postgraduate School, Connecticut State University

Hamburg-Harburg TU
University of Texas at Arlington, University of California at Berkeley, University of Virginia, Clemson University, University of Maryland at College Park, Cornell University

Hannover EvFH
New Mexico State University

Hannover U
Michigan Technological University, University of Nebraska-Lincoln, University of Wisconsin, University of Maine, Southwest Texas State University, Purdue University

Harz H
Southern Oregon State College, University of South Carolina at Columbia

Heidelberg U
University of New Mexico, University of Massachusetts, Louisiana State University, Harvard University, University of North Carolina, University of Maryland at College Park, Oregon State System of Higher Education, University Konsortium/State of Arizona diverse, Duke University, Baylor College of Medicine, Indiana University of Pennsylvania, Cornell University, Cornell University, Bucknell University, University of Kentucky, University of Nebraska-Lincoln, California State University, Connecticut State University, Yale University, Tulane University, Pace University, University of Oklahoma, Miami University, Mayo Medical School, University of Utah, St. Mary's

College of Maryland, Sweet Briar College, Heidelberg College, University of Illinois, Brandeis University

Hildesheim U
University of Chicago, University of Missouri-Columbia, Oregon State University, University of Colorado at Denver, University of Texas at El Paso, Kent State University, American Museum of Natural History, Columbia University, University of Pensylvania, Indiana State University, University of Arizona

Hildesheim/Holzminden FH
University of Wisconsin

Hof FH
Weber State University, University of Maine

Hohenheim U
University of Massachusetts, Massachusetts Institute of Technology (MIT), University of North Carolina, Ohio State University, Oregon State System of Higher Education, Oregon State University, University Konsortium State of Missouri Diverse, University Konsortium/State of Arizona Diverse, Michigan State University, Northwestern University, California State University, Connecticut State University, Pennsylvania State University, University Park Campus

Ilmenau TU
Virgin Polytechnic Institute and State University, Northern Arizona University, University of Wisconsin at Madison, University of Minnesota - Twin Cities, University of Central Florida

Ingolstadt FH
St. Cloud State University

Jena FH
Alfred University, University of Missouri-St. Louis, University of Texas at Austin, Louisiana State University, University of North Carolina, University of Virginia, Michigan State University, Pennsylvania State University, University Park Campus, University of Mississippi, University of South Dakota

Kaiserslautern U
University of California at Berkeley, National Cancer Institute, University of Missouri-Columbia, Michigan State University, Cornell University, University of Nevada at Las Vegas, University of Delaware,, Stanford University, Wake Forest University

Karlsruhe FH
Northeastern University, Eastern Michigan University

Karlsruhe PH
Appalachian State University, Virginia Commonwealth University

Karlsruhe U
University of Massachusetts, Oregon State System of Higher Education, University of California at Los Angeles, University of Wisconsin, Yale University

Kassel U/GH
University of California at Berkeley, Kansas State University, University of Wisconsin, Western Oregon State College, Connecticut State University, Yale University, University of Delaware, Radford University

Kiel FH
Texas A & M University, Western Michigan University, Kirkwood *Comunity* College, Benedictine University, Black Hawk College, Indiana University Bloomington, University of Wisconsin at Eau Claire

Kiel U
University of Hawai, University of Kansas, University of Minnesota - Twin Cities, University of Minnesota - Twin Cities, University of Utah, Pennsylvania State University, University Park Campus, University of Illinois at Urbana-Champaign

Koblenz FH
University of Tennessee

Koblenz WHU
University of Texas at Austin, Northwestern University

Koblenz-Landau U
University of Georgia, Loyola College

Köln DSHS
State University of New York (SUNY), University of Illinois

Köln U
University of Rochester, Pennsylvania State University, University Park Campus

Konstanz U
University of Akron, State University of New York (SUNY), University of Massachusetts, University of Texas at Austin, Claremont McKenna Coll, Oregon State System of Higher Education, University Konsortium/State of Arizona diverse, University Konsortium/State of North Carolina diverse,

Northern Arizona University, Rutgers State University of New Jersey, St. Olaf College, University of Pittsburgh, University of Pittsburgh, University of Southern Colorado, University of Richmond, Susquehanna University, Wellesley College

Leipzig HandelsH
Emory University, Georgia Institute of Technology, University of Chicago, Dartmouth College, Indiana University of Pennsylvania, Tulane University, Brigham Young University, University of Illinois at Urbana-Champaign, The American University

Leipzig U
State University of New York (SUNY), Ohio University, National Institute of Health, University of Alabama at Birmingham, University of Miami, University of Houston, Kent State University, University of Arizona

Lippe FH
University of Florida, Gainesville, FL, University of New Orleans

Lübeck FH
University of Cincinnati, Spokane Falls *Comunity* College

Lübeck MedU
Duke University

Ludwigsburg PH
University of North Carolina at Charlotte, Occidental College

Lüneburg U
Colorado College, University of North Texas, University of Nevada at Reno, Angelo State University

Magdeburg FH
Northern State University

Magdeburg FH
Bemidji State University, Southern College of Technology, San Diego State University

Magdeburg U
Harvard University, University of Kansas Medical Center, California State University at Long Beach, Rutgers State University of New Jersey, Tulane University, North Carolina State University, University of Wisconsin at Stevens Point, Rose-Hulman Institute of Technology

Mainz FH
Clemson University, Lander University, Pfeiffer College

Mainz U
University of New Mexico, University of Massachusetts, Louisiana State University, Southern Illinois University, University of North Carolina, Agnes Scott College, Middlebury College, Middle Tennessee State University, San Jose State University, University of Washington

Mannheim FHTG
University of Maryland at College Park, Texas Technical University, San Diego State University, University of Connecticut

Mannheim U
University of Massachusetts, Johns Hopkins University, University of California at Berkeley, Indiana University Bloomington, Oregon State System of Higher Education, University Konsortium/State of Connecticut diverse, University Konsortium/State of North Carolina diverse, Northwestern University, Northern Arizona University, University of Florida, Western Illinois University, Connecticut State University, City University of New York, University of Connecticut, Arizona State University, University of Arizona, University of Alabama, Brandeis University

Marburg U
Randolph-Macon College, Clemson University, Juniata College, University of Tennessee, Drew University, Brethren Colleges Abroad, Millersville University of Pennsylvania, University of Texas at Dallas, Southwest Missouri State University, Syracuse University, Pennsylvania State University, University Park Campus, University of Illinois at Urbana-Champaign

Merseburg FH
Case Western Reserve University, Southern Polytechnic State University

Mittweida FHTW
University of Texas at Austin, Virgin Polytechnic Institute and State University, State University of New York at Buffalo, University of Cincinnati, University of Maryland at College Park, Texas A&M University, Ohio State University, Embry-Riddle Aeronautical University, University of Wisconsin at Madison, Milwaukee School of Engineering, Institute of International Education, New Jersey Institute of Technology, University of Notre Dame, Hartwick College, San Jose State University, University of Washington, Syracuse University, Rose-Hulman Institute of Technology, Rensselaer Polytechnic Institute, Purdue University

München FH
Georgia Institute of Technology, University of Texas at Austin, Virgin Polytechnic Institute and State University, State University of New York, College at Buffalo, University of Cincinnati, Clemson University, University

of Maryland at College Park, Texas A & M University, Embry-Riddle Aeronautical University, Kettering University, University of Wisconsin at Madison, New Jersey Institute of Technology, University of Notre Dame, San Jose State University, University of Washington, Syracuse University, Rose-Hulman Institute of Technology, Rensselaer Polytechnic Institute, University of Illinois at Urbana-Champaign, Purdue University, Worcester Polytechnic Institute

München HfM
Harvard University, University of Cincinnati, Whitworth College

München KathFH
University of Louisville

München TU
City University of New York, University of Illinois

München U
University of California at Berkeley, University of Illinois at Chicago (UIC), University of Cincinnati, University of California at Davis, University of Colorado at Denver, Wayne State University, Northwestern University, Virginia Institute of Marine Science, University of California at Los Angeles, Kansas State University, University of Minnesota - Twin Cities, Yale University, University of California at Santa Barbara, Union College, Washington University, Brandeis University, Georgetown University

Münster FH
State University of New York College at Cortland, California State University at Fresno, Juniata College

Münster U
University of California at Berkeley, Indiana University Bloomington, Boston University, Harvard University, University of North Carolina, University of Virginia, University of Illinois at Chicago (UIC), Southern Methodist University, Southern Methodist University, Luther College, Duke University, Kalamazoo College, University of California at La Jolla, Ball State University, North Carolina State University, University of Richmond, University of California at San Francisco, University of California at Santa Barbara, University of Washington, Stanford University, University of Alabama, University of Illinois at Urbana-Champaign, Baylor University, College of William & Mary, Rollins College

Neuendettelsau KiH
Wartburg Theological Seminary

Niederrhein FH
University of North Carolina, Western Michigan University, Rockhurst College

Nordostniedersachsen FH
University of Texas - Pan American, University of Houston, Chapman University, Drury College

Nürnberg FH
Georgia State University, Clemson University, University of South Alabama

Nürtingen FH
California State University at Fresno, California State University at Fullerton, Northwood University

Oberursel LuthThH
Concordia Theological Seminary, Concordia Seminary

Oestrich-Winkel EBS
University of California at Berkeley, American Graduate School of International Management, James Madison University, San Diego State University, San Francisco State University

Offenburg FH
University of Missouri-Kansas City

Oldenburg U
University of Michigan, University of Virginia, Wright State University, University of Colorado at Denver, University of Northern Colorado, Indiana University of Pennsylvania, University of Wisconsin at La Crosse, University of Wyoming, California State University at Long Beach, Allegheny College, Towson State University, Governors State University, University of South Dakota, Howard University, Purdue University

Osnabrück FH
Kutztown University, Indiana State University

Osnabrück U
State University of New York (SUNY), Lawrence Berkeley National Laboratory, University of California at Berkeley, University of Evansville, University of Southern Indiana, Southwestern University, University of California at Los Angeles, City College of New York, City U of New York

Ostfriesland FH
Parkland College

Ostfriesland FH
North Dakota State University, University of Kansas

Paderborn FHDW
James Madison University

Paderborn U/GH
International Computer Science Institute, University of California at Berkeley, Virgin Polytechnic Institute and State University, Northeastern University, University of Colorado at Boulder, Clemson University, University of Maryland at College Park, Western Michigan University, University of Nebraska-Lincoln, Lock Haven University, University of Wisconsin at Madison, University of Memphis, Illinois State University, University of Oklahoma, California Institute of Technology, Stanford University, University of Illinois, Howard University

Passau U
Eastern Illinois University, Eastern Washington University, East Central Colleges (Konsortium) diverse, California State University at Fresno, Western Michigan University, University of Puget Sound

Pforzheim FH
University of Georgia, University of South Carolina at Columbia, Indiana University of Pennsylvania, University of Tennessee at Knoxville, University of Louisville, Rutgers State University of New Jersey, Brigham Young University, University of Pittsburgh, Rhode Island School of Design, University of Utah, University of California at Santa Barbara, University of Illinois

Potsdam U
State University of New York (SUNY), University of California System, Duke University, Clarkson University, Augustana College, University of Connecticut

Regensburg FH
University of Missouri-Columbia, University of Denver, Fort Lewis College, Colorado State University, University of Iowa, Texas Technical University, State University of New York College at New Paltz, University of Connecticut, University of Illinois, Wichita State University, Wichita State University

Regensburg U
University of Georgia, University of Colorado at Boulder, Southern Illinois University, Colorado College, Wesleyan University, Murray State University, Vanderbilt University, Washington University, Arizona State University, University of Illinois, Brandeis University

Reutlingen FHTW
University of Texas at Austin, Northeastern University, Kettering University, Southeastern Louisiana University, California State University at Long Beach, Philadelphia College of Textiles, Portland State University, San Diego State University, Valparaiso University, University of New Haven

Rosenheim FH
Virgin Polytechnic Institute and State University, California State University, University of Massachusetts Lowell, Arizona State University

Rostock U
University of Georgia, University of North Carolina, East Tennessee State University, North Carolina State University

Saarbrücken U
University of Michigan, University of Missouri-Columbia, University of Houston, University of Southern Colorado

Siegen U/GH
University of Florida, University of Tulsa

Stuttgart FHT
University of Miami, North Carolina State University

Stuttgart MerzAk
Art Center College of Design

Trier U
University of Georgia, Boston University, University of St. Thomas (MN), Clark University

Trossingen HfM
California State University at Long Beach

Tübingen U
University of Massachusetts, University of Michigan, Southern Oregon State College, University of Texas at Austin, Louisiana State University, Louisiana State University, University of California at Berkeley, Montana State University at Bozeman, University of Charleston, Washington College, Roosevelt University, University of Maryland at College Park, Texas A & M University, University of Missouri-Columbia, University of Miami, Oregon State System of Higher Education, University of California at Davis, University of Denver, University Konsortium/State of Connecticut diverse, University Konsortium/State of North Carolina diverse, Northern Arizona University, Hobart & William Smith Colleges, Western Michigan University, California State University, University of California at Los Angeles,

Bellarmine College, Tufts University, Rhodes College, University of Minnesota - Twin Cities, Yale University, Temple University, Reed College, Princeton Theological Seminary, Brown University, University of Washington, Washington University, Luther Seminary, State University of New York at Stony Brook, Arizona State University, University of Arizona, Valparaiso University, Georgetown University, Antioch College

Ulm FH
Kettering University

Ulm U
University of North Carolina, Texas A & M University, Colorado State University, Tufts University, New Jersey Institute of Technology, San Diego State University

Vechta H
Texas Lutheran College

Weimar HfM
Westminster Choir College, Virgin Polytechnic Institute and State University, University of Washington

Wiesbaden FH
Massachusetts College of Art, Ohio State University, University of California at Davis, Kettering University, Northeast Missouri State University, California State University, New York University

Wilhelmshaven FH
Texas Technical University, Old Dominion University

Wismar H
St. John's University, University of Louisville

Witten/Herdecke U
University of Pensylvania, University of Connecticut, College Wooster

Worms FH
Grand Valley State University, University of North Carolina at Greensboro

Wuppertal U/GH
Colorado State University, Burnham Institute, University of California at Los Angeles, City University of New York, Hunter College, Bethel College, University of Pensylvania, University of Texas at Dallas, University of Rochester, University of Washington, University of Connecticut

Würzburg U
State University of New York (SUNY), University of Texas at Austin, Davidson College, University of Rochester

Zittau/Görlitz HTW
Northern Arizona University, Shawnee State University

Zwickau H
University of California at Irvine

Wenn Du an einer deutschen Universität eingeschrieben bist, solltest Du Dich unbedingt beim Akademischen Auslandsamt, aber auch bei den einzelnen Fakultätsbereichen nach diesen Programmen erkundigen. Die Adresse des Akademischen Auslandsamts findest Du im Vorlesungsverzeichnis oder im Studentensekretariat Deiner Uni. Auch auf der Webseite der Hochschulrektorenkonferenz werden die Adressen aufgelistet.

Nützlich Webadresse

http.://www.hrk.de

Auf dieser Seite findest Du neben Anschriften der Universitäten seit neuestem auch die Auflistung aller internationalen Kooperationen, die zwischen deutschen Universitäten, Fachhochschulen und Hochschulen weltweit bestehen. Du kannst dort die aktuelle Liste einsehen.

Vier Semester Studium ist Voraussetzung

Für die Teilnahme an diesen Austauschprogrammen gibt es interne Voraussetzungen, in vielen Fällen wird ein abgeschlossenes Grundstudium verlangt oder zumindest ein viersemestriges Studium an der deutschen Hochschule. Meistens gibt es an der Universität einen Kustos oder Professor, der eine Beratung zu diesem Thema anbietet. Auch den ersten Beratungstermin solltest Du ernst nehmen, Du weißt nie, wieviel Einfluß der Berater auf den Auswahlprozeß hat. Nicht selten kann der Professor die Entscheidungen beeinflussen. Bereite Dich auf den Beratungstermin wie auf ein Vorstellungsgespräch vor.

Studiengebühren entfallen

Normalerweise sind die Austauschprogramme so organisiert, daß die Studiengebühren entfallen, die sogenannten *Tuition waiver*, Lebenshaltungskosten aber von den Studenten getragen werden. Meist gibt es zusätzlich noch einige Vollstipendien, bei denen auch der Unterhalt bezuschußt wird. Die Bewerbung ist gewöhnlich ebenso aufwendig wie die unabhängige Bewerbung, da die Partneruniversität entscheidet, ob sie einen Studenten annimmt oder nicht.

Der einfachste Weg in die USA

Ein Austauschprogramm ist der einfachste Weg in die USA zu gelangen. Der Aufenthalt ist dann zwar auf ein Jahr begrenzt, aber erstens reicht vielen Studenten ein Jahr aus und zweitens kann es gelingen, während des Aufenthalts Kontakte zu knüpfen, so daß ein Wechsel in die USA nach Abschluß möglich ist. Gewöhnlich werden die Studenten als „Gaststudenten" eingestuft, das heißt, daß die Studienleistungen nicht benotet werden oder zumindest nicht für einen Abschluß zählen. Man sollte auf eine Benotung immer bestehen, schließlich kann man gute Noten später als Referenz benutzen. Ob man sich fachlich weiterbilden möchte oder ausprobieren möchte, was man an der heimischen Universität nicht studieren kann, das bleibt jedem selbst überlassen.

Einstufung bei Austauschprogrammen

Feste Regeln zur Einstufung von Austauschstudenten

Einige Programme schreiben fest, ob man als *Undergraduate* aufs *College* oder als *Graduate* Universitätskurse belegen kann. Gewöhnlich kann man im sechsten Semester mit zwei Hauptseminarsscheinen als *Graduate student* eingestuft werden. Die Universitäten haben ihre eigene Vorgehensweise im Umgang mit den Austauschstudenten. Viele Universitäten haben jemanden, der in Sachen „Auslandsstudium" berät. Du solltest diese Dame oder diesen Herren unbedingt ausfindig machen (im Sekretariat nachfragen) und Dich über bestehende Programme erkundigen. Vielen Studenten ist gar nicht bewußt, welche Kooperationsprogramme die eigene Universität bereit hält.

STUDIEREN IN GRIZZLY-COUNTRY: EIN JAHR ALS UNDERGRADUATE AN DER UNIVERSITY OF MONTANA

von Christian Statz

Ein Campus, wo man öfter ganzen Rotwild-Familien begegnet, eine Universität, die im wahrsten Sinne des Wortes „mitten in der Wildnis" liegt, ein Ort, der sich mit etwa 70.000 Einwohnern als zweitgrößte „Metropole" des Bundesstaates betrachten darf - vieles ist anders in Missoula, Montana, einer bunten und sympathischen Kleinstadt in den nördlichen Rocky Mountains, wo ich als *Undergraduate student* von 1997 bis 1998 ein Studienjahr verbracht habe. Wieso ausgerechnet dort ? Die Antwort liegt wohl in der Summe der vielen kleinen Dinge, die den eigenständigen Charakter des Staates, der Stadt und der Uni ausmachen. Mit einem Satz läßt sich das nicht beschreiben. Fangen wir mit dem Staat an: Montana ist für viele Amerikaner *the last best place*, der letzte Ort, wo die Realität noch halbwegs mit dem verklärten Ideal der „guten alten Zeit" übereinstimmt. Auch wenn die historischen Fakten eine etwas andere Sprache sprechen, Montana hat in einigen Bereichen tatsächlich eine Ausnahmestellung inne: Größer als das vereinte Deutschland, „drängeln" sich hier gerade knapp 900.000 Einwohner in *Big Sky Country*, wie sich der viertgrößte US-Bundesstaat selber gerne nennt. Über ein Drittel der Einwohner haben einen Jagdschein und das macht Sinn, verfügt Montana doch über einige der größten *Wilderness Areas* (riesige, weitgehend naturbelassene Gebiete unter bundesstaatlicher Verwaltung) und Nationalwälder in den USA. Der alpine Glacier-Nationalpark an der kanadischen Grenze und der umwerfende Yellowstone-Park im Südwesten sind jeweils nur wenige Autostunden von Missoula entfernt. Natur ist angesagt und einen Silicon Valley sucht man in Montana vergeblich: Forstwirtschaft, Landwirtschaft und der Abbau von Bodenschätzen prägen noch immer die Wirtschaft des Staates. Nicht zu vergessen die Neureichen und Hollywoodstars, die zunehmend nach Montana kommen, um sich rechtzeitig ein Stück dieses noch erschwinglichen Traums von Freiheit und Ursprünglichkeit zu sichern. Hier machen Cowboyhut und Pick-up Truck noch Sinn, und für die angebliche Notwendigkeit, ein geladenes Gewehr spazieren zu fahren läßt sich leichter eine Begründung zusammenbasteln als etwa in San Francisco. Die Schlagzeilen auf den Titelseiten der Lokalpresse belegen dies: Daß im Sommer hungrige Pumas und Bären unvorsichtige Jogger, Camper und Touristen in die Flucht schlagen ist keine Seltenheit. Daß einige Wirrköpfe in einem solchen Staat auf die Idee kommen, man könne eigentlich auf die Regierung im fernen Washington verzichten, läßt sich wohl nicht vermeiden. Der normale Bewohner Montanas aber liebt einfach sein Land und dessen Natur, die Unabhängigkeit und Einfachheit des dortigen Lebens, ist sehr gastfreundlich und freut sich zu erfahren, daß man sich aus dem fernen Deutschland aufgemacht hat, um ausgerechnet seine Heimat näher kennenzulernen.

Missoula bietet noch einige Facetten mehr: Alles, was typisch für Montana ist, findet hier seinen Niederschlag, aber auch einiges, was man nicht unbedingt erwartet. So gibt es eine lebhafte Kunst- und Musikszene und eine bunte Vielfalt an Cafés, Bars und Restaurants, die von indischem *Health-food* bis zum *Bison-Burger* keine Wünsche offen lassen. Geschäfte verkaufen tibetischen Schmuck, italienischen Wein (teuer, wie alle Importe) und eine unendliche Auswahl an Outdoor-Artikeln inklusive einer für Mitteleuropäer erstaunlichen Auswahl an Waffen aller Art. Nicht zuletzt sorgt neben anderen *Microbreweries* in der örtlichen „Bayern"-Brauerei ein deutscher Braumeister dafür, daß die durstige Studentenkehle nicht unbedingt mit geschmacksneutralem Budweiser befeuchtet werden muß...

Sehr schön an der University of Montana mit ihren knapp 12.000 Studenten, daß man sich als Ausländer schnell zurechtfindet und sich heimisch fühlt. Die Eingewöhnung geht einfach schnell und das hohe Arbeitspensum läßt sich in einer überschaubaren Stadt mit kurzen Wegen und einer kompakten Uni besser bewältigen als anderswo.

Die grüne Stadt, auch bekannt geworden als Handlungsort von „Und in der Mitte entspringt ein Fluß", liegt in einem breiten Tal am Zusammenfluß von Blackfoot und Clark Fork River, auf etwa 1.000 Meter Meereshöhe. Am Rande des Campus beginnen die Berge, und das nächste Skigebiet läßt sich in einer Viertelstunde erreichen. Vormittags studieren und danach aufs Snowboard - in Missoula kein Wunschtraum, sondern im Winter für viele Studenten selbstverständlich. Im Sommer ist Mountain-Biking, River-Rafting, Wandern, Fischen, Klettern oder einfach kostenloses Tennis oder Beach-Volleyball auf den der Uni zugehörigen Plätzen angesagt. Wer's exklusiver möchte, kann auch für kleines Geld den nahen Uni-Golfplatz benutzen – Grund zur Langeweile besteht jedenfalls nicht. Und da die Freunde und Bekannten, die man hier schnell finden wird, meistens nur eine paar Schritte entfernt wohnen, ist es normalerweise kein Problem, Gesellschaft für die (rare) Freizeit zu finden - ein erfreulicher Kontrast zum Einzelkämpfer-Dasein, daß viele Studenten in den großen Unistädten in Deutschland führen.

Auch sonst ist die Universität mit dem Grizzly-Bären als Maskottchen ein bißchen anders, als man sich das vorstellt: Noch nie einen Professor gehabt, der mal vor lauter Energie während seines Vortrags über die Geschichte der Indianerpolitik auf einen Stuhl steigt, um die Dramatik der Ereignisse zu illustrieren? Oder einen Politologen, der so witzig unterrichtet, daß man schon aus Unterhaltungsgründen keine seiner

Unterrichtsstunden verpassen möchte? Ja, Uni kann wirklich Spaß machen, ich schwöre es! Und dann natürlich die Studenten: Viele scheinen geradewegs aus Woodstock angereist zu sein, obwohl die Mehrzahl tatsächlich aus Montana stammt. Die 70er Jahre sind hier in vollem Gange, und wer als Student einen Wollpullover oder Lederschuhe trägt gilt als schlichtweg *overdressed.* Die Uni hat einen leicht alternativen Touch und ist damit längst nicht so konservativ, wie man das in Montana erwarten könnte. Das bei uns schon wieder fast ausgestorbene Skateboard erfreut sich hier als Transportmittel genauso großer Beliebtheit wie eben das unvermeidliche Mountain-Bike: So viele davon finden sich auf dem Campus, daß man den Eindruck hat, der Besitz eines solchen Gefährts wäre eine der Zulassungsvoraussetzungen.

Diese sind übrigens keineswegs so streng wie bei den amerikanischen Eliteunis, die in Deutschland bekannter sind. Für einen ausländischen Studenten ist das nicht unbedingt von Nachteil. Wer ein Studienjahr oder ein Semester in den USA verbringen will, hat ja nicht nur das Ziel, fachlich weiter zu kommen, sondern auch Land und Leute besser kennenzulernen. Die Voraussetzungen dafür sind vielleicht an einer „normalen" amerikanischen Uni mit „normalen" Kommilitonen in einem uramerikanischen Staat wie Montana besser, als in einer der Eliteschmieden der Ost- oder Westküste.

Zudem bietet sich die University of Montana für Studenten an, die den Aufenthalt selber finanzieren müssen, denn die Uni gilt als einer der *best buys* unter US-Hochschulen: Gutes Niveau für relativ wenig Geld, könnte man sagen. Richtig billig ist es natürlich trotzdem nicht, die Studiengebühren pro Semester betragen für zwölf *Credits* (Semesterwochenstunden) und mehr etwa 3.500 Dollar. Ein Wohnheimplatz für ein Semester kostet zwischen ca. 1.050 (Doppelzimmer, keineswegs unüblich in den USA!) und 1.600 Dollar (Einzelzimmer in 4er WG in modernstem

Wohnheim - inklusive Wandschrank für 4 Mountain-Bikes!). Ein Wohnheimplatz verpflichtet zudem zum Erwerb eines sogenannten *Mealplans* - einem Essens-Abo für die verschiedenen Mensen und sonstigen *Fastfood-Shops* der Uni. Wer nicht permanent Grizzly-Hunger hat, wird bald merken, daß man sich preiswerter und vielfältiger selber verpflegen könnte. Mein Tip: Frühzeitig anreisen und sich um eines der Einzelzimmer in einem der älteren Wohnheime bemühen (einfache, aber oft sehr große Zimmer) und dazu den einfachsten *Copper mealplan* nehmen.

Preiswerter kann man teilweise außerhalb des Campus wohnen, dafür hat man längere Wege und lernt nicht so schnell Leute kennen, es sei denn, man kommt in einer der vielen WG´s unter. Infos zum Thema Wohnheime gibt's unter:

Email: umdorms@selway.umt.edu
Webseite: http://www.umt.reslife
Post: Residence Life Office, The University of Montana, Missoula, MT. 59812, USA.
An Studienfächern bietet die University of Montana das typische, breite Spektrum einer amerikanischen Hochschule, die sich vor allem dem Unterricht von *Undergraduates* verschrieben hat und zusätzlich einige *Master-* und *Doctoral*-Programme anbietet. Geschichte, Informatik, Spanisch oder Journalismus ? Kein Problem, aber auch Fächer wie *Wildlife*, *Biology*, *Forestry*, *Ecosystem Management* oder *Native American Studies* sind im Angebot. Wer selber zahlt und keinen Abschluß anstrebt, hat die Möglichkeit, Kurse zu belegen, die in Deutschland nicht angeboten werden oder für die man extra eingeschrieben sein muß.

Wer nun neugierig geworden ist, sollte sich einfach Informationen anfordern. Also dann viel Spaß in Grizzly-Country !

Webseite: http://www.umt.edu oder www.umt.edu/nss
Email: admiss@selway.umt.edu

The University of Montana
Admissions & New Student Services
Missoula, MT 59812-1265, USA
Tel.: 001 406 243 6266
Speziell für Fragen ausländischer Studenten zuständig ist das Büro des International Student Advisor (Tel.: 001 406 243 2226). Die *Graduate school* (für Master- und Ph.D.-Programme) hat die Email-Adresse: gradschl@selway.umt.edu.

College, Master oder Ph.D.

Bewerbung auf eigene Faust

Während des Studiums kann man sich fürs *College*, für *Master* oder für Ph.D.- Programme bewerben. Es kommt im Einzelfall immer auf den eigenen Leistungsstand und die Universität in den USA an. Ein *Master*-Programm kann manchmal sogar schon nach Abschluß des Grundstudiums begonnen werden, nach der Zwischenprüfung oder ähnlichem. Im Regelfall geht es aber erst nach dem 6. Fachsemester, nachdem einige Hauptseminare belegt worden sind. Diese Einstufungspraktik rührt daher, daß der Student nach dem 6. Fachsemester genausoviele Jahre des Lernens hinter sich hat wie ein amerikanischer Student mit *Bachelor*-Abschluß.

Martin Kästner aus Frankfurt hatte keine Lust auf das deutsche BWL-Studium. Das theorielastige Studium an der Universität gefiel ihm nicht. So überzeugt er bei einem persönlichen Besuch einer Universität in Arizona von seinen Fähigkeiten und konnte dort mit abgeschlossenem Vordiplom nicht nur in das M.B.A.-Programm eintreten, sondern er konnte den M.B.A. sogar nach nur einem Jahr beenden! Es handelte sich nicht um eine Eliteuniversität, aber um ein ansehnliches, akkreditiertes Programm, und nach der Rückkehr nach Deutschland standen ihm Jobs offen, die einen Universitätsabschluß verlangten.

Martin finanzierte sein Studium mit dem Export antiker Autos nach Deutschland, die im trockenen Klima Arizonas sehr gut erhalten waren.

Studenten im Hauptstudium können sich für Ph.D.-Programme bewerben

Da Ph.D.-Programme, die in gewisser Weise die amerikanische Art der Promotion sind, ebenfalls häufig mit einem *Bachelor* begonnen werden können, kann es für einen Studenten im Hauptstudium durchaus möglich sein, sich nicht nur für ein Master-Programm, sondern auch für ein 5-Jahres Ph.D.-Programm zu bewerben. Einige dieser Programme „beinhalten" den *Master*, der dann nach den ersten zwei Jahren anerkannt wird. Diese Möglichkeit erlaubt es, das Studium ganz erheblich zu verkürzen. In relativ kurzer Zeit kann so der Titel eines Ph.D. erlangt werden. An einigen Universitäten wird allerdings für den Eintritt in ein Ph.D.-Programm ein abgeschlossenes Studium in Deutschland vorausgesetzt. Gerade die großen Universitäten mit vielen internationalen Studenten haben überwiegend feste Richtlinien für die Einstufung ausländischer Studenten etabliert. Man sollte sich direkt an die jeweilige Universität wenden, um diese internen Richtlinien für die Zulassung von deutschen Studenten zu erfahren.

Es lohnt sich, zu verhandeln

Da die Universitäten nach ihrem eigenen Ermessen handeln dürfen, lohnt es sich, zu verhandeln. Es kann Dir mit etwas Mühe möglicherweise gelingen, die Universität zu überzeugen, Dich in ein bestimmtes Programm aufzunehmen, auch wenn Du auf den ersten Blick die Zulassungsbedingungen nicht zu erfüllen scheinst. Gerade die Verantwortlichen an kleineren Universitäten und Programmen lassen mit sich reden. Noch mal: Es gibt keine verbindliche Regelung, alles ist Verhandlungssache.

Summer session **– Studium auf Probe**

Ein guter Weg, sich über eine Universität zu informieren und sich über einen Universitätswechsel zu erkundigen, sind die *Summer sessions*, die von vielen Universitäten angeboten werden. Im Sommer kann man auf dem Campus nicht nur herausfinden, ob es einem überhaupt an der ausgesuchten Universität gefällt, sondern auch Kontakte knüpfen und Professoren kennenlernen. Du kannst direkt nachfragen, wie Deine Chancen auf Zulassung stehen und was Du tun kannst, um diese Chancen zu verbessern. Zudem kannst Du Kontakt zu anderen ausländischen Studenten herstellen und herausfinden, wie die anderen ihr Studium realisiert haben. Über *Summer sessions* erfährst Du mehr in Schritt 3½.

Die schönen Künste

D.F.A. und D.Mus.

Interessant für Ausländer, insbesondere für Studenten an Musikhochschulen und Kunsthochschulen, sind der D.F.A. *Doctor of Fine Arts* und der D. Mus. *Doctor of Music*. Wiederum legt jede Hochschule eigene Richtlinien für die Aufnahme von Studenten fest. Es zählen natürlich vor allem nicht die akademischen, sondern die praktischen Fertigkeiten.

Die Aufnahmebedingungen sind hart

Für viele aufstrebende Künstler ist die Juilliard School, in der viele bekannte Künstler unterrichtet worden sind, Ziel der Bewerbung. Die Aufnahmebedingungen sind äußerst hart, aber wer es geschafft hat, ist der Karriere schon einen ganzen Schritt näher gekommen. Es gibt nicht nur Juilliard, aber Qualität und Ruf der Hochschule solltest Du in jedem Fall überprüfen. Die geliebten, gelobten und gehaßten *Rankings*, auf die im nächsten Schritt näher eingegangen wird, können gute Dienste bei der Orientierung erweisen.

Master und Ph.D.

Beispielhaft für elitäre Universitäten sind die Aufnahmebedingungen für *Graduate Students* an der University of California at Berkeley. Es folgt ein Originalauszug der Anforderungen an Bewerber.

UNIVERSITY OF CALIFORNIA AT BERKELEY

Minimum Degree Requirements for International Applicants
Graduates of recognized academic institutions outside the United States should have completed degree programs representing a minimum of 16 years of schooling with at least 12 years at the primary and secondary school level. Admission is competitive, and the Graduate Division does not consider professional diploma or certificate programs recognized by governments abroad as equivalent to an academic bachelor's degree. Do not apply if you hold only a professional diploma or higher certificate in accounting, business, physical and health education from technical or vocational schools. Members of professional associations, such as the Institutes of Chartered Accountants or Secretaries and Administrators, are not qualified for graduate standing unless they also hold recognized university degrees. Space does not permit a listing of all recognized degrees or diplomas, and we cannot determine your eligibility without reviewing all required application materials.

Germany. Minimum qualifications: Hauptdiplom. Graduates of Fachhochschulen should not apply. In exceptional cases, holders of the Vordiplom or Zwischenprüfung may be considered for admission only if, at the time of application, they have completed at least one additional year of full-time academic course work at their German university or in a graduate degree program at a U.S. university. In order for such an exception to be considered, applicants enrolled at German universities must submit, with their application forms, the Abitur results and from six to eight graded Seminarscheine for Hauptstudium courses completed *after* the intermediate examination. Students at U.S. universities must submit the Abitur results and official transcripts showing the completion of two semesters of full-time, graduate-level course work.

> *Work in progress will not fulfill this requirement.* Courses completed as an auditor or in extension programs are not acceptable. Intermediate examination holders presently enrolled in undergraduate programs at U.S. universities must complete the bachelor's degree. Records: (1) Must be in German and accompanied by certified translations. (2) Official copies of all examination records (Abitur, Vorprüfung, Hauptprüfung, Staatsexamen), Seminarscheine, and diplom certificates as well as photocopies of the Studienbuch.

Manchmal kann man sich nach dem 6. Semester für ein fünf Jahre dauerndes Ph.D.-Programm bewerben. Es gibt allerdings auch Programme, die nur drei Jahre dauern und einen *Master* voraussetzen. Dann kannst Du Dich nach dem Erhalt des deutschen Magisters, Staatsexamens oder Diploms bewerben.

Die Ph.D.-Programme unterscheiden sich erheblich

Für einen Ph.D. sind die Aussichten auf finanzielle Unterstützung aus verschiedenen Quellen recht gut, mehr dazu in Schritt 5. Du solltest Dir unbedingt vorher genau ansehen, wie anerkannt Deine Universität ist und wie der Studienverlauf genau aussieht. Wird eher auf Theorie wert gelegt, eher auf Praxis, eher auf Forschung? Prüfe, wo die Professoren arbeiten, deren Arbeit Dir gefällt. Es gibt verschiedene Möglichkeiten, dies herauszufinden, dazu kommen wir im nächsten Schritt.

Auf Zusammenarbeit wird Wert gelegt

Während in Deutschland die Dissertation nicht selten ein einsamer Kampf mit dem Computer ist, ist die Zusammenarbeit mit den Ph.D.-Kommilitonen im Programm gewöhnlich enger. Sie entspricht eher den in Deutschland in Mode gekommenen Graduiertenkollegs. Viele Programme sehen vor, daß die Studenten unterrichten. Dies ist besonders dann der Fall, wenn Du ein Stipendium bekommen hast. Hierauf solltest Du Dich einstellen.

Fachhochschulstudenten

Fachhochschulstudenten müssen überzeugend sein

Fachhochschulstudenten müssen Überzeugungsarbeit leisten, damit nicht der Eindruck entsteht, daß es sich bei einer Fachhochschule um eine Hochschule minderer Qualität handelt. Überzeugen kannst Du immer mit guten Testergebnissen in den standardisierten Tests, von denen in Schritt 6 die Rede sein wird.

Eine Eigenbewerbung ist schwierig

Insgesamt gesehen ist es schwieriger, die Universitäten von der Qualität der Fachhochschule zu überzeugen. Fachhochschulen sind keinesfalls *Community colleges*, wie manchmal angenommen wird, sondern Universitäten, die mehr auf eine praktische Ausbildung ausgerichtet sind. Du solltest Dich dementsprechend bei vergleichbaren Universitäten in den USA bewerben und nicht bei rein der wissenschaftlichen Forschung verschriebenen Institutionen. Das ergibt sich allerdings schon aus der Fächerwahl.

Fachhochschulstudenten als ***Undergraduates***

Es gibt Hochschulen, gerade die Elite-Hochschulen, die Fachhochschulstudenten nur als *Undergraduates* akzeptieren. Hier mußt Du Überzeugungsarbeit leisten, wenn Du trotzdem angenommen werden möchtest.

Viele Fachhochschulen haben jedoch Austauschprogramme für Fachhochschulstudenten mit amerikanischen Universitäten. Auf diesem Wege ist es am einfachsten, in die USA zu gelangen.

Praxissemester

Praxissemester als Alternative

Es gibt neben der Möglichkeit, ein komplettes Studium oder ein Jahr in den USA zu absolvieren, die Möglichkeit ein Praxissemester in den USA zu verbringen. Wer daran Interesse hat, sollte sich unbedingt an die Carl Duisberg Gesellschaft wenden.

PROGRAMME DER CARL DUISBERG GESELLSCHAFT

Career Training für Studierende
Zielgruppe: Berufsakademie-, Fachhochschul-, und Hochschulstudenten, die ihr Grundstudium beendet haben.

Ablauf: Die Studenten müssen sich selbst ihre Praktikantenstelle in den USA suchen, allerdings erhalten sie von der CDG Betreuung und ein Visum, das sie dazu berechtigt, ein bezahltes Praktikum zu absolvieren.

Informationen: 0221 2098 338

Deutsch-Amerikanisches Praktikantenprogramm
Zielgruppe: Junge Berufstätige aus kaufmännischen und technischen Bereichen sowie Architekten, Journalisten und Designer mit abgeschlossener Berufsausbildung.

Ablauf: Die Teilnehmer suchen sich ihre Praktikumsstelle selbst, erhalten aber das Visum und die Betreuung über die CDG. Teilstipendien sind möglich.

Informationen: 0221 2098 198

Marketing und Public Relations
Zielgruppe: Junge Berufstätige mit abgeschlossener Ausbildung, Hochschulabsolventen und Studenten mit abgeschlossenem Grundstudium.

Ablauf: Studium an der State University of New York in New Paltz im Bereich Marketing und Public Relations. Hinzu kommt ein unbezahltes Praktikum. Die Kosten betragen US$ 7.500. Stipendium oder Darlehen sind möglich.

Informationen: 0221 2098 338

Internet-Einsatz in Marketing, Business & Finance
Zielgruppe: Junge Berufstätige mit abgeschlossener Ausbildung, Hochschulabsolventen und Studenten mit abgeschlossenem Grundstudium.

Ablauf: Vier Wochen Intensivfortbildung in praktischen und theoretischen Anwendungsgebieten des Internets im unternehmerischen Alltag, hinzu kommen zwei Monate Praktikum in einem Unternehmen in der Region Monterey. Die Teilnahme kostet ca. US$ 4.900. Stipendien oder Darlehen sind möglich.

Informationen: 0221 2098 340

Washington Programm
Zielgruppe: Junge Berufstätige mit abgeschlossener Ausbildung, Hochschulabsolventen und Studenten mit abgeschlossenem Grundstudium.

Ablauf: Vier Wochen Fortbildung im jeweiligen Fachgebiet und zwei Monate Praktikum im Unternehmen in Washington DC. Die Teilnahmekosten betragen ca. US$ 4.500. Stipendien oder Darlehen sind möglich.

Informationen: 0221 2098 340

Carl Duisberg Gesellschaft e.V.
Weyerstr. 79-83
50676 Köln

Graduates aus Deutschland – Studenten mit deutschem Universitätsabschluß

Möglich sind Ph.D. und *Master*-Programme

Diese Gruppe kann sich für Ph.D.-Programme und für *Master*-Programme bewerben. Schließlich kann man ja auch einen M.B.A. machen, wenn man vorher eine geisteswissenschaftliche Ausbildung absolviert hat. Beachte die Hinweise für die Bewerbung auf eigene Faust in diesem Kapitel.

Juristen

J.D. und LL.M. als Alternativen

Die Bewerbung an einer *Law school* ist nicht leicht, aber welche Bewerbung ist das schon. Du kannst nach dem 1. Staatsexamen in die USA gehen und hast grundsätzlich zwei Möglichkeiten: J.D. oder LL.M.

Aufgrund der Aufteilung der Ausbildung in *College* und *Grad school* ist ein einfacher Wechsel in die USA für Juristen nicht möglich.

J.D.

Das Jurastudium der Amerikaner

Der J.D., der *Juris Doctor*, ist die normale juristische Ausbildung für Amerikaner. Das Studium dauert in der Regel drei Jahre. Das erste Semester an einer amerikanischen *Law school* gilt als extrem anstrengend und anspruchsvoll. Du wirst viel Zeit in der Bibliothek verbringen, denn Kenntnisse aller Rechtsbereiche sollen vermittelt werden. In den folgenden Jahren wird Wert auf *Clinic* gelegt, auf praktische Rechtserfahrung. Die Studenten beraten „echte“ Klienten unter Aufsicht. Viele *Law schools* bieten Spezialisierungen an. Die USA haben das sogenannte *Case Law*, das heißt, man beruft sich bei Urteilen auf in der Vergangenheit gefällte Entscheidungen. Dies ist jedenfalls in den meisten Bereichen der Fall. Das sollte einem klar sein, wenn man sich mit diesem Rechtssystem auseinandersetzen möchte. Wichtig ist: Viele *Law schools* kosten um die US$ 25.000, und finanzielle Unterstützung ist schwierig zu erhalten.

LL.M.

Eine Zusatzqualifikation für Ausländer

Für Ausländer sicherlich interessanter ist der *Master of law*. Die Ausbildung ist stärker auf Ausländer zugeschnitten und dauert neun Monate. Du kannst Dich während der Ausbildung auf einen bestimmten Bereich spezialisieren. Ein LL.M.-Programm kann nach dem 1. Staatsexamen oder nach der Referendarzeit begonnen werden. Leider sind die Kosten für ein akademisches Jahr vergleichbar mit den Kosten für ein J.D.-Programm. Nach Beendigung des Programms haben auch Ausländer die Möglichkeit, in vielen Staaten das *Bar exam* zu absolvieren. Diese Prüfungen variieren von Staat zu Staat, je nach Rechtslage. Die Prüfungen sind schwer, und Du solltest Dich unbedingt vorbereiten, fast 30% der Absolventen fallen durchschnittlich durch die Prüfung. Einmal geschafft, kann man nach bestandener Prüfung allerdings zum *Attorney at law* zugelassen werden, und somit erhält man die Chance, in den USA zu praktizieren.

Wie schon im Fall der Mediziner kann ich hier in finanzieller Hinsicht empfehlen, auf anderem Wege in die USA zu gehen. So ist es möglich, eine viermonatige Wahlstation in den USA zu absolvieren. Die Referendargeschäftsstelle des jeweiligen Oberlandesgerichts und die Deutsch-Amerikanische Juristen Vereinigung (DAJV) in Bonn können bei der Suche nach Kanzleien helfen. Die Adressen findest Du im Anhang.

M.B.A.

Ein M.B.A als Zusatzqualifikation

Einen M.B.A. streben viele Studenten als Zusatzqualifikation an. Der M.B.A. gilt als praxisbezogener als das deutsche wirtschaftswissenschaftliche Studium. Die besten *Business schools* verbinden die neuesten, akademischen Theorien mit pragmatischen Konzepten und Erfahrungen und entwickeln Lösungsstrategien für konkrete Probleme. Du kannst Dich für einen M.B.A. nach dem Abschluß eines Diplomstudiengangs in den wirtschaftlichen Studiengängen bewerben, Du kannst Dich aber auch nach jedem anderen Abschluß für einen M.B.A. bewerben oder, wie bereits erwähnt, Dich schon während des Studiums darum kümmern.

Die Universität entscheidet über die Voraussetzungen zur Aufnahme

Es hängt von der *Selectivity* der Universität ab, also davon, wie wählerisch Deine Universität ist, ob Du nicht schon nach absolviertem Vordiplom oder dem 6. Semester an der deutschen Universität einen M.B.A.-Studiengang in den USA belegen kannst. Auch Studenten aus den Geisteswissenschaften, dem M.B.A. ganz unverwandten Fachrichtungen, haben eine reelle Chance auf Zulassung. Inzwischen bieten über 100 Institutionen diesen Abschluß an.

M.B.A. IN EINEM JAHR

Interview mit Hanno Froese

Hanno Froese studiert Wirtschaftsingenieurwesen an der Universität Karlsruhe (Fachrichtung Informatik & Operations Research). Er ist 24 Jahre alt und im 10. Hochschulsemester beziehungsweise 8. Fachsemester. Für seinen USA-Aufenthalt hat er zwei Urlaubssemester genommen. Hanno wird nächstes Jahr seinen Abschluß machen.

Von Oktober 1997 bis Oktober 1998 studierte er Wirtschaft am Union College in Schenectady, NY und erhielt einen M.B.A.

Wann hast Du mit der Vorbereitung Deines Studium begonnen? Wie hast Du Dich informiert?

Ich habe mein Studium in den USA nach dem 6. Semester begonnen und mich ca. 1,5-2 Jahre davor angefangen zu bewerben. Diese Vorlaufzeit kann ich nur empfehlen, da fast alle Stipendienprogramme ca. 1- 1,5 Jahre vor dem Studienbeginn ihren Bewerbungsschluß haben.

Als Informationsquellen vor einem Auslandsstudium kann ich einen Besuch beim Akademischen Auslandsamt der Universitäten nahelegen. Dies vor allem vor dem Hintergrund, daß man dort Kontaktpersonen aus dem eigenen Studienfach vermittelt bekommen kann. Dort erhält man auch Informationen über uni-interne Austauschprogramme und Kontakte.

Des weiteren kann ich die amerikanischen Bücher von Peterson‘s sowie Barron’s (beide speziell für den M.B.A.) sehr empfehlen, dort sind alle M.B.A.-Programme der USA kurz beschrieben sind (Ort, Qualität, Studenten, Anforderungen, etc.). Diese Bücher sollte man nicht als „Bibel“ für die weitere USA-Planung benutzten, aber sie liefern eine gute Übersicht über die verschiedenen Universitäten und Programme. Es gibt ähnliche Bücher zu fast allen Fachrichtungen.

Das wohl wichtigste Medium zur Informationssuche ist das Internet. Nirgends sonst gibt es so viele Informationen (manchmal auch zu viele) über amerikanische Unis wie dort. Die Informationen sind fast immer *up-to-date* und sehr detailliert. Neben den verschiedenen Universitäten hat inzwischen auch fast jedes Stipendienprogramm seine eigene Webseite.

Für welches Programm hast Du Dich beworben oder hast Du Dich direkt beworben?

Ich war in den USA über ein Stipendium des „Verbandes der Deutsch-Amerikanischen Clubs e.V.". Dieser Verband unterhält seit 40 Jahren einen Studentenaustausch mit verschiedenen amerikanischen Universitäten. Jedes Jahr können etwa 30 deutsche Studenten mit Hilfe des Verbandes in den USA studieren. Mit dem Stipendium ist meist auch eine *Teaching/Research Assistant*-Stelle (ca. 10-20 Stunden pro Woche) verbunden.

Wie hast Du Deinen Aufenthalt finanziert?

Da das Stipendium des Deutsch-Amerikanischen Clubs gewöhnlich „nur" den Erlaß der Studiengebühren beinhaltet, mußte ich die restlichen Ausgaben (Flug, Versicherung, etc.) selber tragen. Durch mein *Research Assistantship*, habe ich etwas mehr als $50 pro Woche verdient, was eine kleine Unterstützung war.

Die Kosten die ich pro Monat zu tragen hatte, lagen inklusive Auto, Miete und Bücher etwa bei US$ 1.000 (diese Kosten sind natürlich individuell verschieden und vom Ort der Uni und den eigenen Ansprüchen abhängig).

Wie hast Du Dich beworben, was mußtest Du für Voraussetzungen erfüllen, und wie mußte die Bewerbung gestaltet sein?

Das Bewerbungsverfahren für den Verband der Deutsch-Amerikanischen Clubs ist dem von anderen Stipendienprogrammen sehr ähnlich.

Du benötigst für die Bewerbung einen Lebenslauf, eine schriftliche Stellungnahme Deiner Beweggründen, mindestens zwei Empfehlungsschreiben von verschiedenen Professoren, den TOEFL-Test, den GMAT- bzw. GRE-Test, das Abitur-Zeugnis und eine englisch Übersetzung Deiner bisherigen Noten an der Uni. Je nach Programm werden noch ein zusätzliches Gutachten oder zusätzliche Zeugnisse erwartet.

Auf jeden Fall sollte man sich rechtzeitig um die Empfehlungsschreiben kümmern und sich frühzeitig für TOEFL- und GMAT/GRE-Test anmelden. Gewöhnlich wird nur eine Mindestpunktezahl für den TOEFL verlangt, ein sehr gutes Abschneiden im GMAT oder GRE hingegen kann die Türen der amerikanischen Universität öffnen, besonders bei Direktbewerbungen.

Die Bewerbungsanforderungen sind von Stipendienprogramm zu Stipendienprogramm sehr unterschiedlich. Während einige ihre Bewerber nur anhand der erzielten Noten auswählen, ist bei anderen die persönliche Eignung das wichtigste. Man sollte sich vorher genau informieren, was die wichtigsten Kriterien der Programme sind, bei denen man sich bewerben möchte. Frag zum Beispiel Ehemalige oder den Stipendienbeauftragten danach.

Teil fast jeden Auswahlprozesses ist auch ein persönliches Gespräch, auf das man sich entsprechend vorbereiten sollte (hier wird gewöhnlich ein Teil des Gesprächs in Englisch geführt).

Worauf sollte man bei seiner Uni-Bewerbung besonders achten? Worauf bei der Bewerbung für ein Stipendium?

Das meiner Meinung nach Wichtigste bei der Bewerbung ist der starke Wunsch, ein Auslandsstudium durchzuführen, gepaart mit einer klaren Begründung dieses Wunsches. Man sollte seine Bewerbung auf die wichtigsten Kriterien des Programms hin ausrichten, aber vor allem sich selbst treu bleiben.

Wie hast Du Dich auf das Vorstellungsgespräch vorbereitet?

Für das Vorstellungsgespräch sollte man vor allem seine eigene Bewerbung ganz genau kennen. Was ich als sehr gute Vorbereitung empfinde, ist ein Probelauf mit einem guten Freund. Bei diesem Test kannst Du Deine Begründungen ausprobieren. Kannst Du Deinen Freund überzeugen? Dein Freund soll ruhig mal ein paar schwere Fragen stellen - lieber zu gut vorbereitet zum Termin erscheinen. Ein weiterer Tip: Übe das Gespräch auch in Englisch!

Wie hast Du Dich für Dein M.B.A.-Programm beworben? Hast Du Kontakte gehabt und gute Leistungen in den USA nachweisen müssen?

Um sich für ein M.B.A.-Programm in den USA zu bewerben sind neben halbwegs anständigen Noten in Deutschland auch das Ergebnis des GMAT sehr wichtig.

Wenn man das regulär zweijährige Programm beschleunigen will, sollte man eine detaillierte Übersetzung der bisher in Deutschland gehörten Vorlesungen und des Vordiploms, vom Auslandsamt beglaubigt, mitnehmen. Dadurch hat man die Möglichkeit, sich einige Kurse aus Deutschland anerkennen zu lassen. In dieser Übersetzung sollten die Inhalte der Vorlesungen, die erzielten Noten in Klausuren und Seminaren, sowie der zeitliche Umfang der Veranstaltungen aufgeführt sein.

Eine grundsätzliche Entscheidung muß jeder für sich selber treffen: Wofür benötige ich einen M.B.A?

Der M.B.A. wird in verschiedenen Branchen unterschiedlich bewertet.

Während er im Bereich der Unternehmensberatung relativ angesehen ist, ist er in vielen mittelständischen Unternehmen fast „wertlos“. Durch den Einstieg in ein M.B.A.-Programm gibt man einige Freiräume für sein Studium in den USA auf. Viele Kurse sind fest vorgeschrieben und wenn man spezielle Kurse für die Anerkennung in Deutschland braucht, kann es sein, daß dies nur mit Aufenthaltsverlängerung und langen Verhandlungen möglich wird.

Ohne festes Programm genießt man hingegen fast alle Freiheiten bei der Wahl seine Studienfächer, erhählt aber eben keinen Abschluß. Dies ist eine Entscheidung die jeder selbst treffen muß. Ich habe mich für den M.B.A.-Abschluß entschieden, auch aus dem Grund, daß ich in Deutschland Wirtschaftsingenieurwesen und nicht BWL studiere.

Was siehst Du als den großen Vorteil von einem M.B.A. Studium an?

Das *M.B.A.*-Studium ist meiner Meinung nach, eine tolle Ergänzung zum deutschen Studium. Auch wenn sich inhaltlich einige Überschneidungen mit dem deutschen Studium ergeben, lernt man darüber hinaus effektives Arbeiten unter Zeitdruck, im Team zu arbeiten, vernünftig zu präsentieren und Vorträge zu halten. Zusätzlich lernt man viel über die wirtschaftlichen Gepflogenheiten einer der größten Wirtschaftsmächte.

Was kannst Du jemandem empfehlen, der in den USA studieren möchte?

Es auf jeden Fall mit aller Kraft zu versuchen, nicht so schnell aufzugeben und hartnäckig sein!!!

Was betrachtest Du als die wichtigste Erfahrung?

Das Jahr in den USA war eindeutig eines meiner besten Jahre überhaupt und ich werde es nie vergessen.

Die wichtigsten Dinge, die ich aus diesem Jahr mitnehme, sind:

- Toleranz gegenüber einer oft sehr unterschiedlichen Lebensart
- Ein tolles Land kennengelernt zu haben, nicht als Tourist, sondern als Teil des dortigen Lebens
- Die Bekanntschaft vieler interessanter Leute
- Eine breitere fachliche Ausbildung

Ich würde dieses Jahr jeder Zeit wiederholen.

Hohe Gehälter für Studienabgänger

Einige *Business schools* werben damit, wieviel ein Abgänger nach Abschluß des Studiums beim ersten Job verdient, aber Dir sollte klar sein, daß ein guter Abschluß und praktische Erfahrungen immer Pflicht sind, um diese *Top-salaries* zu verdienen.

Die Finanzierung ist kompliziert

Geld ist wie immer ein Problem, finanzielle Unterstützung für M.B.A.s gibt es kaum. Die Finanzierung ist bei allen *Professional degrees* schwierig. Wenn Du vor Beginn Deines Studiums bei einer großen Firma in den USA gearbeitet hast, kann es sein, daß sie einen Teil Deiner *Tuition* übernimmt. Aber da aus Visa-Gründen nur wenige Deutsche vor Beginn des Studiums in den USA gearbeitet haben, ist das die Ausnahme. Ganz wenige Stipendien stehen zur Verfügung, ansonsten heißt es Schulden machen, vorher sparen oder während des Studiums (zeitlich schwierig) arbeiten. US$ 20.000 Studiengebühren sind normal.

Es empfiehlt sich Bewerbungssoftware

Da allein das Ausfüllen der vielen Bewerbungen zeitaufwendig ist, kann ich die Software *Mulit-app* empfehlen, auf der von 60 verschiedenen *Business school*-Bewerbungen enthalten sind. Einige Informationen mußt Du nur einmal eingeben und dann kannst Du die Bewerbungen ganz einfach auf Deinem Computer ausdrucken. Sieh doch mal auf den folgenden Webseiten nach.

Nützliche Webseiten

http://www.multi-app.com/multi-app

http://www.gmat.org

Interessant ist sicherlich auch der M.B.A. explorer auf dieser Seite.

Du solltest bei der Auswahl eines M.B.A.-Programms darauf achten, daß es Programme von sehr unterschiedlicher Länge gibt. Normalerweise dauert ein M.B.A. zwei Jahre, es gibt allerdings auch Programme, in denen Du in nur einem Jahr einen M.B.A. erlangen kannst.

Ein Tip für Leute mit wenig Zeit: An der Columbia University in New York kannst Du durch ein besonderes Sommer-M.B.A.-Programm innerhalb von drei Sommern und ganz wenigen weiteren Kursen einen M.B.A. erlangen. Auch die Summer School in Berkeley bietet ganz hervorragende Kurse im Bereich Business. Sieh Dir am besten die Webseiten an, um Dich weiter zu informieren:

http://summer.berkeley.edu/home.html

http://www.columbia.edu/cu/ssp/summer

FINANZIERUNGSMÖGLICHKEITEN

Die Carl Duisberg Gesellschaft bietet ein Studienprogramm zum M.B.A. an. Sie wendet sich an Abiturienten, junge Berufstätige mit abgeschlossener Berufsausbildung und Abitur sowie Studenten und Hochschulabsolventen. Das Studium findet an der Texas Christian University, Fort Worth, Texas statt. Die Kosten betragen ca. US$ 11.000 pro Jahr. Teilstipendien oder Darlehen sind möglich.

Stipendien für M.B.A.s werden bis zu einer Höhe von DM 17.500 auch vom DAAD vergeben. Der DAAD verwaltet auch die Vergabe des Stipendiums der Boston Consulting Group, die Stipendien für Studierende an sechs elitären *Business schools* vergibt.

So you want to be a doctor

Die Mediziner haben es am schwersten. Wer sich vom vorhergehenden Satz nicht schon hat entmutigen lassen und weiterliest, wird sich vielleicht später entmutigen lassen. Kein Witz.

Für Mediziner ist es sehr schwierig

Tatsache ist, daß ich persönlich nur ganz wenige Mediziner kenne, die es geschafft haben. Hierzu mußt Du wissen, daß das Medizinstudium grundsätzlich anders aufgebaut ist als in Deutschland. Während des *College* belegen die Studenten bestimmte Kurse, die zur Aufnahme an die *Medical school* verlangt werden, die *Pre-medical education.* Viele wählen auch einen naturwissenschaftlichen *Major*, um sich optimal auf den „Bewerbungswettbewerb" vorzubereiten. Alternativ bieten einige Hochschulen in den USA einjährige Aufbaustudiengänge an, die sämtliche *Pre-med*-Anforderungen erfüllen. Die New York University bietet zum Beispiel solch einen Lehrgang an. Im letzten *College*- Jahr (oder ein Jahr vor der Bewerbung) muß der MCAT absolviert werden, der standardisierte Test, der für die Aufnahme verlangt wird (mehr dazu in Schritt 6). Noten und Empfehlungen müssen exzellent sein, sonst bleibt auch für Amerikaner der Traum von der *Medical school* ein Traum. Dies gilt für Humanmediziner, Zahnmediziner und Tiermediziner gleichermaßen. Studenten, die keinen Studienplatz bekommen, gehen zum Beispiel an Universitäten ins Ausland. Ungarn oder Israel sind häufige Ziele, um eine medizinische Ausbildung zu absolvieren, wenn man keinen Studienplatz in den USA ergattert hat.

Aufgrund der Aufteilung der Ausbildung in *College* und *Grad School* ist ein einfacher Wechsel in die USA für Mediziner nicht möglich.

Ein Studienplatz ist extrem teuer und schwer zu ergattern

Wer einen Studienplatz bekommen hat, darf ca. US$ 30.000 im Jahr an Studiengebühren bezahlen. Weiterhin müssen die Studenten Pflichtpraktika, später die sogenannte *Residency* (eine Mischung aus Spezialisierung und Praktischem Jahr) absolvieren. Eine *Residency* zu bekommen, ist ebenfalls schwierig, besonders, wenn man keine Green Card besitzt. Du solltest in jedem Fall an der Green Card-Verlosung teilnehmen, wenn Du vorhast, in die USA zu gehen. Das kostet nichts (oder nur wenig, wenn man einen Dienstleister in Anspruch nimmt) und kann nie schaden. Informationen kannst Du direkt von TIA bekommen. Aber bis zur *Residency* müssen noch andere Hürden genommen werden.

Zahlreiche Tests

Eine Approbation zu erhalten, ist schwierig. Du mußt drei Tests absolvieren, den *USMLE Step One, den USMLE Step Two* und *USMLE Step Three*. Die ersten beiden Tests werden auch an einigen deutschen Universitäten angeboten. Sie stellen kein so großes Problem dar: Lernen, lernen, lernen ist die Lösung, und das sind deutsche Medizinstudenten genauso gewohnt wie amerikanische. Schwierig wird es mit dem dritten Test, der für die Lizensierung verlangt wird. Bevor Du *USMLE Step Three* überhaupt absolvieren darfst, mußt Du von der *Education Commission for Foreign Medical Graduates* (ECFMG) zertifiziert werden. Um zertifiziert werden zu können, mußt Du folgende Voraussetzungen erfüllen:

- *USMLE Step One* und *Two* absolvieren (zwischen den Tests dürfen nicht mehr als sieben Jahre vergehen).
- Einen Nachweis über die bisherige medizinische Ausbildung erbringen, hierbei gibt der ECFMG genaue Anweisung.
- Einen Englisch-Test absolvieren, der vom ECFMG ausgerichtet und gewöhnlich am zweiten Tag der *USMLE Step Two*-Prüfung

angeboten wird. Wenn Du den Englisch-Test nicht bestehst, kannst du ihn durch den TOEFL ersetzen. Der TOEFL wird in Schritt 6 erklärt. Du mußt mindestens 550 Punkte erreichen.

Jeder Staat legt eigene Richtlinien für Mediziner fest

Jeder Bundesstaat hat eigene Richtlinien, nach denen er die Voraussetzungen für den *Step Three* festlegt. Diese Voraussetzungen können beim jeweiligen *State Board* erfragt werden. Die Adresse der *State Boards* wiederum erfährst Du bei deren Vereinigung. Diese Adresse findest Du am Ende des Absatzes. Die *Residency* kannst Du durch das sogenannte *NRMP match* oder private Verträge erhalten. Nachdem Du den *Step Three* bestanden hat, erhältst Du eine zeitlich begrenzte Erlaubnis, in den Staaten zu praktizieren. Weitere Informationen erhältst Du bei folgenden Adressen.

Education Commission for Foreign Medical Graduates
3624 Market Street, 4th Floor
Philadelphia, PA 19104
Tel.: 001 215 386 5900
Webseite: http://www.ecfmg.org

Diese Adresse ist wichtig für die Anerkennung von ausländischen Studienabschlüssen.

American Osteopathic Association (AOA)
142 E. Ontario Street
Chicago, IL 60611-2864
Tel.: 001 312 280 5800

American Association of *Colleges* of Osteopathic Medicine (AACOM)
6110 Executive Blvd. Suite 406
Rockville, MD 20852
Tel.: 001 310 468 2037

American Association of Medical *Colleges* (AAMC)
2450 N Street, NW
Washington, DC 20037
Tel.: 001 202 828 0400
Webseite: http://www.aamc.org

Federation of State Medical Board
400 Fuller Wiser Road
Suite 300
Eules, TX 76039-3855
Tel.: 001 817 868 4000

National Board of Medical Examiners
3750 Market Street
Philadelphia, PA 10104
Tel.: 001 215 590 5900
Webseite: http://www.nbme.org

American Dental Association
211 E. Chicago Avenue, Suite 1840
Chicago. IL 60611-2678
Tel.: 001 312 440 2689
Webseite: http://www. ada.org

Bei dieser Adresse erfahren angehende Zahnärzte alles Wissenswerte.

Interessant ist auch, daß einige Universitäten ihre Studenten vom *College* in die eigene *Medical School* führen. Sie können zwar keine Garantie bieten und die Aufnahme ist leistungsabhängig, aber leichter ist es schon. Universitäten, die derartige Programme anbieten, sind:

- The University of Florida
- Northwestern University
- Boston University

- The University of Missouri, Kansas City
- Northwestern Ohio University
- Case Western University

Lieber eine Famulatur?

Im allgemeinen kann ich angehenden Medizinern nur empfehlen, in den USA lieber eine Famulatur zu machen.

Eine andere Sache ist es, wenn Du in den USA forschen möchtest. Hier bist Du „ganz normaler“ Bewerber, und die Chancen stehen genauso gut wie bei anderen Ph.D.-Programmen.

Kontakte oder Direktaustausch-programme

Eine realistische Möglichkeit, einige Semester im Ausland zu verbringen, stellen persönliche Kontakte der Professoren oder Direktaustauschprogramme dar. Du solltest unbedingt Deine Professoren ansprechen. Solche Programme bestehen zwar nicht an jeder Universität, aber es ist sicherlich einen Versuch wert. Persönliche Kontakte können für Mediziner der Schlüssel zum Erfolg sein.

Deutsche Zulassungsbedingungen

Wenn Du tatsächlich in den USA studieren möchtest, sollte Dir bewußt sein, daß später die obersten Gesundheitsbehörden der Länder und bei Fachärzten die Landesärztekammern über die Zulassung in Deutschland entscheiden.

Schritt 3: Die richtige Universität finden

Die richtige Universität zu finden, gestaltet sich als schwierige Aufgabe. Leider neigen viele Studenten dazu, sich zuerst an die Universitäten Harvard, Yale, Stanford und Princeton zu wenden. Von denen hat jeder schon einmal etwas gehört. Auch ich habe mich natürlich zuerst in Harvard beworben. Im Interview mit Harvard erklärte ich dann, daß ich mich bei Harvard bewerben würde, weil das eben die prestigereichste Universität sei. DAS WAR FALSCH! In Harvard habe ich nicht studiert. Nicht, daß ich im nachhinein unglücklich über meinen Studienort war, aber eine derartige Gedankenlosigkeit ist fehl am Platze.

Wähle die Universität sorgfältig aus

In den USA gibt es Hunderte von Universitäten, und Du solltest Dir sehr genau überlegen, welche Universität Du besuchen möchtest und warum.

SINGLE-SEX UNIVERSITIES

Es gibt in den USA einige *College*s, die nur Frauen aufnehmen. Diese haben teilweise einen sehr guten Ruf: Wellesley *College*, Smith *College*, Mount Holyoke, Bryn Mawr, Mills Collge und Scripps in Kalifornien, um nur ein paar zu nennen. Wellesley dürfte die bekannteste Single-Sex University sein. Madeleine Albright, Nora Ephron und Hillary Clinton sind nur einige der berühmten *Alumni*s. Diese Universitäten können eine gute Wahl sein. Es ist für Deutsche eine andere Erfahrung, dort zu studieren. Auch Männer-*College*s gibt es, wie das Deep-Springs *College* oder das Morehouse *College*.

Welche Universität man in den USA besucht, spielt eine große Rolle. In Deutschland macht es im späteren Leben kaum einen

Unterschied, welche Universität man besucht hat, in den USA hat es große Bedeutung. Einige Universitäten genießen ein hohes Ansehen, andere Universitäten hingegen gelten als schlecht. Das solltest Du unbedingt bei der Wahl der Universität im Auge behalten.

Kontakte können später viele Türen öffnen

Hinzu kommt ein entscheidender Umstand. Die richtige Universität öffnet auch im späteren Leben viele Türen. Dies liegt daran, daß der Zusammenhalt der *Alumni*, der Universitätsabgänger, gefördert wird. Universitätszeitschriften und Ehemaligentreffen sollen die Verbindung zur Universität bestehen lassen und zudem die Bereitschaft zu Geldspenden erhöhen. Das Zugehörigkeitsgefühl zur Universität hat auch den Effekt, daß *Alumni* sich gegenseitig helfen.

Ein gutes Netzwerk verschafft Jobmöglichkeiten

Schon im *College* haben Studenten häufig die Möglichkeit, Praktika und Jobs bei ehemaligen Studenten der Universität zu absolvieren. Verfügt eine Universität über eine große Anzahl von *Alumni* in wirtschaftlich, gesellschaftlich und politisch wichtigen Positionen, können diese *Alumni* anderen wiederum zu ähnlichen Posten verhelfen. Auf diese Weise kann ein mächtiges Netzwerk entstehen. Dieses Prinzip ist vergleichbar mit dem Netzwerk, welches Brüderschaften und Studentenverbindungen in Deutschland aufbauen. Für die Studenten bietet es jedenfalls viele Vorteile.

Nicht nur Harvard, Stanford, Yale, Princeton...

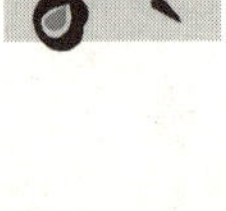

Für einen Harvard-Graduierten scheint die Zukunft gesichert: Er hat während des Studiums Kontakte geknüpft, kennt die richtigen Leute, hat einen Abschluß mit einem hohen Prestige in der Hand und kann auf ein Netz anderer ehemaliger Harvard-Studenten zurückgreifen, die ihm vielleicht einen guten Job vermitteln können. Dies alles mag auf Harvard zutreffen, aber eben auch auf zahlreiche andere Universitäten, nicht nur auf Stanford, Yale und Princeton, die in Deutschland vielleicht am bekanntesten sind.

Es gibt *Rankings* für *College*s und zudem *Rankings* für die einzelnen Fachrichtungen. Diese *Rankings* sind umstritten und sollten es auch sein. Schließlich gibt es zu viele Faktoren, die für jeden einzelnen bei der Auswahl der Universität eine Rolle spielen. Was viele Deutsche vergessen: Es gibt wirklich nur eine Handvoll *College*s, an denen die Aufnahme extrem schwierig ist. Anders sieht es bei den Ph.D.- und *Master*-Programmen aus, hier kann es insgesamt schwieriger sein, einen Platz an der Uni zu bekommen.

Die Suche nach der richtigen Uni

Nach welchen Kriterien wählt man sich seine Universität in Deutschland aus? Die meisten Studenten suchen sich eine interessante Stadt, in der das gewünschte Studienfach angeboten wird. Hat man Pech und ist auf die ZVS angewiesen, kann man im Wunschstudium, aber nicht am Wunschort enden, egal, welche Schulnoten man vorzuweisen hat. Mit schlechten Schulnoten genügt ein langer Atem mit einigen Wartesemestern, um dann doch das Wunschfach studieren zu dürfen. Diese Situation ändert sich erst, wenn man an einer Promotion oder an Forschung interessiert ist. Dann müssen gute Leistungen zum Doktorvater verhelfen. Das ist Deutschland. Erst in den letzten Jahren nimmt die Bedeutung privater Universitäten mit Aufnahmeprüfungen zu, dies war bisher eher eine Randerscheinung.

In den USA zählt Leistung

Ganz anders sieht die Situation in den USA aus. Hier zählt das Prinzip Leistung. Mit guten Leistungen stehen einem Bewerber die Türen offen beziehungsweise, wenn es um Unibewerbungen geht, sind die Türen zumindest angelehnt. Schlechte Leistungen führen weder zur Wunschuniversität noch zum Traumstudium, egal wie lange man wartet. Das mußt Du im Auge behalten, wenn Du Dich in den USA bewirbst. An den beliebtesten Universitäten werden gerade einmal 10% der Bewerber akzeptiert. Du mußt also besser als 90% der Bewerber sein, um angenommen zu werden. Eine schlampige Bewerbung reicht dann nicht, auch wenn Du ein guter Schüler oder Student bist. Du solltest aber auch im Auge behalten, daß Harvard oder Stanford allein eben nicht der Schlüssel zum Glück sind.

Auswahlkriterien

Stelle Dir persönliche Auswahlkriterien zusammen

Überlege Dir, was für Dich bei der Auswahl der Universität eine Rolle spielt. Allgemeine Kriterien für die Auswahl der Universität oder des *College*s können folgende sein:

- Studienrichtung
- Akademischer Ruf
- Bestimmte Professoren
- Internationaler Bekanntheitsgrad
- Fach-, Spezialprogramme
- Qualität einer bestimmten Fachrichtung
- Qualität der Professoren
- Studiengebühren
- Chancen auf Zulassung
- Chancen auf ein Stipendium
- Universitätsgröße
- Professorenzahl relativ zur Studentenzahl
- Campus und Unterbringungsmöglichkeiten
- Stadt oder Bundesstaat
- Betreuung
- Sport
- Ausstattung
- Klima und Freizeitwert
- Zahl der internationalen Studenten

WAS BEI GRADUIERTENPROGRAMMEN ZU BEACHTEN IST

- Wer unterrichtet in den jeweiligen Programmen?

- Besorge Dir eine Liste von Veröffentlichungen der Professoren. Besorge Dir die Biographien. Diese kannst Du direkt von den *Departments* erhalten. Dort sollten auch die Forschungsschwerpunkte aufgelistet sein. Da kannst Du Dir die passenden Professoren aussuchen.
- Versuche, wenn es irgendwie geht, ein Interview mit einem Professor zu verabreden. Ansonsten kannst Du auch versuchen, persönlich Kontakt aufzunehmen, per Email, Brief oder Telefon.
- Versuche, einen Kontakt zu Studenten herzustellen, die in dem Programm sind.
- Erkundige Dich über die Forschungsmöglichkeiten und die technische Ausstattung der Universität.
- Beachte die Ausstattung der Bibliotheken.
- Auch für Studenten in Graduierten-Programmen können das Angebot in anderen Fächern und interdisziplinäre Möglichkeiten interessant sein. Erkundige Dich also auch über andere Fächerangebote.
- Die *Thesis* oder *Dissertation* ist in fast allen Graduiertenprogrammen die zentrale Aufgabe der Studenten. Du solltest deshalb im Auge behalten, daß die Personen, die Deine Arbeit bewerten, Professoren in dem von Dir gewählten Programm sind. Eine gewisse Geistesverwandtschaft ist äußerst wichtig. Es bringt nichts, auf eine Uni mit großem Namen zu gehen, wenn die Forschungsinteressen der dortigen Professoren sich zu stark von Deinen unterscheiden.

Je nachdem für was für ein Programm Du Dich bewirbst, können noch andere Kriterien für Dich wichtig sein. Zum Beispiel wie lang ein Programm dauert. Bei M.B.A.-Programmen gibt es zum Beispiel Programme, die nur ein Jahr dauern. Aber auch andere Dinge, wie die Popularität von Burschen- und Schwesternschaften oder die Anzahl der Studenten, die das Studium abbrechen, die sogenannte *Retention rate* oder die Anzahl der Studenten, die auf dem Campus leben, können Aufschluß über die Universität geben.

Rankings können ein Hilfe sein

Rankings, die Ranglisten der Universitäten spielen, in den USA eine große Rolle. Sie können – wenn man sie kritisch versteht – gerade für internationale Studenten eine große Hilfe bei der Auswahl der Universität sein.

WIRED!

Viele Universitäten und *College*s in den USA sind stark vernetzt. Internet und WorldWideWeb bestimmen das Studentenleben. Die Studenten schreiben sich elektronisch in die Kurse ein, laden Kursinformationen herunter und diskutieren mit ihren Kommilitonen online. Jeder Student erhält einen *Internet-account* und viele Studentwohnheime sind mit Internetanschluß ausgestattet.

Es gibt Universitäten, wie die *Wake Forest University* in *North Carolina*, wo jeder Student, der das *College* beginnt, mit einem Laptop ausgestattet wird, um sich an den verschiedenen Knotenpunken der Universität einloggen und Informationen herunterladen zu können. An anderen *College*s ist ein Laptop schlicht Pflicht.

Kimberly Young stellt in ihrem Buch *Caught in the Net* allerdings fest, daß eine hohe Prozentzahl der *College*-Studenten geradezu abhängig vom Internet ist und bis zu 80 Stunden in der Woche surft – nicht auf intellektuell anspruchsvollen Seiten, sondern im *Chatroom* oder auf *Game-sites*. Es gibt sogar eine Art Drogenberatung für diese Studenten. Die Informationstechnologien bergen sicherlich Gefahren, aber die Vorteile für den einzelnen gleichen diese bestimmt (hoffentlich!) wieder aus.

RANKINGS

Ranglisten amerikanischer Universitäten: ***Rankings***

Auch in Deutschland werden in den letzten Jahren *Rankings*, also Ranglisten für die Universitäten, erstellt, bei denen anhand bestimmter Kriterien, etwa dem Zahlenverhältnis von Studenten und Professoren oder der Ausrichtung der Seminare, versucht wird, für bestimmte Fachrichtungen, die „besseren" Studienorte von den „schlechteren" zu unterscheiden. Solche *Rankings* sind in den USA seit vielen Jahren üblich. Ihnen wird viel Wert beigemessen, obwohl sie nicht unumstritten sind – besonders umstritten unter den Unis, die schlecht abschneiden.

Besonders für die Orientierung geeignet

Wenn Du eine Universität suchst, können Dir diese *Rankings* helfen, einen ersten Überblick zu gewinnen. Als Ausländer kennt man die Namen vieler Universitäten nicht und kann überhaupt nicht einschätzen, ob es sich um eine „Hinterwäldler"- Institution handelt oder um eine renommierte Hochschule. *Rankings* bieten dann eine gute erste Orientierung. Ein recht gutes *Ranking* bietet der *Gourman Report*. Er wird von einer unabhängigen Institution erstellt, die versucht, unparteiisch zu urteilen. Den genauen Titel der Veröffentlichung findest Du unten. Nicht vergessen darfst Du nämlich, wer diese *Rankings* ansonsten macht. Hat nicht jeder *Alumni* einer Universität hohes Interesse daran, daß *seine* oder *ihre* Uni eine herausragende Bewertung bekommt? Klar, denn damit bewertet er oder sie die eigene Leistung gleich mit.

Hochschulen werben mit Verdienstmöglichkeiten

*College*s und Universitäten werben auch damit, wieviel Geld ein Graduierter ihrer Fakultät im Vergleich zu Studienabgängern anderer Universitäten im ersten Jahr nach dem Universitätsabschluß verdienen kann. Das ist für viele wichtig, da sie verschuldet aus dem *College* oder der Universität kommen.

Die *College*s, bei denen es am schwierigsten ist, angenommen zu werden, sind dem *Ranking* des *Complete Books of Colleges* des Princeton Review zufolge die folgenden:

- Harvard und Radcliffe Colleges

- Julliard School
- Massachusetts Institute of Technology (MIT)
- Princeton University
- Yale University
- Amherst *College*
- Brown University
- Cooper Union
- Dartmouth *College*
- Duke University
- Georgetown
- Notre Dame
- Pennsylvania
- Stanford
- Williams

Die *Rankings* variieren

Diese Universitäten und *College*s tauchen in vielen *Rankings* auf den vorderen Plätzen auf. Die Reihenfolge variiert je nachdem, wer die Bewertung vorgenommen hat. Schon bei dieser Liste sind bestimmt einige *College*s dabei, von denen Du noch nie etwas gehört hast und unter den besten 50 *College*s sind viele, die Du nicht kennst. Diese Situation läßt sich ausnutzen. Denn dementsprechend gibt es viele Universitäten, von denen kaum ein Deutscher je etwas gehört hat, die allerdings sehr gute Studienbedingungen bieten. Man kann sich vorstellen, daß man hier als einer der wenigen deutschen Bewerber besonders gute Chancen hat, aufgenommen zu werden. Dies liegt daran, daß die Universitäten Interesse daran haben, einen interessanten *Student body* zusammenzustellen. Sie legen beispielsweise Wert darauf, daß alle Bundesstaaten und auch verschiedene soziale Schichten und Rassen vertreten sind. Das spielt allerdings vor allem im *College* eine Rolle, später geht es hauptsächlich nach Leistung.

Erkundige Dich über *Honors programs*

Beachtenswert sind in jedem Fall die *Honors programs* großer staatlicher Universitäten. Diese Universitäten sind günstiger als private Institutionen, können aber in ihren *Honors program*, alle Vorteile der kleinen *College*s bieten: kleine Klassen, hochmotivierte Studenten und enger Kontakt zu den Professoren. *Honors programs* gibt es beispielsweise an der University of Texas, der University of Maryland oder der University of Georgia, aber auch an vielen anderen großen Universitäten.

Rankings sind auch im Internet

Für einzelne Fachrichtungen gibt es ebenfalls *Rankings*. Auch hier bietet sich der *Gourman Report* an. Am einfachsten erhältst Du die Informationen im Internet. Dort kannst Du Dich am besten an *Rankings* der *U.S.News* orientieren. Dieses *Ranking* findest Du im Internet unter der unten angegebenen Adresse. Vergleiche verschiedene *Rankings*, da diese natürlich keine allgemeingültigen Wahrheiten enthalten und immer mit kritischer Distanz zu genießen sind. Du kannst auf der Webseite der *U.S.news* auch eigene *Rankings* erstellen, indem Du selber Kriterien angibst. Ein „offizielles“ *Ranking* gibt es nämlich nirgendwo.

Buchtip

Gourman, Jack, *1999: The Gourman Report. Undergraduate Programs*, Princeton Review 1998.

Gourman, Jack, *1999: The Gourman Report. Graduate Programs*, Princeton Review 1998.

Nützliche Webseite:

http://www.usnews.com/usnews/edu.home

Akkreditierung

Die Abschlüsse sollten anerkannt sein

Du solltest darauf achten, daß Deine Universität anerkannte Abschlüsse vergibt. Bei den in den *Rankings* genannten Universitäten und *College*s ist das eigentlich immer der Fall. Es schadet aber nicht, nachzufragen oder nachzuschauen. Veröffentlicht werden die von verschiedenen Organisationen akkreditierten Universitäten vom *American Council on Education.* Bei *Graduate Programs* solltest Du darauf achten, daß sie zum *Council of Graduate Schools in the United States* (CGS) gehören. Deutsche Universitäten erkennen nur Studienleistungen von akkreditierten Universitäten und *College*s an. Beachte hierzu die Hinweise zu Beginn von Schritt 2.

Informationssuche

Neben den *Rankings* gibt es natürlich noch einiges mehr an ausführlicher Literatur.

Informationssammlung ist äußerst wichtig

Die enorme Auswahl von Universitäten und Programmen macht die Entscheidung schwierig. So ist es dringend erforderlich, alle nur erdenklichen Informationen zu sammeln und sich persönliche Kriterien aufzustellen, nach denen man die Universität auswählt. Bei über 3.500 amerikanischen Universitäten gibt es einiges zu tun. Allerdings braucht man sich nicht mit allen Universitäten zu beschäftigen und dank des WorldWideWeb ist die Suche erheblich leichter (und preiswerter) geworden.

Lasse Dich nicht zu stark beeinflussen

Falsch ist es, sich zu sehr von Erzählungen anderer beeinflussen zu lassen. Nur weil es dem Freund an einer Universität gefiel, sollte ich mich dort nicht bewerben. Die Meinung Deines Freundes oder Deiner Freundin ist subjektiv, und vielleicht sind ganz andere Faktoren für Dich entscheidend! Manchmal macht es die Universität, an der Du in Deutschland studierst leichter, eine Wahl zu treffen, wenn Du an einem bestimmten Austauschprogramm teilnehmen willst.

Literatur

Nutze kostenlose Literatur

Die unten genannten Titel bieten eine gute Übersicht über angebotene Programme und Kurse. Es gibt für die meisten Studienfächer auch spezielle Führer, die vom *American Council on*

Education herausgegeben werden. Diese können am besten in den Bibliotheken oder sogenannten Infotheken der Beratungsstellen in den ehemaligen Amerika-Häusern eingesehen werden. Aber auch die Verlage Barron's, Princeton Review, Peterson's und Arco bringen Literatur zum Thema heraus. Mir persönlich hat auch *The Insider's Guide to the Colleges* vom Team der Yale Daily News geholfen. Dort erzählen Studenten, wie es wirklich an der Universität ist. Das Buch ist zudem unterhaltsam.

Educational Testing Service

Zahlreiche Broschüren und Bücher werden auch vom Educational Testing Service (ETS) und von den jeweiligen Berufsverbänden herausgegeben. Empfehlen kann ich zudem, zu Amazon.de im Internet zu gehen oder besser noch zu Amazon.com. Dort findest Du sehr viele Buchtitel.

Nützliche Webseiten

http://www.amazon.de oder amazon.com

http://www.ets.org

Buchtip

Custard, Edward, *The Complete Book of Colleges 1999*, Princeton Review 1998.

Custard, Edward, *The Best 311 Colleges 1999*, Princeton Review 1998.

Insider's Guide to Colleges, hg. v. The Yale Daily News, St. Martin's Griffin 1998.

Gilbert, Nedda, *The Best Business Schools 1999*, Princeton Review 1998.

Van Tuyl, Ian, *The Best Law Schools 1999*, Princeton Review 1998.

Nagy, Andrea und Paula Bilstein, *The Best Medical Schools 1999*, Princeton Review 1998.

Spencer, Janet und Sandra Maleson, *Visiting College Campuses*, Princeton Review 1998.

Petersons's Colleges and Universities in the USA. The Complete Guide for international Students, Peterson's 1997.

The Student Advantage Guide to College Admissions, hg. v. Adam Robinson und John Katzman, Princeton Review 1996.

Jacobs, Ian und Ellen Shatswell, *International Students' Guide to the USA*, Princeton Review 1996.

Littmann, Ulrich, *Studienführer Vereinigte Staaten von Amerika*, hg. v. DAAD.

Die Broschüre ist kostenlos beim DAAD erhältlich, dessen Adresse Du im Anhang findest. Außerdem kannst Du sie im Internet unter http://www.daad.de herunterladen.

Esch, Wally, *Medizinstudium und Weiterbildung in den USA*, Biermann 1991.

Dieses Buch ist leider schon etwas älter, aber immer noch sehr hilfreich.

Schäufele, Michael K., *Mediziner in den USA*, Schrodt-Verlag 1995.

Viele amerikanische Bücher kannst Du mit der Infopostkarte am Ende des Buches direkt bei TIA erhalten oder dort telefonisch bestellen unter Tel.: 0228 9735 0 oder Fax: 0228 9735 190.

Bibliotheken und Beratung

Amerika-Häuser und Institute

Vor allem die Bibliotheken der Amerika-Häuser und Institute kommen in Frage, deren Adressen Du im Anhang findest. Viele Amerika-Häuser sind Folgeinstitutionen gewichen, die allerdings die Aufgaben zum Teil übernommen haben; die Beratung kostet jetzt allerdings meistens Geld. Nur in München kann man meines Wissens noch kostenlos beraten werden. Hier kannst Du in viele

Publikationen zum Thema „reinschauen“. Zudem findest Du Informationsmaterial zu den Einzelprogrammen vieler Universitäten.

Education USA

In den meisten Amerika-Häusern und Instituten hat die Organisation Education USA die Beratungsfunktion übernommen. Sie ist institutionell zwar unabhängig von den ehemaligen Amerika-Häusern, ist aber leicht zu finden, da sie ihnen angegliedert ist. Die Adressen findest Du am Ende des Buches. Education USA verfügt über Infotheken, die Du kostenlos nutzen darfst. Zudem werden Seminare durchgeführt, die über Studienmöglichkeiten informieren.

Alle Bibliotheken durchstöbern

Auch die Deutsch-Amerikanischen Institute verfügen teilweise über umfangreiche Unterlagen zum Thema Studieren. Des weiteren kann ein Blick in die Universitätsbücherei nicht schaden, und auch Stadtbibliotheken haben möglicherweise Informationen zum Thema.

Die Akademischen Auslandsämter

Eine wichtige Anlaufstelle ist natürlich das Akademische Auslandsamt. Dort erhältst Du eine Beratung und die erwähnte kostenlose Informationsbroschüre des DAAD.

Private und öffentliche Anbieter nutzen

Hilfestellung bietet auch die Studienberatung Hannover, die zudem eine gute Webseite hat. In Zukunft ist mit einer Zunahme an privaten Anbietern auf dem Gebiet der Studienberatung zu rechnen, da auch die „gemeinnützigen“ nur gegen Entgelt beraten. Es gibt momentan College Contact und die *P*ro-College Agency (letztere ist allerdings nur auf Sportstipendien spezialisiert). Die aktuelle Anschriften von College Contact kannst Du direkt bei TIA unter 0228 9735 0 erfahren.

Beratungsstellen

Studienberatung USA an der Fachhochschule Hannover

Frau Truman (Di 10-12 Uhr, Do 13-15 Uhr)
Ricklinger Stadtweg 118-120
30459 Hannover

Tel.: 0511 929 6621
Fax: 0511 699 621
Email: truman@verw.fh-hannover.de
Die Studienberatung verfügt über eine informative Webseite unter http://www.fh-hannover.de/usa-info.html

Ramon Tissler von College-Contact berät Personen, die in den USA studieren möchten und hat eine informative Webseite.

http://www.College-contact.com

Sportler, die in den USA studieren möchten berät die

Pro College Agency
Vielohweg 126c
22455 Hamburg
Tel.: 04103 914547
Webseite: http://www.pro-*College*-agency.com

Informationen gibt es auch direkt bei TIA unter Tel.: 0228 97350 oder Fax: 0228 9735 190.

Education USA hat einen telefonischen Beratungsservice zum Thema Studium eingerichtet.

Telefon: 0190 572727 (DM 1,21 pro Minute)

Montag-Freitag 10-18 Uhr

Zudem veranstaltet Education USA in regelmäßigen Abständen Informationsabende, die aktuellen Termine und Preise kannst Du direkt erfragen. Die Anschriften der verschiedenen Häuser findest Du am Ende des Buches.

WorldWideWeb

Unbedingt das Internet nutzen

Gelobt sei das Internet, gelobt sei Netscape und der wunderbare Webbrowser. Das Internet macht die Suche nach Informationen zum Kinderspiel. Wer noch keinen Zugang hat, aber einen Computer, der sollte sich sofort ein Modem und geeignete Software besorgen. Wer das nicht kann, sollte sich Freunde suchen, die einen Internetzugang haben oder die Computer an der Universität benutzen, die Ende der Neunziger auch an der verschlafensten Universität zu finden sein sollten.

Informationen per Internet anfordern

Im WorldWideWeb sind alle Universitäten vertreten, und zwar mit ausführlichen Informationen über ihre Programme und mit Adressen von Ansprechpartnern, die weitere Auskünfte erteilen können. Du kannst normalerweise via email oder per Telefon oder Post weiteres Informationsmaterial oder direkt Bewerbungspakete anfordern. Das WorldWideWeb ist wirklich DER Weg, um an Informationen zu kommen. Auch Rankings und Bewerbungsratgeber findest Du im Web. Einige Universitäten akzeptieren Online-Bewerbungen.

Zudem gibt es Informationen über *Financial aid*, es gibt einfach alles. Das klingt vielleicht etwas euphorisch, aber noch vor wenigen Jahren war alles anders und wieviel einfacher wäre es gewesen, wieviel billiger außerdem, wenn es zur Zeit meiner Bewerbung das WorldWideWeb schon gegeben hätte.

Anlaufstellen suchen

Die Vielfalt der Informationen ist überwältigend, weshalb es sinnvoll ist, sich vorher ein paar Universitäten herausgepickt zu haben, etwa mit Hilfe des *Gourman Reports* oder anderen Gesamtdarstellungen von *Colleges* und Universitäten. Ansonsten ist die Seite der U.S. News mit ihrem Ranking eine gute Startseite.

Universitäten und Infos findest Du leicht, wenn Du mit der amerikanischen Suchmaschine Yahoo.com in die Sparte *Education* klickst.

Es folgen einige interessante Webadressen für Uni-Aspiranten, die Adressen veralten allerdings schnell, deshalb solltest Du immer nach aktuellen Adressen mit Hilfe der Suchmaschinen forschen.

Nützliche Webadressen

http://www.collegeedge.com

http://www.collegenet.com

http://www.collegeview.com

http://www.kaplan.com

http://www.review.com

http://www.petersons.com

http://www.daad.org

http://www.usnews.com/usnews/edu/home/htm
Neben vielen allgemeinen Informationen auch ein Ranking von Colleges *und Universitätsprogrammen, das* U.S.News *durchführt.*

http://chronicle.com/jobs
Hier findest Du auch Stellenangebote für wissenschaftliche Mitarbeiter und viele weitere hilfreiche Links.

http://www.campustours.com
Hier findet man viele Fotos, Videos, Karten zu einzelnen Unis usw.

In den USA kann man sich bei einigen Universitäten sogar online bewerben. Sieh Dir dazu folgende Seiten an!

http://www.applytocollege.com

http://apply.collegeedge.com

http://www.yahoo.com/Education/Higher_Education/College_Entrance/Online_Applications/Individual_Schools

P.S. Wer das WorldWideWeb nicht nutzt, ist selbst schuld.

Informationsmaterial anfordern und beurteilen

Eine Vorauswahl treffen

Wenn Du Dich mit Hilfe von Büchern, Webseiten und Beratungsstellen informiert hast, solltest Du Dir eine Liste mit etwa 10-20 Universitäten machen, von denen Du schriftliches Informationsmaterial und Bewerbungsunterlagen anforderst. Da im Internet inzwischen meist sehr ausführliche Informationen zu finden sind, kannst Du somit Papier sparen und wirklich nur von Universitäten, die Dich tatsächlich stark interessieren, Unterlagen anfordern.

Die Zulassungsbedingungen genau lesen

Dieses Material solltest Du Dir genau ansehen, denn die Anforderungen an Bewerber sind für viele Programme unterschiedlich. Schließlich mußt nicht nur Du Dir Deine Universität auswählen, die Universität muß sich auch für Dich entscheiden.

Material anfordern

Du kannst diese Informationsbroschüren mit Hilfe einer Postkarte und einer kurzen Notiz vom *Admission Office* der jeweiligen Universität anfordern oder direkt dort anrufen. Du findest recht viele Adressen den Universitäten und *Colleges* am Ende des Buches, ansonsten stehen sie im Web und natürlich in der entsprechenden Fachliteratur. Es gibt auch einen Vordruck, den Du zur Anforderung benutzen kannst. Dieser Vordruck beinhaltet schon relativ viele Informationen. Du kannst ihn beim Akademischen Auslandsamt erhalten oder direkt vom *College* Board, auf der Webseite: http://www.collegeboard.org. Er soll dazu dienen, daß die Universitäten Dir schon früh eine Absage schicken können, wenn sie Deine Qualifikationen als nicht ausreichend befinden. Wenn Du im Zweifel bist, ob Du die Qualifikationen grundsätzlich erfüllst, solltest Du auf ihn zurückgreifen, um Dir weitere Arbeit zu ersparen.

Werbebroschüren und Fakten unterscheiden

Die Universitäten oder *College*s haben teilweise aufwendige Broschüren mit Bildern und Texten, die eine Art Universitätsphilosophie erkennen lassen. Diese Werbebroschüren sind interessant, sollten aber nicht als Entscheidungsträger dienen. Laß Dich nicht zu sehr von schönen Bildern blenden, sondern beachte die Fakten.

Forschungsprogramme überprüfen

Vielleicht möchtest Du in den USA Deinen Ph.D. machen oder bist an bestimmter Forschung interessiert. Vielleicht hast Du schon einen bestimmten Professor im Auge, an dessen Universität Du studieren möchtest oder ein ganz bestimmtes Programm. Ist das nicht der Fall, ist es gut, sich die Programme vieler Universitäten anzusehen und genau zu überprüfen, welche Forschungsschwerpunkte existieren. Normalerweise erhält man mit den Unterlagen die Lebensläufe der einzelnen Professoren. Du kannst Dich dann an den Veröffentlichungen orientieren. Die Biographien und Forschungsschwerpunkte der Professoren findest Du auch im Internet über die Homepage der einzelnen Fakultäten, Du kannst anhand dieser Informationen eine Vorauswahl treffen.

Campus Tours

Der beste Weg, eine Universität kennenzulernen

Eine idealer Weg, sich ein Bild von den *College*s und Universitäten zu machen, ist ein persönlicher Besuch. Das ist für viele allerdings finanziell und zeitlich nicht möglich. Trotzdem solltest Du das, wenn Du einen Besuch irgendwie einrichten kannst, unbedingt tun.

- Informiere Dich vorher genau über die verschiedenen Hochschulen und lege eine günstige Reiseroute fest.
- Verabrede mindestens zwei Wochen vorher einen Interview-Termin, wenn Du ein Interview wünschst.
- Ziehe bequeme Schuhe für die angebotenen *Campus tours* an.
- Da derartige Besuche üblich sind, gibt es an vielen Hochschulen die Möglichkeit bei Studenten zu übernachten. Nutze diese Möglichkeit wenn Du kannst. So erhältst Du wirklich einen Einblick in das Leben auf dem Campus. Die Übernachtung ist zudem meist kostenlos.
- Mach Dir Notizen und vielleicht Fotos, damit Du Dich später an den Campus erinnern kannst und die verschiedenen Hochschulen nicht durcheinander bringst.
- Warum nicht in einen Kurs hineinschauen? So bekommst Du den besten Eindruck von der Universität.
- Nutze die Gelegenheit und sprich mit den Studenten.

- Sprich möglichst mit Professoren, besonders, wenn Du Dich für ein *Graduate*-Programm bewirbst.

Wähle einen normalen Universitätstag

Ein guter Besuchstag ist ein ganz normaler Universitätstag während des Semesters. Am Wochenende erhältst du kein Bild des Alltags und es wird schwieriger sein, mit Professoren zu sprechen oder Kurse zu besuchen.

Laß Dich nicht von Nebensächlichkeiten beeinflussen

Eine kleine Randbemerkung. Das Wetter spielt, ohne es zu wollen, ein große Rolle bei den Universitätsbesichtigungen. Ein lauer Frühlingstag läßt einen Campus und eine Uni wesentlich freundlicher erscheinen als ein Herbstnachmittag mit Nieselregen. Du solltest darauf achten, Dich nicht zu sehr von diesem Faktor beinflussen zu lassen. Wetter ändert sich, die Universität nicht. Auch ein einziger schlecht gelaunter Student sollte nicht den Ausschlag für eine Entscheidung geben.

Sprich mit Professoren und Studenten

Wenn Du an einem fachspezifischen Programm interessiert bist, solltest Du unbedingt einen Termin mit dem Professor oder Programmleiter arrangieren. Da diese Person möglicherweise Einfluß auf die Zulassungsentscheidungen hat, solltest Du dieses Treffen sehr ernst nehmen und Dich auch inhaltlich genau vorbereiten. Du mußt in der Lage sein, die Fragen zu klären, die in einem normalen *Statement of purpose* beziehungsweise einem Forschungsvorhaben verlangt werden und typische Interview-Fragen beantworten können. Zur Vorbereitung solltest Du Schritt 8 und 9 beachten.

Buchtip

Spencer, Janet und Sandra Maleson, *Visiting College Campuses*, Princeton Review 1998.

NICHT BLENDEN LASSEN

Nochmal: Es gibt mehr als *Ivy league*-Universitäten. Jeder hat seine Traumuniversität. Das beruhigende ist, daß die meisten Studenten, egal ob Sie dort angenommen werden oder nicht, mit ihrer Universität später zufrieden sind.

Schritt 3½: Summer sessions – Studium zum Testen

Die Zulassungsbedingungen sind gering

Zahlreiche Universitäten bieten Sommerprogramme an. Das sind normalerweise Kurse von sechs Wochen bis drei Monaten Länge, die für alle nur erdenklichen Fachrichtungen angeboten werden. Die Zulassungsbedingungen zu diesen Programmen sind erheblich problemloser zu erfüllen als für ein „normales" Studium. Das liegt daran, daß die Universitäten einen Bildungsauftrag erfüllen, der sich an die Allgemeinheit richtet. So stehen auch die Eliteuniversitäten im Sommer jedem offen – jedenfalls solange man das nötige Schulgeld bezahlen kann.

Sommerkurse sind Weiterbildung auf angenehme Weise

Ein Sommerprogramm macht nicht nur Spaß, sondern es ist außerdem ein guter Weg, sich weiterzuqualifizieren und macht sich gut im Lebenslauf. Einer anschließenden kleinen Reise steht natürlich auch nichts im Weg. Es gibt zudem Programme, die in Kombination mit einem Praktikum absolviert werden können, zum Beispiel an der *Washington University.*

Es gibt Kurse aller erdenklichen Fachrichtungen

Die unten aufgeführten Universitäten bieten auch im Sommer ein breites Spektrum an Kursen an, von Astronomie über Psychologie, kreatives Schreiben, Photographie bis zu Business, Internationales Recht, Englisch für Ausländer, Business-Englisch, Politik und und und...

Auch Schüler können Kurse besuchen

Einige Universitäten bieten speziell Kurse für Schüler an, die einen Einblick in das Universitätsleben gewinnen wollen. Diese werden überwiegend von Amerikanern besucht, aber nichts steht der Teilnahme von Ausländern entgegen.

Die Kosten für derartige Kurse liegen zwischen US$ 1.000 bis US$ 4.000, variieren allerdings von Universität zu Universität. Reine Sprachkurse sind günstiger.

Die Universität kennenlernen und Kontake knüpfen

Die Atmosphäre auf dem Campus ist im Sommer gelockerter und die Professoren sind sehr zugänglich. Hier bietet sich unter Umständen auch die Möglichkeit, Kontakte in Vorbereitung auf ein späteres „richtiges" Studium zu knüpfen.

TOEFL

Der Toefl wird meist verlangt

Der TOEFL-Test, der regulär von allen Universitäten verlangt wird, ist auch im Sommer bei vielen Programmen Voraussetzung. Der TOEFL-Test überprüft Deine Englischkenntnisse. Auf ihn wird in Schritt 6 weiter eingegangen. Er wird nicht verlangt, wenn Du Kurse belegen möchtest, die dem Erwerb der englischen Sprache dienen. Die University of California at Berkeley verlangt im Sommer noch nicht eimal den TOEFL, man muß nur Formulare ausfüllen. Nur Schüler müssen dort den TOEFL absolvieren. Auch Unterkunftsmöglichkeiten werden von den meisten Universitäten angeboten.

Visum

Zwei Monate im voraus bewerben

Man sollte sich generell mindestens zwei Monate vor Beginn des Studiums bewerben, da man dann genug Zeit hat, das nötige Visum zu besorgen. Die Universitäten, die Sommerprogramme anbieten, informieren auch über die nötigen Visa-Formalitäten, da viele internationale Studenten die Chance nutzen, durch ein solches Programm Einblick in das amerikanische Universitätssystem zu bekommen. Normalerweise braucht man ein I-20-Formular, um ein F-Visum zu beantragen. Dieses erhältst Du von der jeweiligen Uni. Du mußt ein Formblatt ausfüllen und die Universität schickt Dir das Dokument zu, mit dem Du bei der Botschaft ein Visum beantragen kannst. Mehr zur Visumbeantragung erfährst Du in Schritt 10.

Wohin?

Die Adressen findest Du im WorldWideWeb

Im folgenden findest Du eine kleine Auswahl an Universitäten, die Sommerkurse anbieten. Du kannst Dir im WorldWideWeb noch viele weitere Programme anschauen und Dir dort die aktuellen Kurse und Preise ansehen (preislich ist übrigens besonders Berkeley zu empfehlen), online mehr Informationsmaterial bestellen oder Dich direkt einschreiben. Ansonsten kannst Du die Informationen auch per Anruf oder Fax bestellen.

Englisch lernen

Keine Frage, Englisch solltest Du einigermaßen können, bevor Du in den USA studierst. Von internationalen Studenten wird genausoviel erwartet wie von Amerikanern.

Englisch lernen, bevor es los geht

Der Sommer, bevor Du in den USA studieren möchtest, eignet sich an, um Englisch zu lernen und zu verbessern. Es gibt sogenannte ESL-Kurse (*English as a second language*), die auf die Vorbereitung von Studenten für *College* und Universität ausgerichtet sind. Es gibt einige Kurse, die direkt auf Prüfungen wie den TOEFL-Test vorbereiten. Du solltest Dich bei der Suche nach einem geeigneten Programm nach folgenden Kriterien richten

- Kursgröße
- Möglichkeit, Tests zu absolvieren
- Kursziel
- Fachsprache (etwa: *English for Business*)
- Vorbereitung auf universitätsspezifische Aufgaben, wie das Schreiben von Hausarbeiten
- Unterkunft
- Qualifikation der Lehrer
- Aufnahmetests

- Möglichkeit, Büchereien zu benutzen
- Möglichkeit, Sport- und Freizeiteinrichtungen zu nutzen
- Zahl der Unterrichtsstunden
- Ausrichtung der Programme
- Preis

Sprachkurse

Wenn Du einen Sprachkurs absolvieren willst, kann TIA Dich das ganze Jahr über in Deinen Bedürfnissen optimal entsprechenden Sprachkursen einschreiben, Dir ein Visum und eine Unterkunft besorgen, auf Wunsch auch einen günstigen Flug - einfacher geht's nicht.

Der TIA Travel Service vermittelt Dich auch an die *Summer Sessions* renommierter Universitäten. Auch der Student Council hilft beispielsweise bei der Einschreibung in die Programme der UC Berkeley und UC Los Angeles.

TIA-Travel Service
Hans-Böckler-Str. 19
53225 Bonn
Tel.: 0228- 9735 0
Fax: 0228 9735 190
Email: tiaservice@aol.com

Sieh Dir die Angebote auf der Webseite an unter:
http://www.tiaservice.de

Student Council
Oranienburger Str. 13-14
10178 Berlin
Tel.: 030 2848 590
Fax 030 28096 180

Email: InfoGermany@councilexchanges.de
http://www.council.de
http://www.ciee.org

Harvard University
Tel.: 001 617 495 4024
http://summer.dce.harvard.edu

University of California at Berkeley
Tel.: 001 510 642 5611
http://www.berkeley.edu
Das UC System, wie die neun Universitäten, die zum staatlichen Universitätssystem *University of California* gehören, genannt werden, bietet tolle Möglichkeiten für den Besuch der *Summer Sessions*. Die Universitäten bieten eine große Auswahl an Kursen zu verhältnismäßig niedrigen Preisen in toller Umgebung. Auch Englisch-Kurse sind im Angebot.

THE HAAS BASE PROGRAM

Für *Business*-Interessierte bietet das *Haas Base Program* die Möglichkeite, in einem intensiven Sommerkurs solide wirtschaftliche Grundlagen aufzubauen. Besuche die Webseite unter

http://haas.berkeley.edu/Undergrad/BASE.html.

University of California at Los Angeles
Tel.: 001 310 794 8333
Fax: 001 310 794 8160
http://www.summer.ucla.edu

Stanford University
Tel.: 001 650 723 3109
Fax: 001 650 725 4248
http://www.stanford.edu/dept/csss/summer/index.html

New York University
Tel.: 001 212 998 4520
Fax: 001 212 995 4103
http://www.nyu.edu/summer

Columbia University
Tel.: 001 212 854 2820
Fax: 001 212 854 7400
http://www.columbia.edu/cu/ssp/summer

Washington University
(mit Programmen mit integriertem Praktikum)
Tel.: 001 888 765 2571
http://www.american.edu/other.depts/summer

Informationen gibt es auch bei folgenden Adressen:

The North American Association of Summer Sessions (NAASS)
Michael U. Nelson
Executive Secretary
11728 Summerhaven Drive
St. Louis, MO 63146-54444

The Association of University Summer Sessions (AUSS)
Leslie J. Coyne, Director
Indiana University
Maxwell 254
Bloomington, IN 47405

Schritt 4: Die Bewerbung organisieren

Die Bewerbung findet in der Regel ein Jahr vor Studienbeginn statt und bedarf aufwendiger Vorbereitung. Kalkuliere die Zeit großzügig. Das Studienjahr beginnt im Herbst, Du mußt spätestens im Herbst des Vorjahres die nötigen Tests absolvieren und die zahlreichen Unterlagen zusammentragen, um den individuell etwas variierenden Einsendeschluß einhalten zu können. Wenn Du 18 Monate, also 1 ½ Jahre vor Studienbeginn mit den Vorbereitungen beginnst, liegst Du ganz gut in der Zeit. Ungefähr ein Jahr vorher wirst Du anfangen, mit den *College*s und Universitäten Kontakt aufzunehmen. Wenn Du Dich um ein Stipendium bewerben möchtest, ist es für viele Stipendien ein Jahr vor Studienbeginn schon zu spät.

Bewerbe Dich bei sechs bis acht Universitäten

Nachdem Du Universitäten ausgewählt hast, die Dir interessant erscheinen, solltest Du ungefähr sechs bis acht Universitäten aussuchen, an denen Du Dich bewirbst. Viel mehr Bewerbungen machen kaum Sinn. Diese Hochschulen sollten sich im Schwierigkeitsgrad der Zulassung unterscheiden. Auf die Auswahl komme ich später zurück.

Zeitplan

Erstelle Dir einen Zeitplan

Du solltest Dir einen eigenen Zeitplan erstellen, die einzelnen Schritte der Bewerbung zeitlich fixieren und vor allem die unterschiedlichen Einsendeschlüsse der Universitäten eintragen. Angenommen Du beginnst im Herbst 2000 Dein Studium in den USA. Ein zeitlich recht enger Plan für die Eigenbewerbung könnte aussehen wie der Plan in diesem Kapitel.

Je früher, desto besser

Noch günstiger ist es, wenn Du zwei Jahre vor Studienbeginn mit der Vorbereitung beginnst. So hast Du die Chance, schon früh die

Institutionen ausfindig zu machen, an denen Du studieren möchtest und Dich gezielt auf deren Anforderungen vorzubereiten. Du kannst zudem die verlangten Tests mehrmals absolvieren, was eigentlich immer von Vorteil ist. Je früher Du Deinen Aufenthalt vorbereiten kannst, desto besser.

Verbessere Deine Leistungen, wenn dafür Zeit ist

Außerdem ist dann noch genug Zeit, den Kontakt zu Deinen Professoren, Lehrern oder Arbeitgebern zu verbessern, die Dir später Referenzen schreiben sollen und intensiv an Deinen Noten zu arbeiten, um die Aufnahmebedingungen von bestimmten Universitäten zu erfüllen. Zudem kannst Du noch praktische Erfahrungen sammeln, falls dies von einer Universität vorausgesetzt wird.

Early action und *Early decision*

Wichtig in diesem Zusammenhang sind *Early action* und *Early decision*-Programme. An manchen *College*s und Universitäten werden diese Programme angeboten und Du kannst sie nach Wunsch wahrnehmen.

Eine Möglichkeit, Deine Chancen zu steigern

Wenn Du Dich unter dem *Early decision*-Programm bewirbst, heißt das, daß Du schon früher als die anderen benachrichtigt werden wirst. Erhälst Du eine Zusage, bedeutet dies aber auch, daß Du auf jeden Fall dieses *College* oder diese Universität besuchen mußt. Die Chancen, angenommen zu werden sind etwas höher als die Chancen „normal" akzeptiert zu werden. Wenn Du eine klare erste Wahl hast, ist die Bewerbung unter einem *Early decision*-Programm sicherlich eine gute Idee. Wenn Du allerdings erst herausfinden möchtest, wo Du etwa die größte finanzielle Unterstützung erhalten wirst, kannst Du Dich nicht unter *Early decision* bewerben.

Ein wichtiger Faktor für *Early decision* ist Sport. Wenn Du ein herausragender Sportler bist und Dich für ein Team bewirbst, ist eine *Early decision*-Bewerbung von Vorteil. Die *Coaches* stellen gern früh ihre Teams zusammen.

Jede Uni ist anders

Im einzelnen Fall sollte man sich über die Programme bei jeder Uni gesondert erkundigen. Du kannst dort ebenfalls die unterschiedlichen Zulassungsquoten für *Early decision* und normale Bewerber erfragen.

Rolling Admissions

Die Bewerbung so früh wie möglich versenden

Du solltest Dich unbedingt erkundigen, ob Deine Universität *Rolling Admissions* durchführt. Ist das der Fall, dann solltest Du Deine Bewerbung so früh wie möglich absenden. Sobald die Universität Deine vollständigen Bewerbungsunterlagen hat, beginnt das *Admission office* damit, die Unterlagen zu lesen und zu bewerten und versendet Zu- und Absagen. Die *Admission officers* lesen nicht erst alle Bewerbungen, bevor sie Entscheidungen treffen. Normalerweise werden die Bewerbungen in chronologischer Reihenfolge gelesen und bewertet. Eine gute Bewerbung, die sehr spät eingereicht wird, kann in diesem System aus Platzgründen abgelehnt werden. Das kannst Du durch eine frühe Bewerbung verhindern.

Keine aussichtslosen Bewerbungen verschicken

Keine falschen Hoffnungen hegen

Zeit- und geldraubend ist das Ausfüllen und Versenden von hoffnungslosen Bewerbungen. Es gibt bei einigen Universitäten *Preliminary Applications*, also kurze Bewerbungen, die den Zweck haben, aussichtslosen Bewerbern im frühen Bewerbungsstadium weiteren Zeitaufwand und Kosten und dem *Admission Committee* überflüssige Arbeit zu ersparen.

Lieber einmal zuviel nachfragen

Wenn Du Dir nicht sicher bist, ob Du die grundsätzlichen Aufnahmekriterien für die Hochschule erfüllst, kannst Du einfach dort anrufen. Wenn Du Dich nicht so recht traust, kannst Du auch einen Brief schreiben.

Erspare Dir überflüssige Arbeit und Kosten

Es bietet sich dann an, den erwähnten Vordruck vom College Board anzufordern, bei dem Du bei der Anforderung von Material Daten und Fakten über Deine eigene Ausbildung angibst. Den

Vordruck erhältst Du gleichfalls bei den Akademischen Auslandsämtern oder beim College Board, deren Adresse Du in Schritt 3 findest. Wenn Du grundsätzlich die Bewerbungsbedingungen nicht erfüllst, wird Dir dies in einem frühen Stadium von der amerikanischen Hochschule mitgeteilt. Es ist allerdings keine Garantie für gute Chancen auf Zulassung, wenn Du die Unterlagen erhältst. Du weißt schließlich nicht, wie genau Deine Unterlagen angesehen worden sind und ob nicht einfach eine Aushilfe die Informationsmaterialien verschickt hat, ohne Deine „Vor-Bewerbung“ zu beachten.

Es kommt in jedem Fall einige Arbeit auf Dich zu. Folgende Aufgaben wirst Du zu erledigen haben, bevor Du Dich zurücklehnen und warten kannst. Wie Du sie bewältigen kannst, das erfährst Du in den nächsten Schritten.

DIE BEWERBUNG AUF EINEN BLICK

- Universitäten auswählen
- Sich organisieren
- Einen Zeitplan machen
- Einsendeschlüsse beachten
- Testanmeldungen erledigen
- Bewerbungsformulare ausfüllen
- Aufsätze schreiben
- Empfehlungsschreiben besorgen
- Zeugnisse übersetzen und verschicken
- Tests absolvieren und Ergebnisse versenden
- Bewerbungen versenden

Nützliche Webseite

http://www.collegeboard.org

Einen konkreten Vorschlag für die Zeitplanung für ein Studium im Herbst 2000 findest Du auf den nächsten Seiten. Wie Du im einzelnen vorgehen solltest, wirst Du in den nächsten Schritten erfahren.

Mai - August 1999: Schon in diesen frühen Stadien liegen einige Einsendeschlüsse für Stipendien. Du solltest also, sobald Du mit dem Gedanken spielst, in die USA zu gehen, die Unterlagen für die Stipendienprogramme anfordern - also jetzt!

Recherchiere die Universitäten im Internet und in *College*- und Universitätskatalogen und fordere von 10-20 Hochschulen Bewerbungsmaterial an. Wenn Du jetzt noch die Chance hast, Praktika zu absolvieren und Deine Noten zu verbessern, dann ist dies die letzte Möglichkeit! Besorg Dir die Unterlagen für die Testanmeldungen und beginne Dich vorzubereiten. Du solltest Dich bei der endgültigen Bewerbung auf ungefähr acht Universitäten beschränken oder etwas weniger. Erstelle Deinen eigenen Zeitplan und beachte Einsendeschlüsse für *Early decision*-oder *Early action*-Programme.

September 1999: Testanmeldungen erledigen. Für die Tests lernen! Weitere Stipendienmöglichkeiten in den USA an den Unis recherchieren, die Dich interessieren.

Oktober 1999: Für die Tests lernen und diese möglichst bestehen!

Professoren oder Lehrer für Referenzschreiben gewinnen.

November 1999: Für die Tests lernen: TOEFL und entsprechende Tests absolvieren. Aufsätze verfassen und überarbeiten, die Bewerbungen schreiben und abschicken.

Dezember 1999: Wie im November. Die Bewerbungen nicht

auf den letzten Drücker verfassen, aber zumindest bis zur Deadline! Versichere Dich, daß Deine Gutachter ihre Referenzen auch abgeschickt haben.

Januar 2000: Wie im November und Dezember, die letzten Einsendeschlüsse stehen an.

April 2000: Die *College*s und Universitäten schicken ihre Benachrichtigungen raus.

Mai 2000: Zu- und Absagen verschicken. Bewerbungen für Unterkunft oder Studentenheim abschicken. Kümmere Dich darum, die notwendigen Formulare für den Visa-Antrag von der Universität zu erhalten.

Juni 2000: Die Reise organisieren, Krankenversicherung abschließen. Normalerweise mußt Du eine bestimmte Summe zahlen, die garantiert, daß Du auch wirklich Deinen Universitätsbesuch antrittst.

Juli 2000: Du mußt Deiner Universität normalerweise einen Nachweis über Deine finanziellen Mittel schicken, woraufhin Du die nötigen Visumformulare bekommst. Der Finanzierungsnachweis muß von der Bank abgesegnet werden.

August - September 2000: Es geht los!

Was bei der Bewerbung eine Rolle spielt

Du mußt Dich für jedes Programm erneut bewerben

Du mußt Dich grundsätzlich an den Universitäten bewerben, auch wenn Du schon an einer Hochschule in den USA studierst und nur einen höher qualifizierten Abschluß erwerben möchtest. Du bewirbst Dich auf ein bestimmtes Programm hin, und je größer das Prestige der Universität ist, desto schwieriger ist es, zugelassen zu werden. Denn Du mußt Dich gegen qualifizierte Mitbewerber durchsetzen. Die meisten Universitäten geben Statistiken darüber heraus, wieviel Prozent der Bewerber durchschnittlich zugelassen werden.

Bewerbungen gut verteilen

Du solltest Dich in jedem Fall an mehreren Universitäten bewerben, um sicherzugehen, mindestens eine Zulassung zu bekommen. Die Bewerbungen sollten auf Universitäten mit verschiedenem Schwierigkeitsgrad der Zulassung verteilt werden. Du hast bestimmt eine „Traum-Universität", nur leider bist Du wahrscheinlich nicht allein mit diesem Traum, was die Konkurrenz bei der Zulassung verschärft. Bewirb Dich noch an weiteren fünf bis sieben Universitäten, an denen Du auch glücklich werden könntest. Zumindest eine Hochschule sollte ein *Back-up* sein, also eine Universität, bei der Du ziemlich sicher davon ausgehen kannst, angenommen zu werden.

Sprachkenntnisse

Sprachkenntnisse müssen immer nachgewiesen werden

Voraussetzung für alle Programme, außer denjenigen, die dem Erlernen der englischen Sprache dienen, sind gute Kenntnisse des Englischen. Studierende in einem *Master*- oder Ph.D.-Programm müssen häufig selbst Kurse für *Undergraduates* abhalten und diese natürlich auf Englisch.

TOEFL

Normalerweise wird von allen Institutionen der TOEFL-Test (*Test of English as a foreign language*) verlangt. Gewöhnlich wird eine Mindestpunktzahl gefordert. Es gibt zahlreiche Bücher und Kassetten sowie Kurse, die auf diesen Test vorbereiten. Du mußt selbst entscheiden, wieviel Vorbereitung Du benötigst, um die Mindestpunktzahl zu erreichen. Am besten besorgst Du Dir Probetests und entscheidest dann, wieviel Zeit Du noch in die Vorbereitung investieren mußt, um ein akzeptables Ergebnis zu erreichen. Du hast sicherlich auch persönlich größeren Nutzen von Deinem Aufenthalt, wenn Du den Veranstaltungen von Anfang an gut folgen kannst. Mehr zu den Tests erfährst Du in Schritt 6.

Leistungen

Leistung, Leistung, Leistung

Deine akademischen Leistungen sind der entscheidende Faktor, der die Universitäten oder *College*s bei der Entscheidung über die Zulassung beeinflußt.

Suche die Herausforderung

Die Universitäten möchten Studenten, die die Herausforderung suchen. Gute Noten helfen weiter, also streng Dich an und verbessere Deine Noten, wenn das zeitlich noch möglich ist. Wichtig ist auch Engagement außerhalb der Schule. Ein Praktikum, ein Nebenjob oder Auslandserfahrung können dies verdeutlichen. Demonstriere einen Willen zu lernen und arbeite an einer guten Allgemeinbildung. Wie Du Dich am besten darstellst, dazu kommen wir in Schritt 7.

Mindestanforderungen sollten übertroffen werden

Jede Hochschule stellt gewisse Mindestanforderungen an die Bewerber. Du solltest diese Mindestanforderungen möglichst übertreffen. Dadurch, daß Du mehr als gefordert vorweisen kannst, demonstrierst Du Leistungsbereitschaft und den Willen, Herausforderungen anzunehmen.

Extracurricular activities

Soziales und kulturelles Engagement

Eine Rolle bei der Bewerbung spielen auch soziales oder kulturelles Engagement und sportliche Leistungen. Diese außerschulischen Aktivitäten werden als *Extracurricular activities* bezeichnet. Die Hochschulen legen Wert auf vielseitige Studenten. Hier kommt zum Tragen, was schon zu Beginn des Buches erwähnt wurde: In den USA zählt mehr als in Deutschland der ganze Mensch.

Sport ist doch nicht Mord

Gute Sportler werden hoch angesehen. Sehr gute sportliche Leistungen können auch internationalen Studenten ermöglichen, durch ein Sport-Stipendium ein vierjähriges *College*-Studium finanziert zu bekommen, was ansonsten äußerst schwierig ist. Hierzu unbedingt die Hinweise in Schritt 5 beachten. Gute sportliche Leistungen demonstieren, daß Du ausdauernd und erfolgreich ein Ziel verfolgt hast. Dieser Charakterzug wird von den *Admission officers* positiv bewertet.

Zeige Deine Talente

Das gleiche gilt für ausgefallene Talente anderer Art, auch diese können zur Zulassung am *College* verhelfen, so zum Beispiel die Beherrschung von einem Musikinstrument oder andere künstlerische Erfolge.

Persönlichkeit zählt

Insgesamt spielt Dein persönlicher Werdegang eine nicht zu unterschätzende Rolle bei Deiner Bewerbung und sollte entsprechend dargestellt werden.

COLLEGE CONSULTANTS

Es gibt in den USA *College Consultants*, die viel Geld kosten, die Studenten bei der Suche nach dem richtigen *College* und bei der Erstellung der Bewerbung unterstützen. Ein guter *Consultant* kann sicherlich helfen, ob Du einen benötigst, ist eine andere Sache. Sie kosten teilweise US$ 200 die Stunde! Wenn Du interessiert bist, kannst Du Dir einen *Consultant* bei ICEA (Tel.: 001 703 591 4850) oder NACAC (Tel.: 001 703 836 2222) nennen lassen.

Auch in Deutschland gibt es inzwischen Personen und Organisationen, die bei der Bewerbung an *College*s und Universitäten behilflich sind. Diese sind allerdings wesentlich preisgünstiger als in den USA.

Zu nennen wären Ramon Tissler von *College*-Contact, die Pro *College* Agency, die auf Sportler spezialisiert ist, die Studienberatung Hannover und Education USA. Informationen gibt es auch direkt bei TIA. Die Adressen findest Du in Schritt 2 unter dem Punkt Bibliotheken und Beratung.

Kostenlos für Studenten aus Bayern berät übrigens das Bayrisch-Amerikanische Zentrum in München.

Standardisierte Tests

Ein gutes Testergebnis kann beeindrucken

Die Wichtigkeit der Tests kann nicht überschätzt werden. Hohe Testergebnisse machen Eindruck, auch wenn die Hochschule die Testergebnisse natürlich im Gesamtzusammenhang der Bewerbung sieht. Wenn Deine Noten nicht außerordentlich gut sind, kann ein sehr gutes Testergebnis die Tür zur Traumuniversität öffnen, die sonst verschlossen geblieben wäre. Die Testvorbereitung ist also außerordentlich wichtig.

Vorbereitung ernst nehmen

Ich erinnere mich noch an meinen GRE-Test in Frankfurt. Es waren tatsächlich einige Studenten dort, die noch nie einen Beispiel-Test gesehen hatten. Ein gutes Testergebnis ist schwierig zu erreichen, wenn man mit dem Testformat und der Fragestellung gänzlich unvertraut ist.

Legacy

Mehr Chancen für Verwandte

In den USA wird bei der Zulassung berücksichtigt, wenn Eltern oder Geschwister die gleiche Hochschule besucht haben, bei der Du Dich bewerbst. Dies bedeutet, daß Deine Chancen zwar nicht wesentlich gesteigert werden, aber wenn zwei gleich qualifizierte Bewerber im Rennen sind, wird derjenige, der Verwandte vorweisen kann, bevorzugt.

Der Aufsatz

Der Aufsatz ist wichtig

Jede Bewerbung verlangt Aufsätze zu verschiedensten Themen. Diese Aufsätze sind sehr wichtig, deshalb werde ich noch sehr genau auf den Aufsatz eingehen. Gerade die prestigeträchtigen *College*s und Universitäten legen Wert auf den Aufsatz. Er ist schließlich der einzige wirklich persönliche Teil Deiner Bewerbung. Du hast in dem Aufsatz die Chance, alle Informationen, die in Deiner restlichen Bewerbung stehen, zusammenzubringen und ein schlüssiges, harmonisches Bild von Deiner Person zu zeichnen. Nimm Dir für den Aufsatz Zeit!

WISSENSWERTES ÜBER AMERIKANISCHE PH.D.-PROGRAMME IN DEN GEISTESWISSENSCHAFTEN AUS BEWERBERSICHT

von Christian Statz

Christian Statz hat ein Jahr über ein Austauschprogramm in Montana studiert. Zur Zeit studiert er Politik in Bonn. Begeistert von seinem Aufenthalt in den USA, bewirbt er sich gegenwärtig für ein Ph.D.-Programm in Politik für das Jahr 2001.

Was ist ein Ph.D.-Programm ?

Der Ph.D.-Abschluß (für „Philosophical Doctor") stellt in den USA den höchsten akademischen Grad im Bereich der Geisteswissenschaften dar. Wer in Forschung und Lehre sein zukünftiges Aufgabenfeld sieht, kommt um diesen Abschluß nicht herum. Aber auch wer in der Privatwirtschaft oder im öffentlichen Sektor auf die Topjobs aus ist, absolviert in den USA häufig ein Ph.D.-Programm, also einen Promotionsstudiengang.

Unterschiede

Gegenüber dem deutschen System sowie dem amerikanischen *Undergraduate*-Bereich bestehen einige sehr wichtige Unterschiede. Der auffallendste Unterschied ist der, daß man im Rahmen eines Ph.D.-Programms zunächst als *Graduate student* eine große Anzahl Kurse absolvieren, dann mündliche und schriftliche Prüfungen in den gewählten Schwerpunktbereichen des Faches absolvieren muß und erst danach mit dem Großprojekt Dissertation beginnen kann. Unter drei Jahren ist

Kurse absolvieren

dies kaum zu schaffen, die durchschnittliche Dauer eines kompletten Ph.D.-Programms liegt deutlich darüber. In jedem Einzelfall sind die Chancen für zügiges Vorankommen anders. Die Anrechnung schon vorher erbrachter Studienleistungen, die individuellen Anforderungen der Uni und finanzielle Fragen sind die wichtigsten Faktoren, die verbindliche Aussagen über den Zeitaufwand unmöglich machen.

Die zu absolvierenden Kurse müssen nicht alle aus dem eigenen Fachbereich sein. Interdisziplinäres Studieren wird gerne gesehen und gefördert, vor allem, wenn das geplante Promotionsvorhaben fächerübergreifenden Charakter hat.

Keine Habilitation

Anders als in Deutschland gibt es in den USA keine Habilitation. Mit dem Ph.D. in der Tasche kann man sich grundsätzlich überall für eine Lehrtätigkeit bewerben - die rechtlichen Details und Chancen sind natürlich ein anderes Thema.

Keine Studiengebühren

Vor allem die im jeweiligen Fach führenden Unis bieten ihren Ph.D.-Kandidaten oft perfekte Lernbedingungen: Die wenigen Studenten, die jährlich in ein Ph.D.-Programm aufgenommen werden, zahlen häufig keine oder stark reduzierte Studiengebühren und erhalten zusätzlich ein monatliches Stipendium, das Miete und Essen abdeckt. Manchmal ist damit als Gegenleistung ein Job als Assistent im Fachbereich verbunden, manchmal wollen die Unis jedoch auch, daß sich die Studenten vor allem im ersten Jahr ausschließlich aufs Studium konzentrieren. Die allgemeinen Chancen für Ausländer, irgendeine Art von *Financial aid* (so der Oberbegriff für alle diese Leistungen) zu erhalten, sind im Gegensatz zum *Undergraduate*-Bereich relativ gut. *Graduate students* haben oft eigene Büros mit PC, können von moderner Ausstattung der Seminare wie etwa eigenen Rechenzentren profitieren und werden ermutigt, mit Hilfe von Reisestipendien der Uni an Fachkonferenzen teilzunehmen sowie vor Abschluß des

Studiums eigene Lehrfahrung zu sammeln oder an wissenschaftlichen Arbeiten mitzuwirken. Enge Zusammenarbeit der *Graduate students* mit den Professoren ist normal.

Kein Geld aus Deutschland

Mit Geld von deutscher Seite kann man hingegen kaum rechnen, wenn man in Amerika ein komplettes Ph.D.-Programm absolvieren möchte. Während es viele Möglichkeiten gibt, im Rahmen eines Promotionsvorhabens ein Jahr an einer US-Uni an einer deutschen Hochschule zu verbringen oder auch einen *Masters*-Studiengang mit deutschen Stipendien zu finanzieren, wissen die deutschen Geldgeber um den relativen „Reichtum" vieler US-Unis. Deshalb wird für die Teilnahme an Ph.D.-Programmen kein Geld zur Verfügung gestellt! Wer daher nicht selber bezahlen kann, wird sich um *Financial aid* der US-Uni bewerben müssen.

Keinen Doktorvater

Statt eines Doktorvaters hat man es während der Promotionsphase am Ende des Ph.D.-Programms in der Regel mit einem „Dissertationskomitee" aus mehreren Professoren zu tun. Man ist daher nicht so stark von einer Einzelperson abhängig und kann von der professionellen Kritik mehrerer Fachleute profitieren.

Bewerbungsvoraussetzungen

Allgemein muß gesagt werden, daß sich die Details der Ph.D.-Programme von Uni zu Uni unterscheiden. Es gibt jedoch eine Menge Gemeinsamkeiten.

Bachelor ist Voraussetzung

Die wichtigste Bewerbungsvoraussetzung ist mindestens ein amerikanischer *Bachelor*-Abschluß. Von deutschen Studenten erwarten die meisten Unis einen Magister- oder Diplomabschluß; einige geben aber auch Studenten eine Chance, die bereits das Grundstudium abgeschlossen haben und noch ein oder zwei Jahre danach in Deutschland studiert haben. Der Studienabschluß muß nicht unbedingt in dem Fach erfolgt sein, das man im Rahmen des Ph.D.-Programms studieren möchte. Auf die Begründung der Bewerbung kommt es an.

TOEFL und GRE

Ausländer müssen fast immer das Ergebnis des TOEFL-Tests vorlegen, wobei hier oft Werte von 580 oder 600 oder mehr Punkten erwartet werden. Wer sich als *Teaching assistent* bewirbt (eine Form der *Financial aid*) muß oft noch das Ergebnis des *Test of Spoken English* (TSE) vorweisen. Solide Englischkenntnisse sind also absolut unverzichtbar.

Ausländer wie Amerikaner müssen zusätzlich fast überall die Ergebnisse des GRE-Tests vorweisen. Nicht alle Unis interessieren sich aber wirklich für alle drei Teilergebnisse des GRE. Rechtzeitig sollte man bei den einzelnen Unis nachfragen, wie dies gehandhabt wird.

Bewerbungsumfang

Üblicherweise besteht eine komplette Bewerbung für ein Ph.D.-Programm aus allen *oder* der Mehrzahl der folgenden Elemente:

a) Testergebnisse von TOEFL, TSE und GRE-Test

b) Gutachten von mindestens 3 Professoren

c) Beglaubigte Kopien sämtlicher Uni-Scheine und Zeugnisse bzw. Diplome

d) eine nicht-zurückerstattete Bewerbungsgebühr von US$ 30 bis US$ 100 Dollar

e) Standard-Bewerbungsformulare

f) ein oder mehrere kurze Aufsätze, in denen Motivation, geplantes Studienvorhaben sowie Berufsziel erläutert werden soll

g) eine englische Arbeitsprobe, etwa die Übersetzung einer Hausarbeit o.ä..

Wer es jetzt noch nicht gemerkt hat, dem sei es noch mal ausdrücklich gesagt: Eine komplette Bewerbung für ein Ph.D.-Programm ist *sehr* umfangreich und zeitintensiv! Nicht zuletzt ist aber die Chance groß, daß sich die Mühe später auch finanziell auszahlt. Denn, ob nun in jedem Einzelfall gerechtfertigt oder nicht, ein Abschluß an einer renommierten Uni zählt in Deutschland wie in den USA mehr als an einer Hochschule, von der kaum jemand gehört hat.

Keine Massenbewerbung

Der schiere Umfang einer einzelnen Bewerbung, die Detailunterschiede zwischen den jeweiligen Prozeduren und die Bewerbungskosten machen eine massenweise Bewerbung nach dem Gießkannenprinzip unmöglich. Die Bewerbung bei mehr als sechs oder sieben Hochschulen erscheint daher fast ausgeschlossen. Bei der Vielzahl der angebotenen Programme ist eine sorgfältige Planung des gesamten Bewerbungsablaufs unumgänglich! Im folgenden daher ein Vorschlag zur Vorgehensweise und zur zeitlichen Gliederung einer Bewerbung. Dabei wird von einem fiktiven Studienbeginn im Herbst 2002 ausgegangen (fast alle Ph.D.-Programme nehmen neue Studenten *nur* zum Wintersemester auf):

1. Phase: Etwa ab Herbst 2000. Informationsbeschaffung und Testvorbereitung

Optimal ist es, mit dem gesamten Bewerbungsprozeß rund 2 Jahre vor dem geplanten Studienbeginn zu beginnen! Wer erst später auf die Idee kommt, sollte *so schnell wie möglich* die hier beschriebenen Schritte nachholen. Die Informationsbeschaffung steht natürlich ganz am Anfang. Die große Auswahl an guten US-Hochschulen und die Unterschiede zwischen den einzelnen Programmen machen einem die Entscheidung ohnehin schwer genug. So früh wie nur möglich Unterlagen anfordern (am besten über die oft exzellenten Homepages der Unis im Internet), mit Menschen reden, die wissen, welche Unis im Fachgebiet welchen Ruf haben, und überlegen, was genau man nach dem Ph.D.-Programm plant, da dies Einfluß auf die Auswahl des passenden Programms hat.

Rankings

Unerläßlich ist die Beschäftigung mit den vielen *Rankings*, die US-Hochschulen nach allen sinnvollen und teilweise unsinnigen Faktoren (etwa der Qualität der Basketballmannschaft) in Ranglisten einteilen. Obwohl fraglich ist, ob die Uni auf Platz 3 einer solchen Rangliste nun wirklich *besser* ist als die auf Platz 7, sieht man hier doch, daß es enorme Unterschiede in der Qualität der angebotenen Programme gibt. Ein Patentrezept für die Auswahl des geeigneten Ph.D.-Programms kann es nicht geben; zu unterschiedlich sind die Schwerpunkte der Programme und naturgemäß auch die Präferenzen der Bewerber. Gerade wegen der Vielfalt gilt auch hier wieder: „Auf die Schnelle" wird man kein Gespür für diese Unterschiede entwickeln, zumal man sich zuerst an die eigene Sprache des Info-Materials gewöhnen muß, bevor man die feineren Unterschiede bemerkt.

Vorbereitung ernst nehmen

So früh wie möglich sollte man auch mit der Vorbereitung für GRE- und TOEFL-Test beginnen. Dabei ist es ratsam, das hierfür angebotene Vorbereitungsmaterial zu nutzen, um sich mit der Form der Tests vertraut zu machen. Gerade das GRE-Ergebnis ist ein sehr wichtiger Teil einer Ph.D.-Bewerbung und kann durch systematische Vorbereitung erheblich verbessert werden.

2. PHASE: ETWA JANUAR BIS OKTOBER 2001. ABSOLVIEREN VON TESTS UND ZUSAMMENSTELLUNG DER BEWERBUNGSPAKETE

Vorbereitung ernst nehmen

Für sämtliche geplanten Tests sollte eine großzügige Vorbereitungsphase in den Wochen und Monaten vor dem Testtermin eingeplant werden. Je nach Englischkenntnissen, Wunschergebnis und allgemeiner Zeitauslastung sollte man vor allem mit der Vorbereitung für den GRE-Test einige Monate vor dem Testtermin anfangen. Wer sich die Möglichkeit offenlassen möchte, die Tests zu wiederholen, um das Ergebnis zu verbessern, muß zusätzlich Zeit einplanen. Spätestens im Oktober sollten alle Tests absolviert sein. Auch die individuelle Zusammenstellung der Bewerbungsunterlagen sollte zu diesem Zeitpunkt abgeschlossen sein.

Kreditkarte nutzen

Die einmalige Bewerbungsgebühr, die grundsätzlich nie zurückerstattet wird, kann man bei einigen Unis per Kreditkarte begleichen. Viele Unis verlangen aber immer noch die Verwendung teurer Bankschecks (keine Euroschecks!), die in der Regel bei der Hausbank mehrere Tage im voraus angefordert werden müssen.

Bonitätserklärung

Die Hausbank muß auch häufig um eine Art Bonitätserklärung für den Studenten oder einen Bürgen gebeten werden, die Teil jeder Ph.D.-Bewerbung ist. Ohne die Bescheinigung, daß der Student in der Lage ist, die im ersten Studienjahr anfallenden Kosten zu tragen, darf die Uni nicht das Formular ausstellen, welches wiederum Voraussetzung für die Erlangung eines Studentenvisums ist. Wichtig ist in diesem Zusammenhang, daß man nicht in jedem Fall den gesamten Betrag nachweisen muß, der als fiktiver *total estimated amount of costs* für zwei Semester in den Bewerbungsunterlagen angegeben ist. Dieser Betrag setzt sich vor allem aus Studiengebühren und Lebenshaltungskosten zusammen. Da man aber gar keine Studiengebühren zahlen muß, wenn man zum Beispiel ein Paket aus Assistenten-Stelle und Gebührenerlaß als *Financial aid* angeboten bekommt, erlauben einige Unis, den Wert dieses Paketes beim Nachweis der zur Verfügung stehenden Gelder zu berücksichtigen. Aus dem Kleingedruckten geht dies aber in den seltensten Fällen hervor: Erstmal keine Panik, wenn man fürs erste Studienjahr mal eben US$ 40.000 als Eigenmittel nachweisen soll. Sollte man den begehrten Studienplatz tatsächlich erhalten, wird man häufig gleichzeitig ein *Financial aid*-Angebot erhalten und muß dann zur Erlangung des Visums nur noch den Differenzbetrag zwischen beiden Summen nachweisen. Die fiktive Summe von US$ 40.000 kann man dann getrost vergessen.

3. Phase: etwa Oktober bis Dezember 2001. Bewerbung

Deadlines

Wer sich (wie die meisten Bewerber) gleichzeitig um einen Ph.D.-Studienplatz und *Financial aid* bewirbt, muß dafür sorgen, daß die komplette Bewerbung vor einer *Deadline* in den USA ist, die üblicherweise sieben bis neun Monate vor dem geplanten Studienbeginn im Herbst liegt. Dabei gilt in der Regel nicht der Poststempel sondern der Tag des Posteingangs im entsprechenden Department!

Früh bewerben

Wer frühzeitig seine Unterlagen übermittelt, erhöht außerdem seine Bewerbungschancen, da die Professoren des Fachbereichs (die über die Aufnahme in die Ph.D.-Programme entscheiden) mehr Zeit zur Begutachtung der Unterlagen haben. Vor allem für deutsche Bewerber kann eine frühzeitige Bewerbung ein Vorteil sein, da die hiesigen Abschlüsse nicht den gängigen US-Abschlüssen entsprechen. Es kann daher unter Umständen etwas länger dauern, bis man sich in den USA darüber im klaren ist, wie der deutsche Kandidat mit dem Magister-Abschluß im Vergleich zu den amerikanischen Bewerbern einzustufen ist. Denn Magister Artium und *Master of Arts* werden zwar gleich abgekürzt, aber das ist die größte Gemeinsamkeit dieser beiden Abschlüsse.

Viele Unis bieten die Möglichkeit an, sich online übers Internet zu bewerben, was den Arbeitsaufwand deutlich reduziert. Um die Übersetzung und Beglaubigung der Diplome, Scheine wie auch die Übersetzung und Verschickung von Arbeitsproben wird man aber trotzdem nicht herumkommen. Man darf also nicht darauf hoffen, durch eine Online-Bewerbung den Papierkrieg komplett zu umgehen.

Realistisch bleiben

Noch ein Hinweis zur Bewerbungsstrategie: Auch wenn man sich vielleicht am liebsten für die fünf oder sechs besten Ph.D.-Programme des jeweiligen Faches bewerben möchte, in der Hoffnung „Wenn mich Harvard nicht nimmt, wird's schon in Yale klappen !", ist hiervon dringend abzuraten! Möglicherweise steht man nämlich dann im Frühjahr ohne eine einzige Zusage da und es ist zu spät, um im Herbst noch an einer weniger renommierten Uni einen Studienplatz mit *Financial aid* zu erhalten. Die Entscheidung, wem welche Uni einen Studienplatz und welche Form eines Stipendiums anbietet, ist um diese Zeit nämlich gefällt. Dann hätte man die Wahl, entweder selber zu zahlen oder ein Jahr zu verlieren und sich für den Herbst des folgenden Jahres wieder zu bewerben. Grundsätzlich gilt daher: Wer zum Beispiel plant, sich an sechs Unis zu bewerben, sollte die Bewerbung etwa wie folgt strukturieren (natürlich im Einzelfall abhängig von Testergebnissen, Uninoten, Selbstbewußtsein und Finanzlage): 1-3 Bewerbungen in der Gruppe der besten 10 Unis für das Fach, 1-3 in der Gruppe der 20 nächstbesten, und mindestens eine Bewerbung bei einer Uni, die *deutlich* niedrigere Anforderungen an ihre Bewerber stellt als zum Beispiel die besten 10 und dabei trotzdem noch attraktiv für einen mehrjährigen Aufenthalt erscheint.

4. PHASE: ETWA JANUAR-JULI 2002. ENTSCHEIDUNGSFINDUNG UND VORBEREITUNG DES STUDIENBEGINNS

Mehrere Angebote

Wenn alles optimal klappt, kann man im Frühjahr aus mehreren Angeboten auswählen. Sofern nicht direkt klar ist, welche Uni nun die attraktivste wäre, sollte man sich überlegen, ob nicht ein Kurztrip in die USA sinnvoll wäre, um die Entscheidung zu erleichtern.

Die amerikanischen Unis wissen um die Tragweite der Entscheidung für einen Studienplatz (und der unwiderruflichen Ablehnung eines anderen). Die Professoren sind es daher gewöhnt und daran interessiert, Studenten zu begrüßen, die sich die Uni und den Fachbereich persönlich anschauen möchten, bevor sie die endgültige Entscheidung über den Wohnort der nächsten Jahre treffen. Die große Bedeutung dieser Entscheidung läßt die Kosten für einen derartigen Entscheidungstrip verhältnismäßig gering erscheinen, zumal wenn die in Frage kommenden Unis in preiswert zu erreichenden Orten wie Boston, Los Angeles oder Washington D.C. sein sollten. In der Regel wird man die Kosten für einen solchen Trip aber selber zahlen müssen. Wer genügend Selbstvertrauen und exzellente Noten im Gepäck hat, kann natürlich auch versuchen, die zur Debatte stehenden Unis zu einer Kostenbeteiligung zu überreden. Wenn diese ein besonders starkes Interesse an einem bestimmten Bewerber haben, ist nichts ausgeschlossen!

Und wenn man sich schließlich entschieden hat, muß man nur noch das Visum bekommen, die Wohnung auflösen, die Katze und sich selbst gegen alle erdenklichen Krankheit impfen lassen, allen Freunden Tschüß sagen, die Koffer packen, und schon geht's los! Ist doch alles ganz einfach, oder?

Nützliche Webseite

http://www.edupass.org

Diese Seite enthält eine Vielzahl von Informationen für alle Bewerber und ist eine der wirklich guten Seiten.

Schritt 5: Geld, Geld, Geld

Die Kosten stellen in vielen Fällen die größte Hürde für ein Auslandsstudium dar. Es gibt Möglichkeiten, ein Studium in den USA aus fremden Quellen zu finanzieren. Diese Unterstützung ist allerdings fast immer leistungsabhängig. Ein kleineres Problem sind die Kosten bei Austauschprogrammen zwischen amerikanischen und deutschen Universitäten. Dann müssen normalerweise zwar *Room* und *Board* bezahlt werden, also Lebenshaltungskosten, aber immerhin nicht die Studiengebühren. Es gibt auch Austauschprogramme, bei denen noch ein Zuschuß für Lebenshaltungskosten gewährt wird. Das mußt Du bei Deiner Universität erfragen.

Das Studium ist teuer

Eines muß Dir klar sein: Ein Studium in den USA ist sehr teuer. Studiengebühren, Unterkunft und Verpflegung kosten zwischen US$ 15.000 und US$ 40.000 im Jahr. Einige Graduierten-Programme sind sogar noch teurer. Man darf nicht vergessen, daß auch viele Amerikaner die Universität verschuldet verlassen. Sie investieren erhebliche Summen in ihre Ausbildung. Wir wissen es häufig gar nicht genug zu schätzen, daß die Ausbildung in Deutschland „umsonst" ist beziehungsweise daß die hohen Kosten vom Staat und von den Ländern übernommen werden.

Laß Dich nicht voreilig abschrecken

Es gibt für Amerikaner jedoch viele Stipendien, die internationalen Studenten nicht zur Verfügung stehen. Trotzdem: Laß Dich nicht voreilig von den hohen Kosten abschrecken. Für internationale Studenten in Graduierten-Programmen werden die Stipendien beispielsweise leistungsbezogen vergeben. Das heißt, daß es keine Rolle spielt, ob Du Ausländer bist. Sind Deine Leistungen besser als die eines Amerikaners, bekommst Du das Stipendium. Fulbright oder Hamilton sind nur einige der vielen Stipendien, die für Ph.D.-Programme, aber auch für M.A.-Programme vergeben werden. Die Universitäten selber vergeben ebenfalls Stipendien. Du hast hier nicht zu unterschätzende Chancen. Ich werde jetzt auf die verschiedenen Geldquellen eingehen, die für internationale Studenten zur Verfügung stehen.

WER IST INTERNATIONAL?

Internationale Studenten sind Studenten, die keine Green Card besitzen. Für Amerikaner und Green Card-Inhaber stehen zahlreiche Programme zur Finanzierung des Studiums zur Verfügung. Zudem können Amerikaner und Green Card-Inhaber *Resident* in einem Bundesstaat werden und zahlen als *Resident* eines Staates erheblich verringerte Studiengebühren an den staatlichen Universitäten. Die Lösung für internationale Studenten kann also auch heißen: Green Card.

Was ist die Green Card? Die Green Card ist die unbefristete Arbeits- und Aufenthaltsgenehmigung für die USA. Sie ist normalerweise schwer zu bekommen. Ein Weg, die Green Card auf unkomplizierte Weise zu bekommen, ist die *Green card lottery*: Die Green Card-Verlosung. Die Chancen stehen mit ca. 1:19 gar nicht schlecht. Die Teilnahme ist kostenlos, außer man nutzt einen Bewerbungsservice, der einem die Arbeit abnimmt und vor allem darauf achtet, daß die Bewerbung genau zum richtigen Zeitpunkt in den USA eintrifft (jedes Jahr gibt es nur eine 30 Tage währende Einsendefrist und Millionen von disqualifizierten Bewerbungen, die zu spät eintreffen oder Formfehler enthalten). Du solltest auf jeden Fall an der Lotterie teilnehmen. Im Falle eines Gewinns bist Du viele finanzielle Sorgen los.

Der Besitz einer Green Card hat zudem den Vorteil, daß Du außerhalb des Campus arbeiten kannst. Beachte die Hinweise und Infokarte am Ende des Buches!

Infos und Gratisunterlagen:

TIA
Hans-Böckler-Str. 19
53225 Bonn
Tel.: 0228-9735-0
Fax: 0228-9735-190
Email: tiaservice@aol.com
Webseite: http://www.tiaservice.de oder unter

http://www. us-botschaft.de

Buchtip

Die unbefristete Arbeits- und Aufenthaltsgenehmigung der USA per Lotterie: Die Green Card Verlosung, TIA Verlag 1999.

In diesem Buch ist genau erklärt, wie Du an der Lotterie teilnimmst, wo Du die aktuellen Informationen bekommst und wie sich das Folgeverfahren gestaltet. Es kostet DM 14,80 und ist im Buchhandel erhältlich. Ansonsten kannst Du zur Bestellung die Infokarte am Ende des Buches benutzen.

Die Kosten kalkulieren

Du solltest Dir im Vorfeld über die Kosten im klaren sein, die bei einem USA Studium auf Dich zukommen.

- Anmeldegebühr: durchschnittlich US$ 50 pro Universität
- Standardisierte Tests: ungefähr US$ 75 pro Test
- Studiengebühren zwischen US$ 5.000 und US$ 30.000 pro Jahr
- Bücher und Lernmaterial: ungefähr US$ 500 pro Jahr
- Reisekosten in die USA: ungefähr US$ 1.000

- Unterbringung und Verpflegung: zwischen US$ 3.000 und US$ 7.000 im Jahr
- Kleidung: US$ 500 pro Jahr
- Versicherung: ungefähr US$ 400 pro Jahr
- Persönliche Ausgaben: US$ 2.000 pro Jahr (mindestens)

Realistisch kalkulieren

Dies ist eine eher bescheidene Rechnung. Es kommen also nicht unerhebliche Kosten auf Dich zu. Außerdem möchtest Du vielleicht auch reisen oder ein Auto kaufen. Du solltest bei der Kostenkalkulation unbedingt realistisch sein. Aber keine Angst, es gibt Wege der Finanzierung.

Die verschiedenen Formen von *Financial aid*

Finanzielle Unterstützung wird als *Financial aid* bezeichnet. Es gibt verschiedene Formen, und Du solltest genau aufpassen, welche Form Dir angeboten wird beziehungsweise um welche Form von *Financial aid* Du Dich bemühst.

Scholarships

Scholarships aus deutschen und amerikanischen Quellen

Scholarships sind Geschenke. Sie entsprechen den deutschen Stipendien. Diese Form der *Financial aid* brauchst Du nicht zurückzuzahlen. *Scholarships* können aus verschiedenen Quellen kommen. Sie werden von Vereinigungen, Stiftungen, ethnischen oder religiösen Verbänden vergeben. *Scholarships* aus öffentlichen Fördermitteln sind internationalen Studenten allerdings nicht zugänglich. *Scholarships* haben den Vorteil, daß sie sich gut im Lebenslauf machen. Wie *Fellowships* werden sie häufig leistungsbezogen vergeben.

Grants

Grants zum Forschen

Grants entsprechen in vielerlei Hinsicht den *Scholarships*. Das besondere ist, daß Du sie für eine bestimmte Aufgabe verwenden mußt. Meist stehen die *Grants* für bestimmte Forschungsaufgaben zur Verfügung, die im Interesse des Verbandes oder der Organisation sind, welche die *Grants* gewährt.

Fellowships

Fellowships der Hochschulen

Scholarships werden *Fellowships* genannt, wenn Sie von der Universität finanziert werden. Sie werden normalerweise aufgrund von akademischen Leistungen vergeben, sind also *merit-based*, leistungsabhängig. Eigentlich alle Graduierten-Programme bieten auch *Fellowships* an. Du solltest darauf achten, für welche Zeitspanne die *Fellowships* vergeben werden. Es kann sein, daß sie nur für ein Jahr vergeben werden und Du Dich danach erneut bewerben mußt beziehungsweise bestimmte Leistungen erfüllen mußt, um Dir Deinen Anspruch zu erhalten.

Loans

Kredite nur im Notfall

Loans sind finanzielle Zuwendungen, die die Studenten zurückzahlen müssen, also Kredite. Es gibt verschiedene *Loans* und für Studenten – auch für internationale – gibt es Kredite, die recht niedrig verzinst werden. Dazu später mehr. Aber das ist sicherlich nicht die Form von finanzieller Unterstützung, die Du als erstes im Auge hast.

Financial aid für verschiedene Vorhaben

Je nachdem, was Du in den USA vorhast, unterscheiden sich die Chancen und Möglichkeiten für *Financial aid*.

Colleges

Need-blind **nur für Amerikaner**

*College*s entscheiden meist ohne Rücksicht auf die finanzielle Situation, also *need-blind* darüber, ob ein Student akzeptiert wird oder nicht. Nach Kalkulation der Lage wird dem Studenten ein Finanzplan angeboten, mit dessen Hilfe er oder sie seine Ausbildung finanzieren kann. Das gilt für amerikanische Studenten und Green Card-Inhaber. Dies machen auch *College*s, die erklärtermaßen *Need-blind admission* praktizieren, für internationale Studenten normalerweise nicht. Das liegt an folgendem Umstand: *Financial aid* wird normalerweise von *US federal-aid funds* bezogen oder beinhaltet Unterstützung aus diesen. Die *Funds* stehen internationalen Studenten nicht zur Verfügung. Wenn Du keine Green Card hast – und das ist der Normalfall – dann ist es für das *College* schwer, Geld aus öffentlichen Mitteln für Dich zu beschaffen. Bei internationalen Bewerbern erhöht es die Aufnahmechance, wenn Du angibst, daß Du keine finanzielle Unterstützung vom *College* beantragen wirst.

Need-blind **nur für Amerikaner**

Für *Bachelor*-Programme, also für alle *College*s, werden die Stipendien nicht rein leistungsbezogen vergeben, und so werden einige amerikanische Universitäten Dir sofort mitteilen, daß Ausländer im *College* keine finanzielle Unterstützung erhalten können. Allerdings gibt es auch hier Möglichkeiten, beispielsweise über ein Sportstipendium oder aufgrund anderer herausragender nicht-akademischer Fähigkeiten, finanzielle Mittel zu beantragen. Da die Frage der Studienfinanzierung auch für Amerikaner eine wichtige Rolle spielt, gibt es gute Nachschlagewerke mit allen erdenklichen verfügbaren Stipendien. Einige sind in diesem Kapitel aufgelistet.

Kein Geld für Abiturienten

Aus deutschen Quellen wird für Abiturienten das *Bachelor*-Studium gemeinhin ebenfalls nicht finanziert. Die meisten *College*-Studenten finanzieren ihren Aufenthalt aus eigenen Mitteln. Du kannst also ein vollständiges *College*-Studium in den USA entweder selbst finanzieren – das ist für die meisten schwierig -

oder Du bist ein herausragender Sportler oder in anderer Hinsicht ein *Star*. Als „normaler" Mensch bleibt Dir allerdings die erwähnte Möglichkeit, über Austauschprogramme für ein Jahr in die USA zu gehen und dort ein *College* zu besuchen.

Für ein komplettes College-Studium ist es am schwierigsten

Dem *Foreign Supplement to the College Handbook* zufolge, das vom *Collegeboard* herausgegeben wird, gibt es eine Liste von Universitäten und *College*s, die internationale Studenten finanziell unterstützen. Gib Dich aber keinen falschen Illusionen hin, als „normaler" *College*-Student wird es schwierig sein, für die gesamte Studiendauer finanziert zu werden. Eine Liste der *College*s und Universitäten ist im Kasten abgedruckt und kann auch unter http://www.*college*board.org nachgesehen werden. Zusammengestellt ist sie von Douglas C. Thomposon, *The Culinary Institute of America.*

SCHOOLS WITH AWARDS TO MORE THAN 150 STUDENTS

Arizona State University (AZ)
Barry University (FL)
Clark Univ. (MA)
Eastern Michigan Univ. (MI)
Harding Univ. (AR)
Harvard (MA)
Illinois Inst. of Tech. (IL)
Liberty Univ. (VA)
Louisiana State Univ. (LA)
Macalester College (MN)
Marquette Univ. (WI)
MIT (MA)
Mount Holyoke College (MA)
Ohio Wesleyan Univ. (OH)
Princeton (NJ)
Univ. of Bridgeport (CT)
Univ. of Houston (TX)
Univ. of Pennsylvania (PA)
Univ. of South Florida (FL)

SCHOOLS WITH AWARDS TO 100-149 STUDENTS

Brown Univ. (RI)
Calvin College (MI)
College of Wooster (OH)
Dartmouth (NH)
Dordt College (IA)
Eckerd College (FL)
Florida Inst. of Tech. (FL)
Georgia Southern Univ. (GA)
Graceland College (IA)
Luther College (IA)
Middlebury College (VT)
Northeast Louisiana (LA)
Oberlin (OH)
Savannah Coll. of Art (GA)
Slippery Rock Univ. (PA)
Smith College (MA)
Stanford (CA)
Texas Christian Univ. (TX)
Tri-State Univ. (IN)
Univ. of Miami (FL)
Univ. of Rochester (NY)
Yale (CT)

SCHOOLS WITH AWARDS TO 50-99 STUDENTS

Abilene Christian Univ. (TX)
Allegheny College (PA)
Augsburg College (MN)
Beloit College (WI)
Bethany College (WV)
Brandeis Univ. (MA)
Bryn Mawr College (PA)
California Lutheran (CA)
Cleveland Inst. of Music (OH)
Colby College (ME)
Columbia Univ. (NY)
Concordia Coll. (MN)
Cornell Univ. (NY)
Denison Univ. (OH)
Franklin & Marshall (PA)
George Wash. Univ. (DC)
Goshen College (IN)
Grinnell College (IA)
Houghton College (NY)
Ithaca College (NY)
Julliard School (NY)
Knox College (IL)
Lake Forest College (IL)
Lawrence Univ. (WI)
Lewis & Clark (OR)
Lynn Univ. (FL)
Maharishi Intl. Univ. (IA)
Monmouth College (IL)
North Park Univ. (IL)
Principia College (IL)
Rochester Inst. of Tech. (NY)
St. Augustine's College (NC)
St. Johns College (MD)
St. Lawrence Univ. (NY)
St. Olaf College (MN)
Tulane Univ. (LA)

Univ. of Maine (ME)
Univ. of Wisc./Eau Clair (WI)
US International Univ. (CA)
Washington College (MD)
Washington Univ. (MO)
Wesleyan Univ. (CT)
Western Maryland Coll. (MD)
Wittenberg Univ. (OH)

SCHOOLS WITH AWARDS TO 15-49 STUDENTS

Albright College (PA)
Amherst College (MA)
Augustana College (IL)
Bard College (NY)
Bates College (ME)
Bennington College (VT)
Bowdoin College (ME)
CalTech (CA)
Central College (IA)
Coe College (IA)
Colgate Univ. (NY)
Davidson College (NC)
Dickinson College (PA)
Earlham College (IN)
Eastern Nazarene (MA)
Elizabethtown College (PA)
Elmira College (NY)
Gettysburg College (PA)
Gustavas Adolphus Coll. (MN)
Hamilton College (NY)
Hampshire College (MA)
Hood College (MD)
Kalamazoo College (MI)
Kenyon College (OH)
Lafayette College (PA)
Messiah College (PA)
Michigan State Univ. (MI)
Mount Union College (OH)
Occidental College (CA)
Spalding Univ. (KY)
Swarthmore College (PA)
Taylor Univ. (IN)
Thomas Aquinas Coll. (CA)
Troy State Univ. (AL)
Univ. of Chicago (IL)
Univ. of Colorado/Bldr (CO)
Univ. of Oregon (OR)
Univ. of St. Thomas (MN)
Univ. of the South (TN)
Vassar College (NY)
Wabash College (IN)
Wellesley College (MA)
West Virginia Wesleyan (WV)
William Smith College (NY)
Williams College (MA)

Für ***Bachelor***-Programme sind amerikanische Stipendien rar, aber, spielt Du Tennis ?

Rebecca Trapp hat am Ende des Buches viele Stipendien zusammengestellt, die neben den altbekannten DAAD-Stipendien auch für internationale Bewerber verfügbar sind. Einige dieser Stipendien sind auch für *Undergraduates* geeignet. Du solltest unbedingt die Hinweise für Sportstipendien beachten, falls Du ein annehmbarer Sportler bist. Wenn Du nur auf begrenzte Zeit in die USA möchtest, findest Du Hinweise im folgenden Abschnitt *Stipendien für ein Jahr*. Dies gilt auch für die Austauschprogramme der Universitäten.

Stipendien für ein Jahr

Gute Möglichkeiten für begrenzte Studienaufenthalte

Der DAAD, der Deutsche Akademische Austauschdienst, ist DIE Anlaufadresse für akademische Stipendien. Zur Finanzierung von zeitlich begrenzten Studienaufenthalten jeglicher Art solltest Du unbedingt die Broschüre des DAAD konsultieren. Die Anschrift findest Du am Ende dieses Kapitels. Besorge Dir unbedingt die aktuelle Broschüre „Studium, Forschung, Lehre im Ausland. Förderungsmöglichkeiten für Deutsche“, die es kostenlos bei den akademischen Auslandsämtern gibt. Dort sind zudem zahlreiche weitere Stipendien aufgelistet. Die Adresse des Auslandsamtes kannst Du im Sekretariat Deiner Universität erfragen. Die Informationen findest Du auch im Internet.

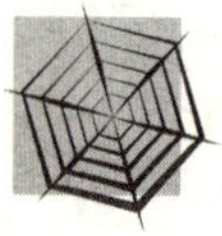

Nützliche Webadresse

http://www.daad.de

Es gibt in der DAAD-Broschüre zahlreiche Austauschprogramme und viele Stipendien, die auf ein Jahr begrenzt sind und die von deutschen und amerikanischen Institutionen vergeben werden. Hierzu mußt Du allerdings an einer deutschen Universität eingeschrieben sein und einige Semester studiert haben.

Kein Studiengebühren

Im Falle einer Teilnahme an Austauschprogrammen mit Partneruniversitäten werden die Studiengebühren in der Regel erlassen. In Schritt 2 findest Du eine Liste mit den Kooperationsprogrammen, die zwischen deutschen und amerikanischen Hochschulen bestehen, daneben auch die amerikanischen Partneruniversitäten deutscher Hochschulen. Über diese Programme solltest Du beim Akademischen Auslandsamt, aber auch in Deinem Fachbereich Erkundigungen einholen.

Adressen im Anhang beachten

Stipendien von deutscher Seite bieten ergänzend dazu der Verband der Deutsch-Amerikanischen Clubs, dessen Adresse Du im Anhang findest, sowie die Rotary Foundation und einige andere Institutionen, die dort aufgelistet sind.

Graduate schools

Für Graduierten-Programme sieht es besser aus

Für Graduierten-Programme, solange es sich nicht um *Professional schools* handelt, stehen die Chancen auf finanzielle Unterstützung gar nicht so schlecht. Du kannst einerseits wiederum Stipendien und Zuschüsse vom DAAD erhalten, andererseits von der amerikanischen Universität selbst. In Graduierten-Programmen kommen verstärkt *Grants* und *Fellowships* zum Tragen.

Unterrichten ist üblich

Es ist üblich, daß *Graduate students* Kurse für *Undergraduates*, Studenten auf *College*-Niveau, geben und dann verringerte oder gar keine Studiengebühren bezahlen müssen. Dies ist besonders bei Stipendien der Fall, die direkt von der Universität vergeben werden, den *Fellowships*.

Stipendien werden nach Leistung vergeben

Es gibt also stärker als für *College*-Studenten die Chance, durch die amerikanische Universität gefördert zu werden. Die Stipendien werden leistungsorientiert vergeben, so daß es anders als im *College* egal ist, ob jemand Amerikaner ist oder nicht. Viele Graduierte werden gefördert, Du solltest Dich also unbedingt um finanzielle Mittel bemühen.

WER ENTSCHEIDET ÜBER DIE STIPENDIENVERGABE IN DEN USA?

Ein wichtiger Tip für ausländische Studierende: Über die Vergabe der universitären Mittel entscheiden oft andere Personen als über die Vergabe der Studienplätze.

Die Angestellten des *Financial aid office* sind normalerweise keine Fachleute für Dein Studienfach. Sie können also möglicherweise Deine Studienleistungen, etwa die Diplomarbeit über ein besonders anspruchsvolles Thema, nicht genug schätzen. Einschätzen können Sie allerdings die Punktzahl der standardisierten Tests. Deshalb ist eine hohe Punktzahl in den Tests auch für die Stipendien ausgesprochen wichtig.

Wer auf Finanzierung nach einem ersten erfolgreichen, selbstfinanzierten Jahr hofft, muß WIRKLICH erfolgreich sein, Alternativen bleiben nämlich kaum.

Assistantships **helfen, die Gebühren zu senken**

Nach einem erfolgreichen Semester kann auch durch *Assistantships* die Gebühr gesenkt werden. Es gibt *Graduate Assistantships* oder *Teaching Assistantships*. Manchmal existieren spezielle Ausschreibungen für diese *Assistantships*-Programme. Nur M.B.A.-Programme und *Law school*-Programme bieten kaum *Assistantships*.

Stipendien für Frauen

Es gibt einige Stipendien speziell für Frauen, für die auch internationale Bewerberinnen zugelassen sind. Einige Adressen dazu findest Du im Anhang. Eine Organisation, die recht viele Stipendien vergibt, ist die American Association of University Women (AAUW).

AAUW Educational Foundation
2201 N. Dodge Street
Iowa City, IA 52243-4030
Tel.: 001 219 227 1716
Webadresse: http://www.Aauw.org

Professional schools: Jura, M.B.A. *und Medizin*

Die Lage für finanzielle Unterstüzung ist schlecht

Am schlechtesten ist die Aussicht auf finanzielle Unterstützung aus den USA für Medizinstudenten, M.B.A.-Kandidaten, Juristen und Bewerber anderer berufsbezogener Studienfächer. Hier sollte man am besten versuchen, aus deutscher Quelle Unterstützung zu bekommen. Für M.B.A.-Interessenten gibt es ein Stipendium vom DAAD und der Boston Consulting Group GmbH & Partner. Deine Leistungen müssen allerdings extrem gut sein. Es gibt noch einige weitere Stipendien, die im Anhang beschrieben sind, allerdings sind die Anforderungen an Bewerber grundsätzlich sehr hoch.

Auch für Amerikaner ist die finanzielle Belastung hoch

In den USA ist es üblich, daß *College*-Abgänger erst einige Jahre arbeiten und Geld für die *Business schools* sparen beziehungsweise von einem Unternehmen, in dem sie sich bewährt haben, gesponsort werden. Auch für Amerikaner ist es also schwierig, finanzielle Unterstützung für diese Fachbereiche von der Universität zu bekommen. Sieh Dir auch die Programme der Carl Duisberg Gesellschaft an, die M.B.A.-Studiengänge finanziell unterstützen.

Post-Doc und Forschung

Gute Wissenschaftler haben gute Chancen

Für Forschung und Post-Doc-Programme ist die wichtigste Förderstelle wieder der DAAD. In der schon erwähnten Broschüre findest Du auch Stipendien, die nicht vom DAAD vergeben werden. Weitere Stipendien sind im Anhang beschrieben. Es kommen hier besonders die Fördermöglichkeiten von amerikanischer Seite in Frage. Die amerikanischen Universitäten sind an guten Wissenschaftlern aus aller Welt interessiert.

Die Bewerbung um ein Stipendium

Informiere Dich über mögliche Sponsoren

Wichtig ist, daß Du viel über das Stipendium und die Organisation, die das Stipendium vergibt, weißt. Jede Institution vergibt Stipendien lieber an jemanden, der die Geldquelle zu schätzen weiß und entsprechend informiert ist.

Voraussetzungen

Die Bewerbung ähnelt der Hochschulbewerbung

Die Voraussetzungen zur erfolgreichen Bewerbung sind ähnlich wie für die Aufnahme an einer guten Universität. Gute Noten und Engagement auch außerhalb der Universität sind wichtig. Deine Leistungen zählen, egal auf welchem Gebiet. Des weiteren ist natürlich Einsatz für Bereiche, für die sich auch Deine Stiftung oder Dein Stipendiengeber einsetzt, nur von Vorteil. Genauso wie bei der Hochschulbewerbung sind ehrenamtliche Tätigkeiten auch bei Stipendienbewerbung von Vorteil.

Tests werden verlangt

Einige Organisationen, vor allem die amerikanischen, verlangen die Ergebnisse der standardisierten Tests, die Du für die normale Bewerbung absolvieren mußt. Gute oder herausragende Testergebnisse schaden selbstverständlich nicht. Gutes Abschneiden in den Tests ist eine Sache der Vorbereitung, dies ist ein Faktor, den Du in der Hand hast.

Die Suche nach dem richtigen Stipendium

Wer sucht, der findet

Du findest am Ende dieses Kapitels zahlreiche Publikationen, die Stipendien auflisten und Webseiten, auf denen Du Stipendien finden kannst. Am Ende des Buches ist zudem eine lange Liste mit Stipendien aus deutschen und amerikanischen Quellen eingefügt. Du wirst sehen, Stipendien sind zahlreich. In den angegebenen Literaturhinweisen findest Du Tausende von Adressen. Für internationale Bewerber eignet sich besonders das Buch vom IEE, *Funding for United States Study*, das sich an internationale Studenten wendet.

Fördermittel aufgrund verschiedenster Faktoren

Es gibt Fördermittel für bestimmte Fächer, für besonders gute Noten, für religiöse Neigungen, nach Geschlecht, Herkunft oder ethnischer Abstammung sowie für bestimmte *Colleges* und Universitäten. Die meisten Adressensammlungen verfügen über ein Stichwortverzeichnis, in dem Du nach verschiedenen Kriterien suchen kannst.

Suchmaschinen im Internet nutzen

Wenn Du im WorldWideWeb eine Datenbank nutzt, die Dir Stipendien sucht, kannst Du verschiedenen Kriterien eingeben, die auf Deine Person zutreffen. Dir wird dann eine Liste mit Stipendien ausgegeben. Für das Stichwort „international“ sind die Einträge allerdings recht spärlich. Übrigens: Benutze die kostenlosen Suchservices für Stipendien. Die kostenpflichtigen Services bieten keine anderen Leistungen. Die folgende Organisation kann bei der Suche nach geeigneten Stipendien ebenfalls helfen.

NAFSA: Association of International Educators
1875 Connecticut Avenue, NW, Suite 1000
Washington, DC 20009-5728
Email: inbox@nafsa.org
Webseite: http://www.nafsa.org
Diese Organisation fördert den internationalen Bildungsaustausch und hat auch Informationen über finanzielle Unterstützung für internationale Studenten.

Informationen anfordern

Direkt professionell auftregen

Achte bei der Anforderung von Informationen darauf, einen professionellen Eindruck zu hinterlassen. Gerade bei kleineren Organisationen ist es möglich, daß Dein Brief von jemandem gelesen wird, der später auch Entscheidungen fällt.

Höflichkeit

Dementsprechend sollten alle Schreiben und Briefe höflich und sorgfältig verfaßt sein. Für Anrufe gilt das entsprechend. In den USA werden in der geschriebenen Sprache sehr höfliche Formulierungen verwendet. Dir mag vieles floskelhaft erscheinen, was zum normalen Ton gehört. Es ist üblich, am Ende des Briefes *Thank you for your time and consideration* zu schreiben. Genauso ist es üblich, Formulierungen wie *Would you be so kind to...* zu benutzen. Deine Adresse, Telefonnummer und Email-Adresse sollten gut sichtbar auf dem Brief stehen.

Die Anderen

Ehemalige Stipendiaten kontaktieren

Gut ist es, wenn Du mit ehemaligen Stipendiaten über deren Erfahrungen sprechen kannst. Frage bei der Organisation nach, ob es möglich ist, die Kontaktadresse von ehemaligen Stipendiaten zu erhalten. Erfahrungen aus erster Hand sind immer die beste Informationsquelle. Erkundige Dich bei Deinem Vorgänger auch über das Bewerbungsverfahren: Wie war das Interview, worauf wurde besonders viel Wert gelegt, was hat seiner oder ihrer Meinung nach den Ausschlag zum Erfolg gegeben.

Die Bewerbung verfassen

Die Ursprünge des Stipendiums

Entscheidend ist, daß Du weißt, wer das Stipendium ins Leben gerufen hat. Je mehr Du über die Institution weißt, die das Stipendium vergibt, desto mehr kannst Du Deine Bewerbung auf Deine Leser zuschneiden. Die meisten Organisationen möchten ihre Stipendien natürlich an Personen vergeben, die sich mit den Aufgaben und Idealen der Organisation identifizieren können. Dazu mußt Du die Organisation selbstverständlich kennen.

Interesse bekunden

Bekunde Dein Interesse an der Organisation und richte Deine Bewerbung nach deren Zielen aus. Dein Aufsatz sollte sich möglichst mit einem Thema befassen, das die Organisation interessiert.

Empfehlungen und Zeugnisse

Für Empfehlungen und Zeugnisse gilt das gleiche wie für die normalen Bewerbungen. Sieh Dir dazu die Schritte 7 und 9 an.

Der Aufsatz

Der Aufsatz ist wie bei der Bewerbung um einen Studienplatz ein sehr wichtiger Bestandteil der Bewerbung. Beachte dazu die Hinweise zum Bewerbungsaufsatz in Schritt 8. Die Aufsatzthemen sind eigentlich immer die gleichen.

Interview

Über die Organisation informiert sein

Auf ein Interview solltest Du Dich unbedingt vorbereiten. Wieder ist wichtig, daß Du möglichst viel über die Organisation, die Begründer des Stipendiums und die Entwicklung der Organisation weißt.

Zudem solltest Du fachlich gut vorbereitet sein und, falls die Organisation politische Ziele verfolgt, auch politisch auf dem Laufenden sein.

Auf dem Laufenden sein

Du solltest in der Zeit vor dem Interview unbedingt über die aktuellen Ereignisse informiert sein. Kaum eine Organisation möchte ignorante Stipendiaten in ein anderes Land schicken beziehungsweise aus dem Ausland rekrutieren.

STIPENDIEN AUF EINEN BLICK

- Arbeite an Deinen Noten und an Deinem Lebenslauf
- Lies jeden Tag die Zeitung
- Recherchiere im Internet und in Dir zugänglichen Publikationen nach geeigneten Stipendien
- Versichere Dich bei der Organisation, daß Du die Voraussetzungen für die Stipendien erfüllst
- Sieh Dir die Kapitel zur Universitätsbewerbung an, es gelten die gleichen Regeln, und der Wettbewerb ist wahrscheinlich härter
- Entwirf einen Zeitplan für den Bewerbungsablauf
- Verfasse Aufsätze und Bewerbungen nach den Regeln in Schritt 7 und 8

WICHTIG

Behalte immer eine Kopie des gesamten Schriftverkehrs. Erstens weißt Du dann genau, was Du geschrieben hast. Zweitens kann immer mal etwas verloren gehen, und dann hast Du schnell und unproblematisch Ersatz.

Buchtip

Vuturo, Christopher, *The Scholarship Advisor*, Princeton Review 1998.

Hier findest Du ausführliche Informationen über alle möglichen Stipendien.

Studium, Forschung, Lehre im Ausland: Förderungsmöglichkeiten für Deutsche, hg. v. DAAD, Bonn 1998.

Diese Broschüre ist Pflicht. Du erhältst sie gratis bei Akademischen Auslandsämtern oder direkt beim DAAD. Adresse im Anhang.

Weeg, Carol, Stern, Ellen und Jim Bauer, *Funding for US-Study – A Guide for International Students and Professionals*, Institute for International Education (IIE), Princeton, New Jersey 1998.

Diese Broschüre ist sehr gut. Du kannst sie direkt beim IEE bestellen. Tel.: 001 301 617 7804 oder Fax: 001 301 953 2838 oder per Email: iiebooks@iie.org.

Carlotta R. Mills, *Foundation Grants to Individual*, hg. v. Foundation Center

Dieses Buch wird direkt vom Foundation Center herausgegeben und beinhaltet auch einige Stipendien für internationale Studenten. Es kostet US$ 55 und US$ 11 für Überseeversand und kann bei folgender Adresse bestellt werden: Foundation Center, 79 5th Avenue, 8th Floor, New York, NY 10003.

Barnes, A. Gregory, *The International Student's Guide to the American University*, National Textbook Company, 1993.

Nützliche Webseiten

http://www.collegeboard.org

Zu empfehlen sind auch die verschiedenen Bücher vom Collegeboard. Du kannst diese online bestellen, wenn Du eine Kreditkarte benutzt. Besuche einfach die Webseite. Dort gibt es beispielsweise The Scholarship Handbook 1999 *oder* College Costs & Financial Aid Handbook 1999.

http://www.finaid.org

Eine umfangreiche Seite, die auch Informationen für internationale Bewerber enthält.

http://www.iefa.org

http://www.fastweb.com

Auf dieser Seite kannst Du nach persönlichen Kriterien ein Liste mit möglichen Stipendien generieren.

http://www.jhu.edu/~finaid
Auf dieser Seite findest Du eine Liste von Organisation und Programmen.

http://www.Scholaraid.com
Ab dem ersten Juni eine neue Suchmaschine für Financial aid.

http://www.usia.gov
Auf der Seite findest Du eine komplette Auflistung und Beschreibung aller USIS (United States Information Agency) Programme.

http://www.wwar.com
Diese Seite führt Kontaktinformation und Finanzierungsmöglichkeiten von Organisationen, die mit Kunst zu tun haben.

http://www.iie.org
Hier findest Du Informationen über Fulbright, aber auch interessante Literaturhinweise.

http://www.uark.edu/comminfo/www/grants.html
Diese Site von der American Communication Association gibt genaue Beschreibungen von Stipendien, die im Feld der Kommunikation zugänglich sind.

Jobben

Nur auf dem Campus

Eine allgemeine Arbeitsgenehmigung bedeutet ein Studentenvisum nicht, Du darfst jedoch Jobs auf dem Campus annehmen. Die Löhne für Jobs auf dem Campus sind gewöhnlich nicht sonderlich hoch, helfen aber, zumindest *Spending money* zu beschaffen. Arbeiten außerhalb des Campus darfst Du nur, wenn Du ein Arbeitsvisum hast oder eine Green Card. Mehr zu den Visa-Bedingungen erfährst Du in Schritt 10. Es ist illusorisch, von dem verdienten Geld das gesamte Studium bestreiten zu wollen. Erstens wirst Du nicht viel Zeit haben, wenn Du studierst, und zweitens sind die Löhne für Jobs auf dem Campus nicht allzu hoch.

Die Verlosung nutzen

Das oben Gesagte zur Green Card bleibt bestehen. Immer bei der Verlosung mitmachen, denn die Green Card ist die unbefristete Arbeitsgenehmigung, und mit einer Green Card kannst du natürlich problemlos jobben.

Sieh Dir in jedem Fall die ausführlicheren Informationen in Schritt 10 an.

Wenn Du eine Green Card besitzt, dann sind die Studiengebühren an staatlichen Universitäten um zwei Drittel reduziert! Außerdem ist es mit einer Green Card auch für *Undergraduates*, also *College*-Studenten möglich, Stipendien und Darlehen unter günstigen Konditionen zu bekommen. Die Teilnahme an der Green Card-Lotterie kann also nie schaden. Infos gibt's direkt bei TIA. Du kannst auch die Infopostkarte am Ende des Buches benutzen.

TIA
Hans-Böckler-Str. 19
53225 Bonn
Tel.: 0228-9735-0
Fax: 0228-9735-190
http://www.tiaservice.de oder bei der Botschaft vorbeischauen:
http://www.us-botschaft.de

BaföG

Fördermittel nutzen

Es gibt BaföG auch im Ausland. Für einen Studienauslandsaufenthalt erhalten sogar mehr Studierende Ausbildungsförderung als für eine Ausbildung im Inland. Da an Kaufkraft und Lebenshaltungskosten orientierte Zuschläge den Bedarfssatz ansteigen lassen, entsteht auch für Studierende ein Anspruch auf Förderung, die sonst kein Recht auf BaföG haben.

Es gibt verschiedene Voraussetzungen für einen Antrag:

- Die Ausbildung im Ausland ist der Ausbildung im Inland förderlich
- Die Ausbildung ist im Inland nicht durchführbar
- Die Ausbildung im Ausland wurde vor dem 1. Oktober 1990 begonnen und würde nach dem Stipendienrecht der DDR gefördert

- Ausreichende Kenntnisse der Unterrichts- und Landessprache liegen vor

- Der Antragsteller ist an einer Ausbildungsstätte immatrikuliert, die dem Besuch einer inländischen Höheren Fachschule, Akademie oder Hochschule gleichwertig ist

BaföG für ein Jahr

BafóG-Förderung im Ausland gibt es im Normalfall bis zu einem Jahr. Studiengebühren bis 9.000 DM werden erstattet. Zusätzlich gibt es einen Auslandszuschlag von 140 DM (210 DM für New York) und Reisekostenerstattung.

Informationen gibt es bei folgender Adresse:

Studentenwerk Hamburg, AöR
Landesamt für Ausbildungsförderung
Von-Melle-Park 2
20146 Hamburg
Tel.: 040-41902-0
Fax: 040-41902-100
Email: stw.@mail.whm.tu-harburg.de

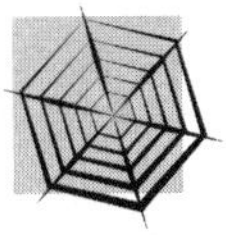

Nützliche Webseite

http://www.studentenwerke.de/interna/bafausl.htm

Hier kannst Du die neuesten Informationen über BafóG nachsehen.

Stipendien vom Arbeitgeber

In seltenen Fällen zahlt der Arbeitgeber

Gerade bei Personen, die einen M.B.A. anstreben und in der Wirtschaft tätig sind, kann es passieren (auch in Deutschland), daß der Arbeitgeber anbietet, für die Ausbildung oder einen Teil der Ausbildung zu bezahlen. Erkundige Dich bei Deiner Firma, ob es derartige Möglichkeiten gibt, wobei das bestimmt nur bei großen und internationalen Firmen der Fall sein wird. In den USA ist das bei großen Firmen nicht unüblich.

Bankdarlehen

Nur mit U.S.-Bürgen

Wenn Du einen U.S. Bürger oder einen Green Card-Inhaber findest, der zusammen mit Dir unterschreibt, kannst Du für ein *Loan*-Programm in Frage kommen, für einen günstigen Bankkredit. Informationen bekommst Du beispielsweise bei The Education Resources Institute (TERI) und deren International Student Loan Programm (ISLP) unter Tel.: 001 617 698 7840 oder Fax: 001 617 698 3001 oder bei Sallie Mae unter Tel.: 001 800 634 9308. Ein weiteres Programm ist das GATE Student Loan Programm, das mit der Bank of America in Verbindung steht. Das Darlehen muß erst innerhalb von 15 Jahren zurückgezahlt werden und hat recht günstige Konditionen. Es wird auch an *Undergraduates* vergeben. Informationen gibt es unter Tel.: 001 800 895 4283 oder Fax: 001 617 639- 583. Die Möglichkeit, sich für ein Auslandsstudium zu verschulden, dürfte aber für die meisten kaum interessant sein.

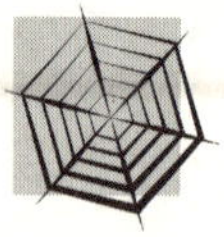

Nützliche Webseiten

http://www.salliemae.com

http://www.eupass.org

Der Weg über das *Community college*

Geringe Studiengebühren

Ein anderer Weg, Kosten zu sparen, ist der Besuch eines *Community colleges*. Viele *Community colleges* nehmen gerne internationale Studenten und bieten auch spezielle Beratung und Betreuung für sie an.

Das Niveau ist niedriger

Das Niveau an *Community colleges* ist gewöhnlich niedriger als an *4-year Colleges*. Die *Colleges* sind kleiner und billiger. Die Kurse sind klein, so daß Du gut beraten werden kannst. Manchmal ist es günstig für internationale Studenten, an einem *Community college* das Studium zu beginnen, um dann später auf ein „normales" *College* zu wechseln. Die ersten zwei Jahre sind auch an einem *4-*

year College dem Erlernen von allgemeinem Wissen gewidmet. Erst nach dem zweiten Jahr, legen sich die Studenten auf ein Fach fest.

Viele *Community colleges* bieten zudem Kurse an, in denen man Englisch lernen kann. Das ist natürlich günstig für Dich, wenn Dein Englisch noch nicht so gut ist.

Transfer programs

Wenn Du als Ausländer ein *Community college* besuchst, mußt Du darauf achten, daß Dein *College* ein *College transfer program* anbietet. Das bedeutet, daß Du Deine *Credits* vom *Community college* auf ein anderes *College* übertragen kannst.

Praktisches Fächerangebot

Du kannst an einem *Community college* neben der Möglichkeit, rein akademische Fächer zu belegen, auch praktische Berufe erlernen, was sicherlich keiner Ausbildung abträglich ist: Photographie, Computer-Programmierung oder Fashion Design, um nur einige Beispiele zu nennen.

Eine ausgefallene Möglichkeit

Die Möglichkeit, über ein *Community college* in die USA zu gelangen, ist nicht sehr bekannt und wird wenig wahrgenommen. Dabei ist es eine nicht zu unterschätzende Möglichkeit für Schüler, die gerne in den USA studieren möchten, aber nicht das Geld haben, um vier Jahre an einem teuren privaten *College* studieren zu können. Auf diese Weise können sie erst einmal das Leben in den USA kennenlernen und trotzdem später auf eine anerkannte Universität oder ein anerkanntes *College* wechseln.

Sich besonders gut informieren

Es ist allerdings nötig, sich vorher sehr genau über das *Community college* zu informieren, da es auch einige sehr schlechte Institutionen gibt. Es ist absolut notwendig, sich über Akkreditierung und die Möglichkeit, auf ein „normales" *College* zu wechseln, zu versichern.

Niedrige Bewerberanforderungen

Der Vorteil bei der Bewerbung ist, daß die Anforderungen recht niedrig sind und nur mittelmäßige TOEFL-Ergebnisse erwartet werden.

Sport und Sportstipendien in US-Universitäten

von Becky Trout

Sportler haben gute Chancen

Du bist ein außergewöhnlicher Sportler, eine begabte Sportlerin und denkst, daß Du an einer amerikanischen Universität studieren und spielen möchtest, aber Du weißt nicht, wie Du vorgehen sollst. Du hast viele Fragen und weißt nicht, wo und wie Du anfangen sollst. Vielleicht hast Du gehört, daß gute Athleten kostenlos ein amerikanische *Colleges* besuchen können. Das stimmt: Sport an *Colleges* und Universitäten für *Undergraduates* ist ein wichtiger Bestandteil der Hochschulen. Die meisten amerikanischen Football- und Basketball-Spieler, die man im Fernsehen sieht und die später in den NBA und NFL Millionen von Dollar verdienen, haben nichts für ihre Ausbildung bezahlt. Aber es gibt auch viele nicht so bekannte Sportarten, wie Gymnastik oder Cross Country, für die man ein Stipendium bekommen kann.

Stipendien fallen nicht vom Himmel

Könnte jemand, der nicht Amerikaner ist, auch einen *Free Ride* erhalten? Ja, aber es ist schwer, nur ungefähr 2% der Sportler an amerikanischen Universitäten sind Ausländer.

Ein System mit Regeln

Was solltest Du also tun, um eines der begehrten Stipendien zu bekommen? Zuerst Lesen und Lernen. Die Welt des *College*-Sports hat ihr vollkommen eigenes System, das Dir wahrscheinlich total fremd erscheinen wird. Es hat viele spezifische, komplizierte Regeln, die sogar die meisten amerikanischen Studenten nicht verstehen. Beginne sehr früh, die Möglichkeiten bei verschiedenen Universitäten zu erkunden und Dich zu „verkaufen“: am besten schon zwei Jahre, bevor Du Dein Studium beginnen möchtest.

Sport ist auch ohne Stipendium interessant

Aber denke daran, daß Du in den USA studieren und Deinen Sport ausüben kannst, auch wenn Du kein Stipendium bekommst. Viele amerikanische Studenten sind Mitglieder eines Teams oder eines Vereins. Fast alle Universitäten bieten die Möglichkeit, auf hohem

Niveau Sport zu treiben. Wenn man ein Stipendium erhält, kann das eine wunderbare, außergewöhnliche Erfahrung sein, aber natürlich ist es auch eine große Verpflichtung und Verantwortung.

Der NCAA

Die Bewerbung ist reglementiert

Die National Collegiate Athletic Association (NCAA) ist ein privater unabhängiger Verband für den amerikanischen Universitätssport. Mitglieder der NCAA sind die Universitäten. Die wichtigste Funktion der NCAA ist die Regelung von universitären Wettkämpfen: Die NCAA entscheidet, welche Sportarten *NCAA Sports* sind, wann und wo Turniere gespielt werden, wann Teams trainieren, wann ein Trainer zuerst mit einem oder einer sportlich interessanten Studierenden in spe (*Prospect*) sprechen kann und viele andere Dinge. Es wird mehr geregelt, als Du Dir vorstellen kannst. Die meisten Regeln, die die *Prospects* betreffen, dienen dem Schutz der Privatsphäre von außergewöhnlich talentierten Schulsportlern. Zudem sollen alle Trainer dieselbe Chance haben, diese Sportler anzuwerben.

Minimale akademische Anforderungen

Um einen Sport an einer NCAA-Universität auszuüben, muß man nur minimalen akademischen Anforderungen genügen. Die Anforderungen sind im Kasten aufgeführt. Keine Sorge, sie sind nicht schwierig zu erfüllen. Jede Sportler und jede Sportlerin muß unterschreiben, daß er oder sie bisher kein Geld für die Ausübung des Sports erhalten hat. In die meisten Sportarten muß man sich regelmäßigen Doping-Kontrollen unterziehen.

Jeder Sport hat seine Saison

Jeder Sport hat eine Saison: Fußball und Football sind Herbstsportarten, Basketball und Schwimmen Wintersportarten und Leichtathletik, Baseball und Softball Frühlingssportarten.

Die Jahreszeiten der Sportarten M= Männer und F= Frauen	
HERBST	
Cross Country (M & F)	Rasenhockey (F)
Football (M)	Fußball (M & F)
Volleyball (F)	Wasserball (M)
WINTER	
Baseball (M)	Fechten (M & F)
Turnen (M & F)	Eishockey (M & F)
Schießen (M & F)	Skilaufen (M & F)
Schwimmen	Kunstspringen (M & F)
Ringen (M)	Hallenleichtathletik (M & F)
FRÜHLING	
Basketball (M & F)	Golf (M & F)
Lacrosse (M & F)	Softball (F)
Tennis (M & F)	Außenleichtathletik (M & F)
Volleyball (M)	

Du hast sechs Jahre Zeit

Du solltest in vier Jahren den *College*-Abschluß machen, auch wenn mehr und mehr Studenten bei großen Universitäten länger als vier Jahre benötigen. Deshalb hat der NCAA die Regel eingeführt, daß man jeden Sport maximal vier Saisons innerhalb von sechs Jahren ausüben darf und ein Stipendium nur für fünf Jahre bekommen kann. Das heißt, man darf mehr als einen Sport ausüben, aber jeden nur für vier Saisons. Das zusätzliche Förderjahr ist eine Reserve im Fall von Krankheit, Verletzungen oder akademischen Schwierigkeiten, die einen Sportler einsatzunfähig machen können. Die Webseite der NCAA ist ein guter Weg, um sich die genauen Regeln anzuschauen und die relevanten Webseiten der Universitäten zu finden.

Nützliche Webseiten

http://www.NCAA.org

Die Regeln ändern sich häufig. Es ist eine gute Idee, die NCAA oder einen Trainer zu fragen, wenn Du etwas nicht verstehst.

Emerging sports

Es gibt auch einige Sportarten, die der NCAA *Emerging Sports* der Damen genannt hat. Nur ein paar Universitäten bieten sie an, und es gibt nicht viel Geld für Stipendien. Diese Sportarten sind: Bogenschießen, Badminton, Bowling, Reiten, Squash, Synchronschwimmen, Handball und Wasserball.

Divisions I, II und III

Die ***Divisons*** sind von Sport zu Sport verschieden

Die Universitäten, die der NCAA angliedert sind, sind in drei Kategorien geteilt, *Division I, II* und *III.* Unterschiedliche Sportarten können bei derselben Universität in verschiedenen *Divisions* sein. Tennis ist beispielsweise in *Divison I* und Squash in *Division III.*

Es gibt auch verschiedene Verbände in jeder *Division*, vielleicht hast Du von den *Big Ten* oder den *Ivy League* gehört, ja, *Ivy League* ist ein athletischer Verband! Es gibt keine Sportstipendien in der *Division III* (oder in den *Ivy League*). Ganze oder *Full*-Stipendien kann man vor allen in der *Division I* bekommen. Es gibt verschiedene Regeln in jeder *Division*, über Anzahl von Stipendien, Spielanzahl pro Saison, akademische Anforderung und anderes. Kurzum, *Divison I* hat den härtesten Wettbewerb. In der *Division I* mußt Du nicht nur das ganze Jahr hindurch einen riesigen Zeitaufwand für Training in Kauf nehmen, sondern man muß in manchen Fällen mit der Mannschaft zusammenleben und studieren. *Division II* und *III* können auf hohen sportlichen Niveau stehen, das kommt immer auf Universität, Sport und Verband an.

Es ist deshalb sehr wichtig zu entscheiden, welche *Division* die beste für Dich ist.

IVY LEAGUE

Die *Ivy league* sind ein Zusammenschluß von *College*s und Universitäten, die äußerst prestigeträchtig sind. Der Name ist aufgrund der Efeuberankung entstanden, welche die altehrwürdigen Gebäude dieser ausgewählten Universitäten ziert.

Ursprünglich ist der Zusammenschluß aus rein sportlichen Gründen unternommen worden. Da die *Ivy league College*s sich aber nicht als Kaderschmieden für Sportler verstehen, ganz im Gegenteil, haben sie untereinander eine Abmachung, daß *Ivy league Colleges* keine Stipendien ausschließlich aufgrund von sportlichen Leistungen erteilen. Wenn Du aufgrund von Sport ein Stipendium bekommen möchtest, sind die Chancen an einem anderen *College* also wesentlich größer. Dies ist der Fall, obwohl die *Ivy league* alle über äußerst gute Sportteams verfügen. Sport spielt bei den *Ivys* eine große Rolle, und ein guter Sportler mit annehmbaren Noten hat möglicherweise gute Chancen, angenommen zu werden.

NAIA und andere Organisationen

Nicht nur der NCAA reglementiert

Nicht alle Universitäten sind dem NCAA angliedert. Einige gehören anderen Organisationen an, zum Beispiel der National Association for Intercollegiate Athletics (NAIA) oder einem Verband der *Community colleges*. Diese Universitäten sind nicht so anerkannt wie NCAA-Universitäten, aber die meisten können auch Stipendien, meistens kleinere Teilstipendien, ausgeben. (Ein *Community college* ist eine recht billiges, zwei Jahre dauerndes *College*. Ein paar haben relativ gute Sportprogramme.) Der NAIA hat zwei *Divisions: I* und *II*.

Stipendien

Stipendien sind schwierig zu erhalten

Es ist sehr schwer, ein Stipendium zu bekommen; nur 1-2 % der Studentensportler in den USA bekommen Stipendien. Ein Stipendium ist Geld, das Dir geschenkt wird. Du mußt es nicht zurückzahlen. Es gibt andere Arten der finanziellen Unterstützung, die man zurückzahlen muß. Um sicher zu sein, daß Du ein echtes Stipendium erhalten hast, bitte den Trainer, um eine schriftliche Garantie.

Hüte Dich vor Diensten im Internet, die versprechen, Dir ein Stipendium zu besorgen. Sie können Dir kein Stipendium garantieren und versuchen manchmal nur, Geld zu verdienen. Es gibt natürlich auch seriöse Anbieter, aber Du solltest das Angebot gut prüfen. Kleine deutsche Anbieter, die sich auf Sportstipendien spezialisiert haben, sind die folgenden:

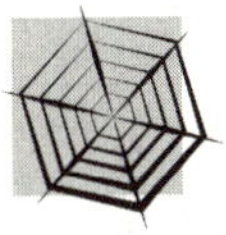

College Contact
Webseite: http://www.college-contact.de

Die Adresse von College Contact ändert sich gerade, die aktuelle kannst Du bei TIA erfragen.

Pro College Agency
Vielohweg 126c
22455 Hamburg
Tel.: 04103 914547
Webseite: http://www.pro-college-agency.de

Anzahl der Stipendien

Die NCAA entscheidet, wie viele Stipendien pro Sport eine Universität in *Division I* oder *II* ausgeben kann. Die Anzahl, die die NCAA festlegt, ist die maximale Anzahl der zugelassenen Stipendien. Die meisten Universitäten geben weniger aus, weil sie nicht genug Geld haben, um die von der NCAA festgelegte Anzahl zu vergeben. Frag den verantwortlichen *Coach* an den Universitäten, wie viele Stipendien für Deine Sportart vergeben werden.

Equivalency* und *Head-count

Es gibt zwei verschiedene Sorten von Stipendien: *Equivalency*- und *Head count*-Stipendien. Zum Beispiel: Im *Division I* Schwimmen der Damen könnte eine Universität vierzehn *Equivalency* Stipendien ausgeben. Das heißt, ein Trainer könnte entscheiden, ob er vierzehn vollständige, sieben vollständige und vierzehn halbe oder 28 halbe Stipendien ausgeben möchte. In *Headcount*-Sportarten sind alle Stipendien Vollstipendien und können nur von einem Sportler oder einer Sportlerin benutzt werden. *Head count*-Sportarten (alle *Division I*) sind Basketball und Football der Männer und Basketball, Turnen, Tennis und Volleyball der Damen.

Voll- und Teilstipendien

Ein Vollstipendium schließt Schulgeld, Zimmer und Verpflegung, Bücher und verschiedene andere Ausgaben ein. Ein Halb- oder ein Viertel-Stipendium, auch Teilstipendium genannt, würde einen Teil der gesamten Summe decken. Es gibt ein neues Gesetz, das am 1. August 1999 in Kraft tritt, demzufolge auch ein ausländischer Student ein echtes Vollstipendium bekommen kann. Früher hat die US-Regierung Stipendien für Ausländer mit 14% besteuert, jetzt bekommen auch Ausländer die volle Summe. Auf keinen Fall solltest Du mehr als die gesamte Summe, irgendwelche Geschenke oder ein sechsgängiges Abendessen im Nobelhotel annehmen. Solche Anreize sind absolut verboten: Wenn bekannt wird, daß Du Bestechungsgelder oder Sondervergünstigungen erhalten hast, darfst Du Deine Sportart an der Universität nicht mehr ausüben und wirst unter Umständen sogar ausgewiesen.

Stipendien müssen erhalten werden

Es ist sehr wichtig zu wissen, daß Stipendien nicht für die ganzen vier Jahre garantiert sind. Sie werden jedes Jahr erneut vergeben. Bei der Vergabe kommt es auf Noten, Benehmen und Zusammenarbeit mit der Mannschaft an. Das heißt nicht, daß ein schlechter Tag ein Stipendium in Frage stellt. Aber wenn man nicht spielen kann, beispielsweise wegen einer schlimmen Verletzung, oder wenn der Trainer nicht zufrieden ist, kann man das Stipendium verlieren, ganz ähnlich wie bei einem Job. Deshalb solltest Du eine Universität wählen, die Du auch dann gern besuchen würdest, wenn Du keinen betreiben könntest und kein Stipendium bekommen würdest.

Welche Sportler Trainer sich wünschen

Talent, ***Coachability*** und Benehmen

Wie entscheidet ein Trainer, wer diese wertvollen Stipendien erhalten wird, und wie findet er diese außerordentlichen Sportler? Jeder Trainer sucht nach unterschiedlichen Eigenschaften. Es gibt allerdings ein paar Eigenschaften, die fast alle Trainer suchen: Dies sind Talent, *Coachability* und Benehmen.

Talent

Recruiting

Natürlich mußt Du ein ausgezeichneter Athlet sein, um ein Stipendium bekommen zu können. Aber wie kann ein Trainer auf der anderen Seite des Atlantischen Ozeans wissen, wie gut Du bist? Universitätstrainer besuchen viele *High schools* und Sportveranstaltungen, schreiben Briefe, telefonieren und treffen sich mit *High school*-Sportlern. Dieser ganze Prozeß heißt *Recruiting.* Da Du einen Trainer kaum auf einer solchen Veranstaltung treffen willst, mußt Du die Initiative ergreifen und Dich vorstellen.

Der NCAA regelt ***Recruiting***

Der NCAA hat viele *Recruiting*-Regeln erlassen: Er legt fest, wann ein Trainer mit *Prospects* Kontakt aufnehmen darf und wann *Prospects* die Universität besuchen können. Du kannst die kompletten Regeln auf der NCAA-Website finden.

Coachability

Mit dem Team wachsen

Coachability meint die Fähigkeit, mit einem Trainer zu arbeiten und von ihm zu lernen. *Coachable* Sportler erkennen an, daß sie nicht perfekt in ihrer Sportart sind, und möchten mit einem Trainer und dem Team – nicht allein oder gegen sie – arbeiten, um besser zu werden. Trainer lieben *coachable* Sportler, deshalb solltest Du den Universitätstrainer überzeugen, daß Du *coachable* sind.

Benehmen

Gutes Benehmen ist Pflicht

Manche berühmten Athleten sind für ihr schlechtes Benehmen bekannt: Sie haben Wutanfälle, kämpfen auf unsportliche Weise und geben in der Mitte eines Spiels auf. Die Stars kommen meist ungestraft davon, aber ein solches Betragen wird im US-Universitätssport nicht akzeptiert. Trainer suchen Sportler, auf die sie sich verlassen können, 110% bei jedem Spiel und beim Training. Sportler, die ihren Mannschaftkameraden helfen und sie begeistern und selbst einen mächtigen Antrieb haben, sich kontinuierlich zu verbessern. In den Augen eines Trainers sind positive Haltung und gutes Benehmen genauso wichtig oder wichtiger als außerordentliches Talent.

Die akademische Seite

Das Studium sollte im Mittelpunkt stehen

Vorrangig besucht man eine Universität, um zu studieren, und so hängt natürlich viel von Deinen akademischen Leistungen ab. Trainer suchen Studentensportler, die nicht nur gute Sportler, sondern auch gute Studenten sind. Die NCAA hat minimale akademische Standards festgelegt, die man erfüllen muß, um einen Sport auszuüben. Die akademischen Standards bei amerikanischen Universitäten variieren stark, deshalb sind Deine Noten und SAT/ACT-Ergebnisse gute Hinweise, welches *College* gut für Dich ist.

NCAA Academic Qualifikation Index

NCAAs Vorschriften für Deutsche

Um eine Universität zu besuchen, muß man eine der folgenden Voraussetzungen erfüllen:

- Zeugnis der Fachhochschulreife
- Abitur
- Zeugnis der Fachgebundenen Hochschulreife

Mindestens „ausreichend“

Du mußt einen minimalen Notendurchschnitt (GPA) besitzen. Einen Notendurchschnitt von mindestens 3,5 bis 4,0 auf einer

Skala von 1-6 beziehungsweise mindestens 4,0 bis 5,8 auf der Skala von 1-15 Punkten. Das ist nicht sehr viel, allerdings ist eine höhere Punktzahl immer besser.

Du erhältst die Chance, Dich zu verbessern

Wenn Du diesen Standards nicht entsprichst, kannst Du ein *Partial qualifier* sein. Das bedeutet, daß Du vorerst kein Sportstipendium bekommen kannst. Du erhältst allerdings eine Chance, Deine Noten zu verbessern. Wenn Du im ersten Jahr am *College* dem NCAA Index entsprechend ausreichende Noten bekommst, kannst Du Stipendien für die übrigen drei Jahre erhalten.

VORURTEILE

Aus der Praxis der *Colleges*, auch Sportler mit schlechteren akademischen Leistungen aufzunehmen, entsteht ein Vorurteil: Sportler können dumm sein und werden trotzdem angenommen. Viele Studenten glauben auch, daß Sportler nicht ernsthaft studieren oder ihre Kurse besuchen müssen. Normalerweise stimmt das nicht, schon gar nicht bei guten *Colleges* und Universitäten. Du solltest aber wissen, was andere Studenten eventuell von Dir halten, bevor sie Dich kennengelernt haben. Wenn Du zeigst, daß Du das Studium ernst nimmst, hilfst Du, das Vorurteil zu widerlegen.

Clearinghouse

Die Leistungen werden überprüft

Bevor man einen NCAA *Division I* oder *II* Sport ausüben darf, muß man sich beim NCAA *Clearinghouse* anmelden. Du mußt Deine Zeugnisse und Prüfungsergebnisse einschicken. Wenn Du Dich bei einer Universität bewirbst, solltest Du dort fragen, wie Du Dich bei der NCAA anmelden sollst und ob Dir ein Teil der Arbeit abgenommen wird.

Welche Universität?

Auch andere Kriterien berücksichtigen

Die wichtigste Entscheidung, die Du treffen mußt, ist die Wahl der Universität. Du kannst erst mal so vorgehen, wie in Schritt 2 beschrieben.

Vergiß kurz den Sport. Entscheide Dich, ob Du eine ländliche oder städtische, große oder kleine Universität besuchen möchtest. Welche Fächer möchtest Du studieren? Ist es wichtig für Dich, daß viele internationale Studenten Deine Universität besuchen? Möchtest Du eine liberale oder eine eher konservative Studentenschaft?

Die passende ***Division***

Jetzt kannst Du auch über Sportprogramme nachdenken. Die meisten Universitäten sind *Division I*-Mitglieder. Glaubst Du, daß Du gut genug für die *Division I* bist? Dann finde heraus, welche Universitäten Deine Sportart in *Division I* anbieten (oder *Division II* oder *III*).

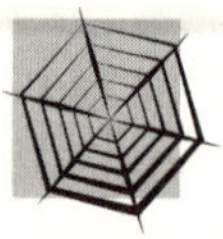

Nützliche Webseite

http://www.ncaa.org/scholarships

Die Website zeigt, welche Universitäten welche Sportarten anbieten.

Buchtip

Peterson's Sports Scholarships & College Athletic programs, Peterson's 1998.

Informationen sammeln

Informiere Dich darüber, welche Sportprogramme die besten sind. Die Leistungen der Teams von der letzten Saison und die Verbände, zu denen sie gehören, sind gute Kriterien. Versuche in Erfahrung zu bringen, wie viele Stipendien die Universitäten für Deinen Sport vergeben.

Eine Liste anfertigen

Vergleiche diese Universitäten mit Deinen Kriterien und mach eine Liste von ungefähr zehn Universitäten, über die Du mehr herausfinden möchtest. Ein paar von diesen Universitäten sollten niedrige akademische Standards haben. Diese nennen die Amerikaner *Back-up schools*. Füge Deiner Liste mindestens drei *Division II* oder *III*-Universitäten hinzu. In *Division I* herrscht ein sehr starker Konkurrenzkampf, und es ist sehr schwer, einen Platz im Sportprogramm zu bekommen. Es gibt auch Überschneidungen zwischen den *Divisions*, wenn Du nur die *Division* eines Sportprogrammes kennst, kannst Du nicht genau wissen, wie gut das gesamte Sportprogramm ist.

Flexibel bleiben

Jetzt hast Du eine Liste, ein wichtiger Schritt, aber Deine Liste ist nicht in Stein gemeißelt, vielleicht wirst Du etwas Neues herausfinden und mußt die Liste wieder verändern. Das ist okay, es ist wichtig, daß Du später wirklich zufrieden mit Deiner Universität bist.

Kontakt aufnehmen

Früh anfangen

Nachdem Du so viel wie möglich über die Universitäten auf Deiner Liste über das Internet und aus Büchern herausgefunden hast, ist es Zeit, Kontakt aufzunehmen. Am besten solltest Du im Herbst oder Winter zwei oder eineinhalb Jahre vor dem Herbst, in dem Du anfangen möchtest, Kontakt aufnehmen. Du wohnst in Europa und kannst nicht erwarten, daß Dir die *Coaches* die Tür einrennen werden. Diese Stellung hat sowohl Vorteile als auch Nachteile. Wirklich außerordentliche Sportler in den USA bekommen zahllose Anrufe und Briefe. Universitätstrainer besuchen alle ihre Spiele und Wettbewerbe. Die Sportler werden bei der Wahl ihrer Universität stark unter Druck gesetzt. Leute auf der Straße fragen sie, welche Universität sie besuchen werden und ob sie ein Autogramm bekommen könnten...

Nein, so schlimm ist es nicht wirklich, aber es kann eine sehr anstrengende Situation sein. Du hast damit kein Problem, statt dessen liegt es in Deiner Verantwortung, die Initiative zu ergreifen. Du mußt die Aufmerksamkeit der Trainer auf Dich ziehen.

So stellst Du Dich am besten vor

Lebenslauf, Sportlerlebenslauf und Anschreiben

Zuerst schickst Du jedem Trainer ein Anschreiben, einen normalen Lebenslauf und einen Sportlerlebenslauf. Später können ein paar Trainer auch eine spezielle Anmeldung oder ein Formular haben wollen. Du solltest Dich in dem Anschreiben dem Trainer vorstellen. Schreibe, warum Du an seinem oder ihrem Sportprogramm interessierst bist, wann Du an der Universität anfangen könntest, wie lange und wo Du für Deinen Sport trainiert hast. Du mußt den Trainer überzeugen, daß Du eine wertvolle Ergänzung für die Mannschaft bist.

Offenheit signalisieren

Signalisiere Deine Offenheit für Neues. Die Trainer sind an flexiblen Sportlern interessiert, die auch mal in einer anderen Position spielen oder einen andersartigen Wettkampf bestreiten. Du solltest ein paar Fragen stellen, deren Antworten Du nicht im Internet finden konntest. Wie viele Leute sind im Team? Was ist ihre Trainingsphilosophie? Bitte den Trainer um weitere Informationen, gib ihm Deine Adresse und, wenn möglich, auch eine Email-Adresse.

Genaue Angaben machen

Dein Lebenslauf sollte Jobs und Praktika, Noten und die Daten Deiner Schullaufbahn beinhalten. Dein Sportlerlebenslauf ist natürlich wichtig. Du solltest darin angeben, wo und wie lange Du gespielt hast, Deine Position und Deine Aufgaben im Team beschreiben, Ehrungen oder Auszeichnungen auflisten. Zusätzlich solltest Du Turniere angeben, an denen Du teilgenommen hast, die jeweiligen Ergebnisse sowie andere Information, von denen Du glaubst, daß sie für den Trainer interessant sind. Natürlich sehen Sportlerlebensläufe für verschiedene Sportarten sehr unterschiedlich aus.

Fakten überzeugen

Denke daran, konkrete Zahlen sind am überzeugendsten. Wie schnell Du 100 Meter laufen oder schwimmen kannst, Dein niedrigstes Golf Handikap, wie viele Tore Du in einer Saison geschossen hast usw. All das gibt Auskunft über Deine Leistung. Konzentriere Dich auf Deine eigenen Leistungen, nicht auf die

Deiner Mannschaft. Einen Trainer interessiert nicht, ob Deine Mannschaft im Jahre 1994 den zweiten Platz belegt hat, sondern Deine Rolle bei den Erfolgen.

Tom Granier

Froehliche Straße 640
34293 Oberdorf
Germany
Phone: +49 375 938203

Sport

Soccer

Position

Defender and Sweeper, willing to learn others

Experience

1994 - present

EC Doerdan (city club), starting defender

Trainer: Helmut Kade: phone + 49 375 937492

Apr. – Aug. 1998

European Tour with Under-19 Bayern Team,

starting sweeper

Trainer: Andre Schmitz: phone +49 8657 76478

Aug. 1996 - April 1998

Coached NV X-ers, Boys Under-10 Team

June 1997

Futbol United (Italian soccer camp conducted by

Division IA players)

Program Director: Kristian Visioli: phone: + 49 3843 847 99

Honors and Awards

- 1999 AEC Doerdan, First Place in Intra-State Winter Championships

- 1998 Luisburg (city league) Most Valuable Player of the Year
- 1998 AEC Doerdan, Second Place in Luisburg Championships
- Best Defender, Under- 19 Bayern 1998
- Most Improved Player, Futbol United

References

Helmut Kade, Trainer AEC Doerdan
Am Vanderburg 9
34276 Oberdorf
Germany
phone: +49 0375 937492

Anders Stephanson, Trainer Bayern Under-19 State Team
Joseph Anhoven Str. 23
34293 Munich
phone: +49 865 776478

Kristian Visioli, Director Futbol United Soccer Camp, Former Italian IA Player
523 Aliaza S.
Rome 98686
Italy
phone: +39 1 384 3847 99

Selbstvermarktung

Sei nicht bescheiden, Du mußt Dich verkaufen. Ein Trainer hat viele Sportler, die für ihn spielen möchten, deshalb mußt Du auffallen. Je mehr Du einem Trainer zeigen kannst, desto besser. Leg Zeitungsartikel oder andere Dokumentationen Deiner Fähigkeiten zu dem Lebenslauf.

Ein Empfehlungsbrief ist sehr hilfreich. Wenn Dein Trainer kein Englisch kann, kannst Du den Brief übersetzen lassen. Es wäre prima, wenn Du auch ein Video von Dir machen könntest. Aber die Videogeräte in den USA sind anders als die deutschen, Du müßtest Dich mit der Uni absprechen, was für ein Gerät Du benötigst. Ansonsten hilft die unten angegebene Agentur Pro-College-Agency bei der Erstellung eines Videos.

Dann kommt der schwerste Teil, das Warten, aber keine Sorge, relativ schnell wird Dein Briefkasten vor *College*-Broschüren überquellen.

Der College-Besuch

Versuche, Kontakte zu knüpfen

Du kannst das College besuchen, bevor oder während Deine Bewerbung bearbeitet wird. Nachdem Du Informationen an die Universitäten auf Deiner Liste verschickt hast, solltest Du möglichst in Kontakt mit den Trainern der Universitäten, die Dich interessieren, bleiben. Erkundige Dich, was Du tun kannst, um mehr über die Universität zu erfahren, ob Du mit anderen Studentensportlern sprechen oder emailen kannst. Dann kannst Du erfahren, wie die Saison der Mannschaft ist oder war, ob es Absolventen (*Alumni*) in Deiner Gegend gibt, mit denen Du sprechen kannst usw.

Ein Besuch ist von Vorteil

Prima wäre es, die ausgewählten *Colleg*es zu besuchen, was natürlich aufgrund der Distanz manchmal schwierig ist. Wenn Du es einrichten kannst, solltest Du einen Termin mit den Trainern absprechen.

Universitäten und *Colleges* sehen in ihren Hochglanzbroschüren sehr ähnlich aus: Alle haben hochwissenschaftlich aussehende *Science Departments* und frisches, leckeres Essen in der Mensa mit glücklichen Studenten. Deshalb ist es absolut notwendig, mindestens ein paar zu besuchen. Vor Deinem Besuch solltest Du die Besuchsregeln des NCAA, zum Beispiel, wann und wie lange der Besuch sein darf, konsultieren.

Der Campus

Termine machen

Wenn Du eine Universität besuchst, solltest Du einen Termin mit dem Trainer und dem Zulassungsbüro machen. Vielleicht kannst Du bei einem Mitglied der Mannschaft übernachten. Besuche nicht nur die Sportanlagen und Umkleideräume, sondern auch ein paar Kurse; sprich mit Professoren und Studenten über Deine akademischen Interessen, die akademischen Anforderungen, das Kursangebot, Freizeitmöglichkeiten, Campus-Traditionen, das Wetter, Musik, kurz: alles, was Dich interessiert.

Das Vorgehen absprechen

Bevor Du die Universität verläßt, frage den Trainer, wie sich der weitere Verlauf der Bewerbung gestaltet. Nach den NCAA-Regeln kannst Du, so oft Du willst, Kontakt mit einem Trainer aufnehmen. Es ist sehr wichtig, daß Du dem Trainer Bescheid gibst, ob Du an seiner Universität Interesse hast oder nicht. Der beste Weg, Dein Interesse mitzuteilen, ist es, Dich an der Universität zu bewerben.

Bewerbung

Back-up schools

Jetzt hast Du einen guten Überblick, welche Universitäten Dir gefallen. Die meisten Universitäten haben Bewerbungstermine Ende Dezember oder Anfang Januar. Deshalb solltest Du im Herbst des Jahres, bevor Du eine Universität besuchen möchtest, wissen, bei welcher Universität Du Dich bewerben willst. Bewirb Dich mindestens bei einer *Back-up school*, bei einer Universität, von der Du weißt, daß sie Dich annehmen wird und an der Du Deine Sportart ausüben kannst. Du mußt Dich bis April oder Mai nicht endgültig entscheiden, jedenfalls nicht, wenn Du kein Stipendiumsangebot bekommst.

Stipendium

National Letter of Intent

Vielleicht hat ein Trainer Dir ein Stipendium angeboten. Vielleicht hat er einen *National Letter of Intent* angeboten. Dieser *Letter* ist in Wirklichkeit ein Vertrag zwischen Dir und einer Universität. Du verpflichtest Dich, eine Universität für ein akademisches Jahr zu besuchen und Deine Sportart auszuüben, und die Universität verpflichtet sich, Dir ein Stipendium für ein Jahr zu geben. Nachdem Du diesen Vertrag unterschrieben hast, darf Dich keine andere Universität rekrutieren. Das *National Letter of Intent*-Programm wird nicht vom NCAA verwaltet, sondern bei der *Collegiate Commissioners Association*.

Verhandeln

Wenn Du ein herausragender Sportler bist, kann es passieren, daß eine Universität Dich kurz nach Deiner Bewerbung akzeptiert, allerdings mit der Bedingung, daß Du sofort zusagst. In diesem Fall lohnt es sich, die anderen Universitäten anzurufen und Ihnen von dem Angebot zu erzählen. Möglicherweise werden sie Dir nach kurzer Zeit ein Gegenangebot machen.

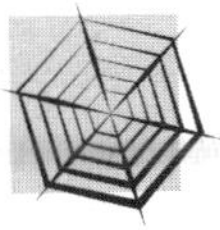

Nützliche Webseite

http://www.national-letter.org

Fragen stellen

Hab keine Scheu, den Universitätstrainer zu fragen, wenn Du weitere Dinge wissen möchtest. Außerdem mußt Du – ganz nebenher – den normalen Anmeldungsprozeß bewältigen. Dazu findest Du in diesem Buch genug Hilfestellung.

Jetzt solltest Du keine weiteren Zweifel haben, ob es möglich ist, ein Stipendium zu erhalten. Du bist ein außerordentlicher Sportler und kannst jetzt in Amerika mit anderen außerordentlichen Sportlern spielen und noch besser werden. Viel (aber nicht zu viel, denn Du mußt auch studieren) Spaß!

Kleines Sport-Glossar

Contact
Wenn ein Trainer einem Sportler mehr als „Hello" sagt

Early Signing
Auch *Fall Signing* genannt, dauert ungefähr eine Woche, die der NCAA bestimmt. Die meisten Sportler unterschreiben den *National Letter of Intent* zu dieser Zeit.

Full Scholarship
Auch *Free Ride* genannt. Die Summe, die der Besuch einer Uni für ein Jahr kostet.

NAIA
Die National Association for Intercollegiate Athletics, eine kleinere Organisation mit ähnlicher Verantwortung wie die NCAA.

National Letter of Intent
Ein Vertrag, den ein Sportler mit einer Universität unterschreibt, um die Universität für ein Jahr besuchen zu können und ein Stipendium zu bekommen.

NCAA
Die National Collegiate Athletic Association, eine Organisation, die die Regeln für Universitätssport festsetzt.

NCAA Clearinghouse
Das Büro, zu dem *Division I-* und *II-*Sportler ihre Zeugnisse und Prüfungsergebnisse schicken müssen.

Official Visit
Ein Besuch an einer Universität, für den die Universität bezahlt.

Partial Scholarship
Ein Stipendium, das nicht alle Kosten, sondern nur einen Teil davon abdeckt.

Prospect
Ein *Prospective student*, auch *Prefrosh* genannt. Ein *Prospect* ist jemand, der Interesse an der Universität hat.

Recruit
Ein *Recruit* ist ein *Prospect*, den der Trainer rekrutierte. *Recruits* haben ausgezeichnete Chancen, Stipendien zu bekommen.

Redshirt
Ein Sportler, der ein Stipendium bekommt, aber nicht mit der Mannschaft spielt (wegen Verletzung, schlechter Noten, zu vieler Sportler in der Mannschaft). Nach einem Jahr als *Redshirt* hat man noch vier Jahre übrig.

Tryout
Ein Ausscheidungskampf. Sie sind illegal, bevor man einen *Letter of Intent* mit einer *Division I*-Universität unterschrieben hat, aber legal für einige *Division II*-Sportarten. Die meisten Mannschaften in allen drei *Divisions* haben *Tryouts*, bevor die Saison beginnt.

Walk-on
Jemand, der kein Stipendium erhalten hat, aber zu einem Ausscheidungskampf geht. *Walk-ons* können einen Platz in der Mannschaft gewinnen und für das zweite Jahr ein Stipendium bekommen. *Walk-ons* werden nur in *Division I* und *II* praktiziert.

Becky Trout aus Kansas ist eine begeisterte Sportlerin. Sie wird im Jahre 2000 in Wesleyan – dem einen echten Wesleyan! – ihren *College*-Abschluß machen. Ihre Hauptfächer sind Biologie und Government. Ab Herbst 1999 ist sie Chefredakteurin für Wesleyan Argus, einer zweimal wöchentlich erscheinenden Zeitung der Universität.

„Ich liebe Sport. Ich bin im *Cross country*-team, laufe häufig fünf oder zehn Kilometer und halbe Marathons - hoffentlich eines Tages einen echten Marathon!

Seit ich fünf Jahre alt bin, spiele Fußball (schon 16 Jahre!) – früher war ich Teil des Kansas Olympic Development Team und des Western Australia Women's State Team (mit Aussie national athletes). Da hatte ich zwar nicht so viel Spielzeit, aber es war trotzdem ein wunderbares Erlebnis. Ich war *High school captain* und vier Jahre *Starter*, jetzt spiele ich zum Spaß. Wenn Du in Connecticut oder Kansas bist, ruf mich an und *we can kick around the ball oder go for a run*!"

Schritt 6: Standardisierte Tests

Es gibt standardisierte Tests, die von allen Studenten abgelegt werden müssen und die über Zulassung an oder Ablehnung von der Hochschule mitbestimmen. Gute Testergebnisse sind auch bei der Vergabe von Stipendien durch die Universitäten wichtig. Für verschiedene Studienrichtungen existieren verschiedene Tests. Standardmäßig gibt es Tests, die (fast) immer verlangt werden, wenn eine bestimmte Studienrichtung studiert werden soll. Zudem müssen alle internationalen Bewerber den TOEFL-Test ablegen. Manchmal wird hier eine Ausnahme gemacht, etwa wenn Du eine gute Punktzahl in einem anderen verlangten Test erreicht hast, der auch sprachliches Wissen prüft, oder wenn Du schon länger in den USA zur Schule gegangen bist oder studiert hast.

Zeit, den Test abzulegen

Wiederholung sollte möglich sein

Schön ist, wenn man die Tests zweimal machen kann. Vielleicht hast Du einen besonders schlechten Tag und bist viel schlechter als bei den Übungstests. Dann kannst Du nämlich die Ergebnisse sofort nach dem Test löschen und den Test wiederholen.

Zahlreiche Testtermine

Das bedeutet, daß Du Dich frühzeitig anmelden mußt. Durch die computerisierten Tests ist vieles leichter geworden, und man ist bei einigen Tests nicht mehr auf seltene Testtermine angewiesen, sondern kann sich jederzeit in den Testzentren prüfen lassen. Wenn Du Deine Zeit großzügig planst, bleibt zumindest die Möglichkeit für einen zweiten Versuch.

Sperrfristen

Dabei mußt Du darauf achten, ob es Sperrfristen zwischen der Wiederholung der Tests gibt. Den TOEFL darf man zum Beispiel nur einmal im Monat ablegen. Abgesehen davon kostet jeder Test immer einige Dollar, und schon deshalb ist Vorbereitung wichtiger als häufige Testwiederholung.

Vorbereitung ist entscheidend

Entscheidend ist, nicht „auf einen guten Tag“ zu vertrauen, sondern auf gezielte Vorbereitung.

Die Tests sollen Deine Fähigkeiten für das *College* oder die Universität prognostizieren, aber es sind keine Intelligenztests. Das heißt, mit guter Vorbereitung kann man sein Ergebnis erheblich verbessern. Die Fragen von SAT, GMAT und LSAT und GRE folgen immer dem gleichen Schema.

Der GRE hat einen verbalen Teil, der Leseverstehen und Vokabular prüft. Ich habe einmal 2.500 Vokabeln gelernt und konnte damit im verbalen Test des GRE unter die besten 4% aller Getesteten gelangen, die ja zum überwiegenden Teil amerikanische Muttersprachler sind. Das liegt (leider) nicht an genialischer Intelligenz, sondern am Vokabeln pauken und einer großen Kiste voller Karteikarten (*Flash cards*). Gleiches gilt für Mathematik und logische Fragen. Gute Vorbereitung bringt gute Ergebnisse, so einfach ist das. Gute Testergebnisse machen Eindruck, sehr gute Testergebnisse können die Annahme an einer guten Universität bedeuten, trotz Mängel in der Bewerbung.

Vorbereitung

Bücher und Kurse

Es gibt teure Vorbereitungskurse und Unmengen Literatur. Zwei große und renommierte Anbieter für Vorbereitungskurse jeglicher Art sind Kaplan und Princeton Review. Informationen können auf den folgenden Webseiten nachgesehen werden.

Nützliche Webseiten

http://www.kaplan.com

http://www.princeton.com

Selbstdisziplin

Wenn Du über genügend Selbstdisziplin verfügst, reichen die Vorbereitungsbücher vollkommen aus. Einige Verlage haben sich auf Testvorbereitung spezialisiert, z.B. Princeton Review, Kaplan, Arco, Barron‘s und Peterson’s. Zudem gibt ETS, die Organisation, welche die Prüfungen veranstaltet, selbst Literatur zur Vorbereitung heraus. Zu jedem Test findest Du einige Literaturhinweise. Ich selbst schwöre auf den Princeton Review und auf das Absolvieren von zahlreichen Praxistest, um Routine zu bekommen.

Wieviel Zeit Du zur Vorbereitung benötigst, hängt von Deinen Fähigkeiten ab. Ich denke, in sechs Wochen kann man sich gut auf den Test vorbereiten, viel mehr Zeit hat man meistens sowieso nicht. Am besten machst Du frühmöglichst einen Probetest und vergleichst die Ergebnisse mit den Anforderungen der Hochschule, an der Du studieren möchtest. Dann weißt Du ziemlich schnell, wieviel Zeit Du noch in die Vorbereitung investieren solltest.

Nützliche Webseite

http://www.collegeboard.org.

Hier kannst Du zum Beispiel auch eine Online-Bewertung Deiner Bewerbungsaufsätze vornehmen lassen, doch dazu später mehr.

Tests, die Englischkenntnisse prüfen

Es gibt verschiedene Tests, die Universitäten und *Colleges* von internationalen Studenten verlangen, um ihre Englischkenntnisse unter Beweis zu stellen. Meistens verlangen die Hochschulen eine bestimmte Mindestpunktzahl, die ein Bewerber erreichen muß.

TOEFL (Test of English as a foreign language)

Der TOEFL für alle

Der TOEFL wird normalerweise von allen Universitäten verlangt. Der TOEFL prüft neben Kenntnissen der geschriebenen Sprache grammatisches Grundwissen und Hörverstehen. Fast 1.000.000 Menschen jährlich, absolvieren den TOEFL.

Ausnahme für „alte Hasen“

Wenn Du schon in einem englischsprachigen Land studiert hast, kannst Du darum bitten, den TOEFL-Test nicht absolvieren zu müssen.

Seit neuestem gibt es den Computer-based TOEFL-Test, der gegenüber der alten schriftlichen Form, die nur noch in einigen Ländern außerhalb Europas angeboten wird, einige Vorteile bietet.

Der Test besteht aus vier Teilen:

1 *Listening*: Prüft die Fähigkeit, amerikanisches gesprochenes Englisch zu verstehen.

2 *Structure*: Prüft die Fähigkeit, korrektes Englisch zu erkennen.

3 *Reading*: Prüft die Fähigkeit, normales und technisches geschriebenes Englisch zu verstehen.

4 *Writing*: Prüft die Fähigkeit, einen Aufsatz über ein vorgegebenes Thema in englischer Sprache zu verfassen.

Computer-adaptive

Der Computer-based TOEFL-Test ist *Computer-adaptive*. Das heißt, Du beantwortest Fragen, und je nachdem, wie gut Du die Fragen beantwortest, wird das Schwierigkeitsniveau erhöht oder gesenkt.

Die Anmeldung kostet US$ 100 (in der aktuellen Broschüre steht fälschlicherweise US$ 125). Am bequemsten ist es, per Kreditkarte zu zahlen, auch Euroschecks werden akzeptiert.

ETS in Holland

In Europa hat der Educational Testing Service, ETS, der verschiedene Tests ausrichtet, eine Dependance in Holland. Du kannst Dich dort anmelden und Broschüren für SAT, TOEFL und GMAT erhalten. Die Broschüren stehen zudem alle auf der Webseite im pdf-Format zum Herunterladen bereit. Du brauchst dann nur zusätzlich den Acrobat Reader, der ebenfalls kostenlos im Internet heruntergeladen werden kann. Ein Besuch auf der Webseite lohnt sich und kann viel Zeit sparen.

Anmeldung

CITO/TOEFL
Postbus 1203
NL-6801 BE Arnhem
Niederlande
Tel.: 0031 26352 1480
Fax: 0031 26352 1278
Email: toefl@ets.org

Kosten

Die Testgebühr liegt bei ungefähr US$ 100.

Vorbereitung

Informationen findest Du auf folgenden Seiten im Web oder in folgenden Ratgebern.

Nützliche Webseiten

http://www.toefl.org

http://www.ets.org

Buchtip

George S. Miller, *Cracking the TOEFL*, Princeton Review 1998.

Patricia Noble Sullivan et al., *TOEFL Preparation Kit*, Arco 1998.

Diese Bücher kannst Du mit der Infokarte am Ende des Buches anfordern.

TSE (Test of spoken Englisch)

Sprechfähigkeit

Ein weiterer Test ist der TSE, der Sprechfähigkeit von Nicht-Muttersprachlern prüft. Er besteht aus zwölf Teilen. Der Getestete muß etwas erzählen, etwas empfehlen, muß jemanden überzeugen oder eine Meinung vertreten. Ein Interviewer stellt Fragen, und die Antworten werden aufgezeichnet.

Anmeldung

TSE Services
PO Box 6154
Princeton, NF 08541-6154
USA
Tel.: 001 609 771 7100
Webseite: http://www.collegeboard.org

Oder bei der holländischen TOEFL-Adresse, die oben angegeben ist.

Kosten

Die Testgebühr beträgt zur Zeit US$ 125.

Vorbereitung

Auch für diesen Test gibt es Vorbereitungsmaterial, allerdings ist es schwierig, Defizite in kurzer Zeit auszugleichen. Wenn Dein Englisch mangelhaft ist, solltest Du versuchen, einen Muttersprachler zum Sprachaustausch zu finden. Reden, reden, reden: das hilft.

TWE (Test of written English)

Teil des TOEFL

Der TWE als separater Test ist weitgehend abgeschafft. Er wird nur noch in den Ländern außerhalb Europas praktiziert, die den geschriebenen TOEFL statt des Computer-based TOEFL anbieten, zum Beispiel Algerien, Bangladesh, Pakistan oder Thailand. Allerdings ist der TWE weiterhin Teil eines jeden TOEFL und besteht im Verfassen eines argumentativen Aufsatz in englischer Sprache. Die Kosten sind in der Anmeldegebühr zum TOEFL enthalten, auch das TOEFL-Vorbereitungsmaterial berücksichtigt immer auch den TWE.

Tests für *College*-Bewerber: SAT

College-Bewerber müssen den SAT-Test absolvieren, den *Scholastic Assessment Test.* Es gibt zwei SATs. Den *SAT I Reasoning Test* und den *SAT II Subject Tests.* Du erfährst von den jeweiligen *Colleges,* welche Tests verlangt werden.

SAT I: Reasoning Test

Sprache und Mathematik

Dieser Test dauert drei Stunden. Die Fragen sind nach dem Multiple-choice-Prinzip gestaltet. Sprachliche und mathematische Denkfähigkeiten werden geprüft. Die meisten *Colleges* verlangen diesen Test. Du solltest Dich unbedingt gut darauf vorbereiten und mit dem Format und der Art der Fragestellung bestens vertraut sein. Der Test möchte zwar eigentlich Dein Potential für akademischen Erfolg testen, letztlich testet er aber hauptsächlich Deine Fähigkeit, den Test zu absolvieren.

TOEFL zählt für den Sprachteil

Bei internationalen Bewerbern ist der verbale Teil nicht so wichtig. Statt dessen werden die TOEFL-Ergebnisse betrachtet. Ein gutes verbales Testergebnis schadet natürlich nie, ist aber nicht leicht zu erreichen. Der Schlüssel zum Erfolg sind Vokabeln. Wenn Du genug Zeit hast, kannst Du einfach die Vokabellisten auswendig lernen, die in Vorbereitungsbüchern, wie Barron's enthalten sind.

Die Ergebnisse sind besser geworden

Die Bewertung der SAT-Ergebnisse wurde in den lezten Jahren verändert. Das hat den Effekt, daß die Ergebnisse heute in absoluten Zahlen höher sind als noch vor einigen Jahren. Die Gründe sind kompliziert und eigentlich auch nicht sonderlich interessant. Wichtig ist nur, daß der Vergleich von Ergebnissen nach 1995 mit denen vor 1995 für die späteren Testabsolventen von Vorteil ist. Allerdings wird dies bei Bewerbungen natürlich berücksichtigt.

Anmeldung

Anmeldung und Broschüren gibt es bei folgenden Adressen:

CITO/SAT
Postbus 1109
6801 BC Arnhem,
Netherlands
Tel.: 0031 26352 1480
Fax: 0031 26352 1278

Kosten

Die Kosten betragen momentan US$ 38.

Vorbereitung

Die Bücher vom Collegeboard sind nicht schlecht. Du kannst das Material in Amsterdam bestellen oder direkt in den USA unter Tel.: 001 609 771 7243. Per Telefon kannst Du direkt mit VISA, AMEX oder Mastercard bezahlen. Du erhältst vom Collegeboard „wirkliche“ SATs, also Prüfungen, wie sie in der Vergangenheit durchgeführt worden sind.

Nützliche Webseiten

http://www.ets.org
http://www.Collegeboard.org

Buchtip

Robinson, Adam und John Katzman, *Cracking the SAT and PSAT 1999 Ed.*, Princeton Review 1998.

Viele amerikanische Bücher kannst Du günstig direkt bei TIA in Bonn bestellen. Laß Dir einfach die Buchbroschüre schicken oder frag telefonisch nach, was für Deinen Test an Vorbereitungsmaterial im Angebot ist.

TIA
Hans-Böckler-Str. 19
53225 Bonn
Tel.: 0228 9735 0
Fax: 0228 9735 190

SAT II: Subject Tests

Fachtests

Subject Tests dauern eine Stunde, sind ebenfalls nach dem Multiple-choice-Prinzip gestaltet und überprüfen Dein Wissen in einem bestimmten Bereich. Gerade die anspruchsvolleren Universitäten empfehlen den Bewerbern, mehrere *Subject Tests* zu absolvieren. Mir wurde von einem Kommilitonen empfohlen, den *Subject Test* in Deutsch zu absolvieren, weil ich dort gut abschneiden würde. Dies ist natürlich eine alberne Empfehlung für einen Muttersprachler. Ein *College* schätzt mehr, wenn Du eine größere Herausforderung annimmst. Die Kosten für die Tests liegen bei um die US$ 40, je nachdem, welchen Test Du absolvieren möchtest.

***Subject Tests* werden für folgende Wissensbereiche angeboten:**

Writing Literature	American History & Social
Studies	World History
Math Level I	Math Level II
Biology (General)	Biology E/M
Chemistry	Physics
French	German
Modern Hebrew	Italian
Latin	Spanish

Chinese	French
German	Japanese
Korean	Spanish
English Language Proficiency Test	

Anmeldung, Kosten und Vorbereitung: siehe SAT I

Für Lernmaterial zu den verschiedenen *Subject Tests* kannst Du auch beim Buchhändler Amazon.de im Internet nachschauen. Dort kannst Du amerikanische Bücher ohne Versandkosten bestellen!

ACT (American College Test)

Dieser Test wird an einigen *Colleges* anstelle des SAT I akzeptiert. Auch dieser Test besteht aus einem mathematischen und einem verbalen Teil.

Tests für *Master*- und Ph.D.-Programme

Die meisten *Graduate schools* verlangen den GRE-Test und einen GRE *Subject Test.* Die Teststruktur ist also ähnlich wie im *College.* Für einige Programme gibt es allerdings Spezialtests.

GRE

GRE für alle Geisteswissenschaftler

Der GRE wird für die Zulassung an *Master*- und Ph.D.-Programmen benötigt. Gesondert werden verbale, mathematische und analytische Fähigkeiten bewertet.
Je nach Studienrichtung kommt meist noch ein spezieller Fachtest, ein *GRE Subject Test* hinzu, der in 16 Fachrichtungen angeboten wird. Die *Subject Test* wird nur als schriftlicher Test angeboten.

Computer oder Papier

Der GRE wird als Computer-based Testing (CBT) oder auf dem Papier angeboten. Beide Tests unterscheiden sich hinsichtlich ihrer Struktur. Der computerisierte Test hat eine 30minütige *Verbal section*, eine 45minütige *Quantitative section* und eine 60minütige *Analytical section.*

Der schriftliche GRE hat jeweils zwei 30minütige verbale, quantitative und analytische Abschnitte, wird aber nur noch selten angeboten.

Anmeldung

Du kannst Dich online anmelden oder bei folgenden Adressen.

GRE
ETS (Educational Testing Service)
PO Box 6000
Princeton, NJ 08541-6000
Tel.: 001 609 771 7670
Fax: 001 609 771 7906

CITO/Europe
Postbus 1109
6801 BC Arnhem
Niederlande
Tel.: 0031 26 352 1480

Kosten

Beide GREs kosten US$ 120.

Vorbereitung

Es gibt Unmengen von Literatur.

Buchtip

Robinson, Adam und John Katzmann, *Cracking the GRE, 1999 Ed.*, Princeton Review 1999.

Dieses Buch kannst Du mit den Infokarten am Ende des Buches bestellen.

Miller Analogies Test

Als GRE Ersatz

Der Miller Analogies Test (MAT) überprüft Deine Fähigkeiten, logische Schlüsse zu ziehen. Du mußt 100 Aufgaben lösen, die in Form von Analogien gegeben werden.

Über 2.300 Graduate School Programme akzeptieren diesen Test.

Die Analogien kommen aus verschiedenen Fachbereichen. Der Test dauert nur 50 Minuten. Meistens kann der GRE anstelle des MAT absolviert werden.

Anmeldung
MAT
The Psychological Corporation
555 Academic Court
San Antonio, Texas 78204-3956
USA
Tel.: 001 210 921 8804
Fax: 001 210 921 8861

Kosten
Ca. US$ 55

Vorbereitung
Vorbereitungsmaterial ist bei der oben genannten Adresse erhältlich.

LSAT (Legal Scholastic Aptitude Test) für Juristen

Wichtig für die Zulassung

Für die Zulassung an einer *Law school* ist dieser Test von zwingender Notwendigkeit und meist von entscheidender Bedeutung. Leseverstehen, analytisches und logisches Denken werden geprüft. Dazu kommt eine kleine Schreibübung, die zwar nicht bewertet, aber den *Law schools* zugesandt wird.

Anmeldung

LSAS
Law School Admissions Service
PO Box 2000
Newtown, PA 18940-0998
Tel.: 001 215 968 1001
http://www.lsat.org

Kosten

Der Test kostet US$ 88. Die meisten *Law schools* verlangen zudem, daß Du am LSDAS (Law School Data Assembly Service) teilnimmst. Du mußt dort eine Art Standardbewerbung einreichen. Das kostet wiederum US$ 98.

Vorbereitung

Viele schwören auf Vorbereitungskurse von Kaplan oder Princeton Review. Aber auch hier reicht für disziplinierte Studenten die Literatur. Die Fragen sind kniffelig, allerdings können die logischen Spielereien nach einiger Übung immer nach den gleichen Prinzipien gelöst werden.

Nützliche Webseiten

http://www.lsav.org

http://www.lsat.org

Buchtip

Martz, Geoff, *Cracking the LSAT*, Princeton Review 1998.

Dieses Buch kannst Du mit der Infokarte am Ende des Buches bestellen.

GMAT (Graduate Management Admissions Test) für die *Business school*

Der GMAT wird zur Zulassung in ein M.B.A.-Programm benötigt und spielt eine wichtige Rolle bei der Entscheidung über die Zulassung. Verbale, mathematische und analytische Fähigkeiten werden geprüft.

Wenig Zeit für viele Fragen

Du hast 75 Minuten Zeit, um 37 quantitative Fragen zu beantworten, 75 Minuten für 41 verbale Fragen und 30 Minuten für zwei analytische Aufsatzfragen.

- Der quantitative Teil überprüft arithmetisches Wissen, Grundwissen in Algebra und Geometrie sowie die Interpretation von graphischen Darstellungen.
- Der verbale Teil überprüft Lese- und Verstehensvermögen, Grammatik und Interpretationsvermögen.
- Der analytische Teil überprüft Deine analytischen Fähigkeiten anhand von Aufsatzfragen.

Zur Beantwortung der Fragen benötigst Du kein Vorwissen, allerdings solltest Du Dich auf den Test vorbereiten. Eine gute Vorbereitung kann Dein Ergebnis erheblich verbessern.

Computer-adaptive

Der GMAT ist ebenfalls ein *Computer-adaptive test* (CAT). Die Fragen werden schwerer oder leichter, je nachdem, wie gut der Geprüfte sie beantwortet. Du solltest im Kopf behalten, daß Du keine Punktabzüge für falsche Antworten bekommst, deshalb ist es immer besser zu raten als eine Antwort auszulassen.

Anmeldung

GMAT
Educational Testing Service/ETS
PO Box 6103
Princeton, NJ 08541-6103

Tel.: 001 609 771 7330
http://www.gmat.org

GMAT
PO Box 1109
NL-6801 Arnhem

Kosten

Die Gebühren betragen ca. US$ 100

Vorbereitung

Üben, üben, üben. Am besten erst einmal einen Probetest auf der gmat.org Seite machen.

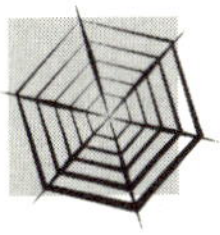

Nützliche Webseite

http://www.gmat.org

Buchtip

Martz, Geoff, *Cracking the GMAT, 1999 Ed.*, Princeton Review 1998.

Martinson, Thomas H., *GMAT CAT Super Course 8th Edition*, Arco 1998.

Die Bücher können mit Hilfe der Infokarten am Ende des Buches bestellt werden.

MCAT

Der MCAT wird zur Zulassung an der *Medical school* benötigt, gute Ergebnisse und gute Noten sind für die Zulassung ein MUSS.

Der längste Test

Der Test dauert 9½ Stunden und naturwissenschaftliches Fachwissen in Biologie, Chemie und Physik sowie quantitative Analyse, verbale Fähigkeiten und Problemlösungsstrategien werden besonders geprüft. Im Gegensatz zu den anderen Tests, die viel strategisches Denken verlangen, wird viel Wissen abgeprüft.

Allerdings wird auch in diesem Test die Fähigkeit, Lösungsstrategien zu entwickeln, überprüft und Schreibfähigkeiten getestet. Der Test ist im Multiple-choice-Format.

Anmeldung

MCAT Program
PO Box 4056
Iowa City
IA 52243
Tel.: 001 319 337 1357
Fax.: 001 319 337 1551

Association of American Medical Colleges
Attn: Membership and Publication Orders
One Dupont Circle, NW, Suite 2000
Washington, DC 20036
Tel.: 001 202 828 0416

Nützliche Webseite

http://www.aamc.org.

Buchtip

Flowers, James und Theodore Silver, *Cracking the MCAT*, Princeton Review 1998.

Die Princeton Review-Buchreihe behandelt eine Vielzahl standardisierter Tests, ist äußerst bewährt und erscheint im *Princeton Review* in jährlich aktualisierter Auflage. Der *Barrons*-Verlag bringt ebenso ganze Buchreihen zur Testvorbereitung heraus und ist ebenso empfehlenswert wie natürlich auch das offiziell von ETS herausgegebene Vorbereitungsmaterial.

Viele amerikanische Bücher können günstig mit den Infokarten am Ende des Buches bestellt werden.

Andere Tests

Es gibt für verschiedene Studiengänge noch andere spezielle Tests. Die genannten sind allerdings die gängigsten. Jede Universität wird Dich aber darüber aufklären, welcher Test verlangt wird.

STANDARDISIERTE TESTS

- Frag bei den Universitäten nach, welche Tests Du absolvieren mußt
- Erkundige Dich nach den nächsten Testdaten
- Kauf Dir Bücher zur Testvorbereitung
- Bereite Dich mit Hilfe der Bücher auf die Tests vor
- Bereite Dich noch mehr auf die Tests vor
- Überlege Dir, bevor Du ins Testcenter fährst, welche Universitäten Deine Ergebnisse bekommen sollten. Das kannst Du nämlich direkt angeben.
- Locker bleiben
- Möglicherweise den Test wiederholen

Schritt 7: Die schriftliche Bewerbung

Abgesehen von den standardisierten Tests variieren die Bewerbungsanforderungen je nach Universität und Programm. Normalerweise hat die Bewerbung zumindest folgende Bestandteile:

- allgemeine Informationen, ein *Curriculum Vitae,* einen Lebenslauf – meist geben die Universitäten die Form dieses Lebenslaufs genau vor
- Zeugnisse mit Übersetzungen und Erklärungen, zusätzlich mit Scheinen, falls vorhanden
- Einen oder mehrere *Essays* oder ein *Statement of purpose*, also ein Motivationsschreiben. Du mußt erklären, warum Du ein bestimmtes Fach studieren willst und warum gerade an dieser Universität – manchmal wird auch ein Aufsatz zu einem bestimmten Thema verlangt
- Drei *Letter of recommendation*, Empfehlungsschreiben von Deinen Professoren beziehungsweise Lehrern
- Finanzierungsnachweis beziehungsweise einen Antrag auf finanzielle Unterstützung – Du oder Bürgen müssen Vermögenswerte nachweisen, etwa durch einen Bankauszug oder eine Bankbescheinigung, die bezeugen, daß Du Deinen Aufenthalt und Dein Studium finanzieren kannst und somit nicht in den USA zum Sozialfall wirst
- Den Nachweis, daß Du Englisch kannst – im Normalfall den TOEFL-Test mit einer bestimmten Mindestpunktzahl
- Standardisierte Tests wie SAT, GRE oder GMAT
- eventuell Arbeitsproben

Zeitablauf und Organisation

Nicht alles auf einmal abschicken

Die einzelnen Bestandteile der Bewerbung müssen nicht alle auf einmal abgeschickt werden. Um den Bewerbungsprozeß in Gang zu bringen, benötigt die Hochschule normalerweise persönliche Daten. Mit diesen Daten richtet die Universität eine Mappe ein, in der dann sämtliche Bewerbungsunterlagen gesammelt werden. Wie schon im Abschnitt über die Organisation der gesamten Bewerbung erwähnt: Zeitorganisation ist wichtig. Einen Bewerbungsschluß einfach zu verschlafen, weil die Unterlagen nicht sortiert sind, ist schlicht ärgerlich. Du solltest Dir für die schriftliche Bewerbung einen eigenen Zeitplan erstellen, damit Du bei den nötigen Schritten, die Du unternehmen mußt, nicht durcheinander kommst:

- Bewerbungsmaterial anfordern
- Formulare ausfüllen
- Empfehlungen einholen
- Aufsatz verfassen
- Bewerbungen Versenden

COPY-CAT

Ein ganz wichtiger Hinweis: Kopiere alle Unterlagen, die Du an die *Colleges* und Universitäten schickst. Nur so kannst Du später nachvollziehen, was Du in der Bewerbung geschrieben hast. Manchmal weiß man die Daten, wann man bestimmte Aktivitäten und Jobs ausgeführt hat, nicht mehr auf den Tag genau. Das macht eigentlich nichts, niemand wird Dich auf einen Tag festnageln. Nur solltest Du natürlich in jedem Teil der Bewerbung die gleichen Daten angeben, ansonsten sieht das schlampig aus und wirkt unglaubwürdig.

Wer entscheidet über meine Aufnahme?

Die Zielgruppe definieren

Du solltest Dir bei der Bewerbung klar machen, für wen Du sie schreibst. Die Absichten der Universitäten und *Colleges* sollten Dir bewußt sein. Welche Kriterien wichtig für die *Colleges* sind, wurde in Schritt 4 erklärt, und ich gehe hier nochmals darauf ein. Denn bevor Du Deine Bewerbung schreibst, solltest Du Dir über Deine Zielgruppe im Klaren sein.

Kriterien, jenseits Deines Einflusses

Es gibt noch Kriterien, die Du kaum beeinflussen kannst, aufgrund derer Du angenommen wirst. Zum Beispiel *Diversity*. Viele amerikanische Universitäten legen Wert auf eine Studentenschaft, die aus Individuen mit verschiedener Herkunft zusammengesetzt ist, auch wenn es offiziell keine Quotenregelungen gibt. Es existieren allerdings an einigen Universitäten *Affirmative action*-Programme, die unterrepräsentierte und sozial schlechter gestelltere Bevölkerungsgruppen fördern. Diese Programme sind umstritten, weil sie andererseits andere Bevölkerungsgruppen, auch wenn diese es vielleicht im „wirklichen Leben einfacher haben", benachteiligen. Diese Diskussionen sind interessanter Bestandteil eines Landes wie den USA, das so viele verschiedene Nationalitäten vereint.

Admission officers sind auch nur Menschen

Einen Hinweis ganz anderer Art gibt Michele A. Hernandez, die den Bestseller *A is for Admission* geschrieben hat. Sie zeichnet ein erschreckendes Bild der *College Admission Commitee*. Selbst Teil der *Admission office* in Dartmouth, einem *Ivy league College* der Spitzenklasse, betont sie, daß ein wirklich talentierter Mensch kaum dauerhaft in einer *Admission office* versauern möchte. Die Personen, die über Aufnahme oder Ablehnung an einem Top-*College* entscheiden, sind vielerorts weniger talentiert als die Bewerber. Auch diesen Menschen muß man zu verstehen geben, daß man für das jeweilige *College* geeignet ist. Hernandez hebt hervor, daß man auch persönliche Faktoren wie Neid nicht unterschätzen darf, wenn man in der Bewerbung beispielsweise ein glänzendes Portrait seiner *Upper class*-Herkunft zeichnet, in der irrigen Meinung, Eindruck zu machen.

Sympathien wecken

Festzuhalten bleibt: Die *Admission officers* sind auch nur Menschen. Die *Admission officers* haben zudem vielleicht an einem viel schlechteren *College* studiert, eine harte Kindheit hinter sich und hegen Groll gegen die sozial Bevorteilten. Du willst die Sympathie der Menschen gewinnen, die Deinen Aufsatz lesen, also solltest Du Deinen Aufsatz auf Deine Leserschaft zuschneiden. Hernandez zeichnet vielleicht ein etwas extremes Bild, aber ihr Argument ist sicherlich überdenkenswert.

Auch nur Menschen

Die Universitäten geben viel Geld aus, um gute Studenten anzuziehen. Gute Studenten, die im späteren Leben erfolgreich sind, bestimmen den Ruf einer Universität. Nur sollte man bei seiner Bewerbung berücksichtigen, daß sie auch von „ganz normalen Menschen" gelesen wird.

Professoren sind anders

Etwas anders sieht die Situation bei den *Graduate programs* aus, bei denen es um die wissenschaftliche Forschung geht. Hier haben die Professoren selbst ein Interesse, talentierte Studenten zu bekommen, und einige nehmen entscheidenden Einfluß auf die Auswahl.

Was wollen die *Colleges*?

Erfolgreiche Studenten

Colleges wünschen sich Studenten, die später Erfolg haben und die den Campus bereichern. Diesem Wunsch muß Deine Bewerbung entsprechen. Wenn jemand ein schweres Leben hatte und es doch zu etwas gebracht hat, ist dies ein besserer Indikator für späteren Erfolg, als wenn jemand beste Voraussetzungen hatte und etwas Mittelmäßiges geleistet hat. Dies solltest Du beachten, wenn Du die Position der Eltern angibst, nach der die Bewerbungen fragen. Hier ist Bescheidenheit gefragt. Die Ausnahme ist, wenn Deine Eltern in irgendeiner Form Berühmtheiten sind. Dann sehen es die Universitäten gerne, daß der Sprößling die Universität beehrt, aber wer hat schon berühmte Eltern?

Es wird ebenfalls bewertet, welchen Herausforderungen Du Dich gestellt hast. Sport und Kunst als Leistungskurse machen wenig Eindruck, außer wenn Du wirklich außergewöhnliches Talent in diesen Fächern vorweisen kannst. Intellektuell anspruchsvolle Kurse wiegen mehr.

Keine langen Listen mit Aktivitäten

Es bringt nichts, eine lange Liste mit Aktivitäten zu erstellen. Wenn Du viel gemacht hast, ohne Durchhaltevermögen zu beweisen und ohne irgendwelche Erfolge, wird das kaum beeindrucken.

Was wollen die *Graduate schools*?

Erfolgreiche Studenten

Die *Graduate schools* wollen gleiche, wie die *Colleges*: erfolgreiche Studenten. Studenten, die akademisch erfolgreich sind, wenn es um Wissenschaft und Forschung geht, bei Juristen und M.B.A.s wird besonders auf späteres Erfolgspotential geachtet. Schließlich heben erfolgreiche Studenten das Ansehen der Universität, und gute Studenten verbessern das Lernklima. Konkrete geforderte Eigenschaften sind:

- Führungstalent
- Arbeitserfahrung
- Zielstrebigkeit
- Reife
- Intelligenz
- Kreativität
- Teamfähigkeit

Jedes Programm hat ein eigenes Profil

Graduate schools wollen Studenten, die wissen, was sie wollen. Jedes Programm hat jedoch ein eigenes Studentenprofil und bestimmte Spezialisierungen. Du solltest Deine Bewerbung natürlich auf das spezifische Programm zuschneiden. Davon wird noch bei der Bewerbung die Rede sein.

THE BACK DOOR

Es gibt keine Hintertür. Doch kannst Du an einigen Universitäten durch persönliches Erscheinen Deine Chancen verbessern. Ich kenne einen Fall von einem Informatikstudenten, der unbedingt in Stanford studieren wollte. Er machte einen Termin bei dem Professor, der ihn am meisten interessierte und sagte: *I want to be in this program. What do I have to do?*

Er hat noch einiges mehr gesagt. Dieser Student konnte sehr gute Referenzen vorweisen und gute Gründe für seinen Wunsch.

Er hat jedenfalls in Stanford studiert.

Formblätter und Bewerbungsbögen für *Colleges* und Universitäten

Bewerbungspakete

Die Universitäten schicken auf Wunsch ein Bewerbungspaket. Die Bewerbungen bestehen aus verschiedenen Formblättern.

Schreibmaschine und Computer

Formblätter sollten – wenn möglich – mit der Schreibmaschine ausgefüllt werden. Wenn Du keine besitzt, kannst Du die Information auch auf ein angeheftetes Blatt Papier schreiben, aber es sollte sehr einfach sein, die Informationen zuzuordnen. Es darf für den *Admission officer* nicht anstrengend sein, die Bewerbung zu lesen. Nur sehr kurze Fragen können möglicherweise mit der Hand beantwortet werden, aber ich würde davon immer abraten. (Ich denke nur ungern an meine während der Schulzeit geschriebene, mit Tip-ex ausgebesserte, handgeschriebene Harvard-Bewerbung zurück ...)

In jedem Fall solltest Du als erstes Kopien der Bewerbungsformulare machen, damit Du keine weitere Formulare anfordern mußt, falls Du Dich verschreibst. Meistens kann man die

Formulare ab August erhalten, Du kannst Dich aber schon früher auf eine Mailingliste setzen lassen.

Common Application

Eine Bewerbung für alle

Die *Common application* gibt es für *Colleges,* und sie wurde eingeführt, um den aufwendigen Bewerbungsprozeß zu vereinfachen. Sie wird von vielen *Colleges* und Universitäten akzeptiert. Eine *Common application* mußt Du nur einmal ausfüllen und kannst sie dann an verschiedene Universitäten und *Colleges* verschicken. Diese Bewerbung kann auf dem Bildschirm ausgefüllt, ausgedruckt und versandt werden oder sogar direkt per Email. Du kannst sie im Internet auf den Webseiten der Universitäten, die *Common applications* akzeptieren, herunterladen. Ansonsten kannst Du sie bei folgender Adresse anfordern:

The *Common Application*
c/o The National Association of Secondary School Principals
1904 Association Drive
Reston, VA 22091
Tel.: 001 703 860 0200
Fax: 001 703 476 5432

Lieber die individuelle Bewerbung nutzen

Die *Colleges* und Universitäten versichern, daß kein Unterschied zwischen Bewerbern gemacht wird, die die *Common application* ausfüllen, und Bewerbern, die die individuellen Bewerbungsformulare der Universität benutzen. Ich würde immer raten, die individuellen Bewerbungsformulare auszufüllen. Das macht zwar mehr Arbeit, aber Du demonstrierst, daß Du diese Arbeit nicht scheust. Du zeigst auf diese Weise rein formal stärkeres Interesse. Dies werden *Colleges* und Universitäten möglicherweise bestreiten.

Elektronische Bewerbung

Online ist vieles einfacher

Bei vielen Universitäten kannst Du Dich online bewerben. Es gibt zwei Software-Programme, die recht viele Universitäten akzeptieren. Die eine ist die *Web Apps* Software, die Du auf der Webseite von Collegeedge (http://www.collegeedge.com) findest. Besonders bei vielen *Business schools* kannst Du Dich mit dieser Software bewerben. Auf der Seite vom Princeton Review (http://www.princeton.com) findest Du die Software *Apply*, die ebenfalls von vielen Universitäten akzeptiert wird. Die Nutzung der Software kostet eigentlich nichts, allerdings verlangen einige Universitäten eine Gebühr.

Einige wenige Universitäten reduzieren sogar die Bewerbungsgebühr, wenn Du Dich online bewirbst. Du brauchst bei diesen elektronischen Bewerbungen Deine Bewerbung nicht an einem Stück zu schreiben. Du bekommst ein Password und kannst die Formulare in mehreren Sitzungen ausfüllen. Aufpassen solltest Du in jedem Fall, daß Du die Bewerbung genauso sorgfältig ausfüllst, wie Du das andernfalls tun würdest.

Was soll ich schreiben?

Mehr als die Wahrheit

Diese Frage stellt sich nicht bei der Angabe von Name und Anschrift, aber viele gewünschte Angaben zielen auf Werdegang, Leistungen und Aktivitäten. Schreib die Wahrheit. Aber die Wahrheit ist nicht genug. Wir sind es normalerweise nicht gewohnt, uns selbst zu vermarkten. Das mußt Du aber. Keine falsche Bescheidenheit, woher soll der *Admission officer* wissen, daß Du nur bescheiden bist und nicht langweilig und lethargisch.

Begeisterung und Durchhaltevermögen

Die Formblätter fragen nach Aktivitäten, die Du ausgeübt hast. Eine lange Liste mit Sportarten und Clubs ist nicht gefragt. Vielmehr sollten wirkliche Begeisterung und Durchhaltevermögen bei einer Aktivität durchscheinen. Denk daran, welche Studenten die Universität sich wünscht, und überlege dann, welche Deiner Seiten für die Universität interessant sind.

Wir Deutsche haben es manchmal ein bißchen schwerer, unsere Freizeitaktivitäten zu vermarkten, denn in den USA bieten die *High schools* viele Clubs und institutionalisierte Hobbys an. In Formblättern von Amerikanern könnte beispielsweise stehen:

- Three Hours of community service a week at a local children's hospital.
- Editor in chief of Voices: the high school literary magazine, which is published twice a year.
- Soccer: 9-12th grade, team captain, 12th grade.

In den USA sind Aktivitäten Pflicht

Es kann sein, daß an der amerikanischen Schule die *Community Services* Pflicht sind. Aktiv zu werden, ist leicht, da vieles innerhalb der Schule angeboten wird, und auch die Ausübung eines Sports ist oft Pflicht. Diese Pflichtfächer werden von den Schulen wiederum auf die Anforderungen der *Colleges* zugeschnitten.

Aktivitäten in Zusammenhang stellen

Du solltest also bei diesen Angaben scharf über sämtliche Deiner Aktivitäten nachdenken. Du brauchst und solltest nicht jede Kleinigkeit aufzählen, aber es sollte eine durchgängige Linie erkennbar sein. Bei obigem Beispiel wäre zum Beispiel eine Teilnahme an einem Journalismus-Kurs eine gute Ergänzung oder ein Praktikum bei einer Zeitung oder ähnliches.

Eine Liste anfertigen

Mach Dir am besten eine Liste mit allen Aktivitäten, die Du je gemacht hast. Welche Positionen hattest Du inne? Welche verdeutlichen Führungsqualitäten, Durchhaltevermögen, Kreativität oder Teamgeist? Darauf kommt es an, nicht auf einen Töpferkurs an der Volkshochschule.

Um zu verdeutlichen, worauf es ankommt: Wenn Du Arzt werden möchtest, würde es gerne gesehen, wenn Du schon früh Deine Aktivitäten darauf ausrichten würdest und etwa ein Praktikum im Krankenhaus absolvieren würdest. Das gilt bei der Bewerbung für *Colleges*. Falls Du Dich an der *Medical school* bewirbst, sollte das selbstverständlich sein.

Arbeitserfahrung ist gut

Es ist auch von Vorteil, gearbeitet zu haben. Dies signalisiert eine gewisse Reife, die erwünscht ist. Bei der Bewerbung an M.B.A.-Programmen ist Arbeitserfahrung meist Pflicht. Vorteilhaft sind ebenfalls Aufenthalte in anderen Ländern. Nicht vergessen, die *Colleges* und Universitäten wünschen sich Studenten, die den Campus bereichern.

Bei der Angabe der Arbeitserfahrung wird nicht selten nach Deinen Aufgaben gefragt. Auch hier ist Vermarktung angesagt. Gut ist, wenn Du Deine bisherigen Aufgaben mit sogenannten *Action verbs* beschreibst. Ein paar Beispiele, wie das für verschiedene Aufgaben aussehen könnte, findest Du im folgenden Kasten.

BEISPIELE MIT ACTION VERBS

- Developed and executed print and radio marketing plans
- Accompanied and counseled artists on promotional tours and during TV appearances
- Arranged print and radio interviews
- Maintained contact with label managers
- Planned and implemented all necessary promotional activities for clients
- Organized promotion and club tours (including hotel and airline bookings)
- Created and managed independent recording studio
- Sold electronic music/sound equipment.
- Played the guitar and bass for live and recorded performances
- Developed solid theoretical background in financial accounting
- Set up balance sheets and income statements
- Analyzed clients' assets and liabilities
- Provided oral reports and evaluations based on market research interviews with clients of advertising agencies

- Employed as a market research assistant.
- Started a successful gardening service
- Developed, produced and promoted music videos
- Organized library stocks, researched lost books, organized conferences

Reisen sind schön, aber wenn diese nur dem Vergnügen gedient haben, ist das nicht sehr eindrucksvoll. Anders ist es mit Studienreisen oder Reisen, bei denen Du anderen geholfen hast, zum Beispiel ein Workcamp in Israel oder so ähnliches.

Honors, Preise und Ehrungen

Ein Problem für Deutsche sind *Honors*, Preise und Auszeichnungen. Deren Vergabe ist in den USA wesentlich verbreiteter. Schulen, Sportveranstaltungen, Clubs und auch Firmen geben gerne Ehrungen und Preise für alle möglichen Leistungen aus. Den *Admission officers* mag bekannt sein, daß es in Deutschland und anderen Ländern nicht üblich ist, zahlreiche Preise zu vergeben, aber darauf ist kein Verlaß. Möglich ist es, einen Hinweis darauf zu geben. Bei genauem Nachdenken fallen Dir vielleicht auch einige Auszeichnungen ein, die Du erhalten hast, etwa Siege oder zweite Plätze im Sport, ein gewonnenes Schachturnier, Tanzwettbewerb, was auch immer. Hier kannst Du auch angeben, wenn Du zu den Besten der Schule gehörst, die Top 10% (was in den USA wohl einem magna cum laude entsprechen würde). Anführen kannst Du an dieser Stelle auch Stipendien.

Rechtschreibung

Daß Du Deine Bewerbung gründlich nach Rechtschreibfehlern und sonstigen Fehlern durchschauen solltest, ist klar. Darauf gehe ich noch im Kapitel über die Aufsätze näher ein.

Wichtig ist, daß Du alle Unterlagen kopierst. Schicke niemals Formulare weg, ohne sie kopiert zu haben. Nur so weißt Du später, welcher Universität Du welchen Aufsatz und welche persönlichen Informationen geschickt hast.

VORGEHENSWEISE BEIM AUSFÜLLEN DER BEWERBUNGSBÖGEN

- Werde Dir über die Fähigkeiten klar, die gewünscht sind
- Erstell eine Liste mit allen Aktivitäten und Aufgaben, die Du in Deiner Freizeit oder bei der Arbeit ausgeübt hast
- Welche Aktivitäten demonstrieren Fähigkeiten, die die Hochschulen wünschen? Gerade diesen Aktivitäten sollte Raum in der Bewerbung eingeräumt werden
- Formuliere die Angaben über Deine Tätigkeiten mit *Action verbs*
- Schreib die Angaben mit Computer, bei Formularen zum Herunterladen, oder mit Schreibmaschine (falls Du noch eine besitzt) in die Formulare
- Kopiere sämtliche Formulare

Zeugnisse und Abschlüsse

Die Hochschulen verlangen offizielle Zeugnisse und verlangen, daß diese direkt von der Hochschule zugesandt werden.

Übersetzung

Die Zeugnisse müssen natürlich übersetzt werden, was manche Probleme mit sich bringt, da es keine einheitlichen Übersetzungsrichtlinien gibt. Größere Universitäten haben eigene Systeme erstellt, mit deren Hilfe internationale Abschlüsse bewertet werden. Du solltest in jedem Fall hinter die Übersetzung die Originalbezeichnung setzen, da an den zuständigen Stellen manchmal Fachkundige sitzen, denen die deutsche Bezeichnung geläufig ist.

Noten nicht nur schematisch übersetzen

Auch die Übersetzung von Noten bereitet Probleme. Schulzeugnisse können nach dem unten angegebenen Schema übersetzt werden, aber bei den verlangten Universitätszeugnissen wird es komplizierter. Deutsche Studenten bekommen im Gegensatz zu amerikanischen Studenten keine Zeugnisse.

Zeugnisse kopieren und erklären

Wenn Du schon einen Abschluß besitzt, solltest Du eine Kopie des Abschlußzeugnisses beifügen, dann eine Erklärung des Bewertungssystems und eine Umrechnungstabelle. Du solltest in jedem Fall zusätzlich eine Art Zeugnis erstellen, also sämtliche Kurse, die Du belegt hast, in englischer Sprache auflisten und die entsprechenden Noten, eventuell auch die Semesterwochenstunden, angeben.

Notenverhältnis verdeutlichen

In manchen Fächern werden Einsen äußerst selten vergeben, so daß man, obwohl man sich unter den besten 10% aller Kursteilnehmer befindet, trotzdem gerade mal eine *2-* auf dem Zeugnis stehen hat. Übersetzt man diese Zensur stumpf nach dem folgenden Schema der Notenübertragung, sieht das Zeugnis für einen amerikanischen Begutachter schlecht aus. In den USA werden nämlich erheblich mehr „As“, also Einsen, vergeben als in Deutschland.

Leistungsverhältnis

Dies kannst Du umgehen, indem Du zusätzlich angibst, in welchem Verhältnis Deine Leistungen zu denen anderer Studenten stehen, also etwa „Top 15%“. Du solltest Dich bemühen, Angaben über die Notenvergabe von der jeweiligen Fakultät zu bekommen.

Amerikanische Noten

Die amerikanischen Noten sind folgendermaßen zu verstehen: Noten werden einmal in Buchstaben, einmal in Zahlen ausgedrückt, um dann auch den Notendurchschnitt errechnen zu können. Der auf Bewerbungen verlangte GPA (*Grade Point Average*) bezieht sich auf diesen Notendurchschnitt. Den Notendurchschnitt errechnet man, indem man die Zahl der Semesterwochenstunden oder *Credit hours* mit der Note multipliziert, die Werte addiert und anschließend durch die Gesamtzahl der *Credits* teilt. Bei diesem System wird berücksichtigt, daß einige Fächer, die mit mehr Zeitaufwand belegt werden, bei der Benotung stärker wiegen.

NOTENVERGLEICH			
USA			Deutschland
A+	oder	4,3	sehr gut +
A	oder	4,0	sehr gut
A-	oder	3,7	sehr gut -
B+	oder	3,3	gut +
B	oder	3,0	gut
B-	oder	2,7	gut -
C+	oder	2,3	befriedigend +
C	oder	2,0	befriedigend
C-	oder	1,7	befriedigend -
D+	oder	1,3	ausreichend +
D	oder	1,0	ausreichend
D-	oder	0,7	ausreichend -
F	oder	0	ungenügend

Schwierigkeitsstufen der Seminare beachten

Entsprechend der universitären Aufteilung in Übung für Anfänger, Proseminare, Hauptseminare und Oberseminare sind auch in den USA die unterschiedlichen Schwierigkeitsstufen der Seminare bezeichnet, allerdings meist anhand ihrer Seminarnummern. Diese Nummern geben Auskunft darüber, ob es sich um einen *Lower division-*, *Upper division-* oder *Graduate division*-Kurs handelt. Auf dem *College*-Level gibt es *Lower* und *Upper division*-Kurse, für Graduierte ist die *Graduate division* bestimmt. Es gibt jedoch Bezeichnungsvarianten und weitere Differenzierungen je nach Universität.

Kurse übersetzen

In Deinem selbst erstellten Zeugnis kannst Du sämtliche Einführungsveranstaltungen als *Lower division*-Kurse bezeichnen, die Proseminare und Vergleichbares als *Upper division* und alle Haupt- und Oberseminare sowie Kolloquien als *Graduate division*-Kurse. Dir bleibt nichts anderes übrig, als etwas kreativ zu sein. Eine gute Idee ist es, eine Erklärung über das deutsche Universitätssystem mit Erklärungen zu den Veranstaltungen beizufügen. Das notwendige Vokabular für eine derartige Übersetzungshilfe findest Du im Kasten.

Manchmal halten auch die akademischen Auslandsämter solche Übersetzungshilfen bereit. Eine weitere Idee ist es, eine Übersetzung der Prüfungsordnung beizulegen, aus der hervorgeht, welche Leistungen Du für Deinen Abschluß erbracht hast, wenn Du schon ein abgeschlossenes Studium vorzuweisen hast.

Beglaubigung

Dein „Zeugnis“ solltest Du, falls möglich, von der Fakultät unter Vorlage der Scheine beglaubigen lassen. Das ist an manchen Universitäten illusorisch, da die Kooperationsbereitschaft gelegentlich sehr beschränkt ist. Gelingt Dir dies nicht, mußt Du das Zeugnis mit Kopien von den Original-Scheinen einreichen. Die Originale kannst Du dann bei Studienbeginn oder auf Verlangen vorzeigen, in der Regel wird keiner danach fragen.

Erklärungen

Deinem Zeugnis kannst Du ein Erklärung beilegen und kurz erklären, warum Du nur ein selbsterstelltes Zeugnis vorweisen kannst.

It is not common practice at _______University to issue transcripts. The students themselves keep record of their course of study.

Students receive „Scheine“, class certificates, for some of their classes. In place of the official transcripts I submit a list of classes taken and copies of the class certificates which include grades received.

I also included a list with an explanation of the courses and the German grading system and my position relative to other students.

I hope, that you understand this situation. I will be happy to answer any questions concerning my transcript and to provide additional information.

You can reach me at the following address

Charlotte Moyse
Elberstaedterring 3

98374 Purnheim
Tel.: +49 4874 8948
Email: charlotte@cityweb.de

ÜBERSETZUNGSHILFEN

Die folgenden Übersetzungen bieten natürlich keine identischen Entsprechungen, sondern sind nur Vorschläge:

AUSBILDUNGSINSTITUTIONEN

Grundschule	Elementary School
Mittelschule/Realschule	Secondary School
Gymnasium	High school

Die *High school* umfaßt allerdings nur 12 Jahre und kann ganz unterschiedliche Level haben, „Gymnasium" beziehungsweise „Abitur" ist Verantwortlichen gewöhnlich ein Begriff.

Berufsschule	Vocational School
Fachschule	Professional *College*
Fachhochschule	Professional University (etwa Technical University)
Fernstudium	Correspondence course
Technische Hochschule	Technical University
Universität	*College*/University

ABSCHLÜSSE

Abschluß	Degree
Abitur	High school diploma

Allerdings ist das Abitur eigentlich eine größere Leistung, was erklärt werden sollte.

Vordiplom	Intermediate Examination Equivalent to Bachelor Degree

Dies ist eine für Dich günstige Übertragung. Es könnte sein, daß Dir zu diesem Zeitpunkt erst ein Associate's Degree anerkannt wird und erst mit Beendigung des 6. Fachsemesters ein Bachelor.

Assessorprüfung	2nd State Examination in Law
Diplom/Magister	Diploma, Master
Diplomarbeit/Magisterarbeit	Thesis
Dissertation	Dissertation
Doktorand	Candidate for a doctoral degree
Diplom-Volkswirt	Master of Economics
Diplom-Kaufmann	Master of Business Administration
Diplom-Soziologe	Master of Science, Social Sciences
Diplom-Politologe	Master of Political Science
Diplom-Landwirt	Master of Agriculture
Diplom-Wirtschaftsingenieur	Master of Science, Industrial Engineer
Promotion	Doctorate, Ph.D.
Referendarprüfung	First State Examination in Law
Wissenschaftlicher Assistent	Assistant Professor

Wissenschaftlicher Mitarbeiter	Research Associate
KURSE, KLASSEN UND PRÜFUNGEN	
Abschlußklausur	Final examination
Grundkurs	Lower divison class
Hauptfach	Main subject
Hausarbeit	Paper oder Term Paper
Klausur	Test
Kolloquium	Discussion course
Leistungskurs	Intensive course
Mündliche Prüfung	Oral examination
Notendurchschnitt	GPA
Praktikum	Internship
Praktisches Jahr	Clinical elective
Proseminar	Lower division seminar
Referat	Oral presentation
Seminar/Hauptseminar	Upper division seminar
Übung	Excercise
Vorlesung	Lecture

Verschicken lassen

Oft verlangen amerikanische Universitäten, daß die Zeugnisse direkt von der deutschen Universität beziehungsweise Schule verschickt werden. Frag im Sekretariat nach, ob dies möglich ist. Du kannst auch einfach mit einem frankierten, adressierten Umschlag und einer beglaubigten Zeugniskopie zum Sekretariat gehen und dort bitten, daß das Zeugnis mit der Post verschickt wird. Es reicht auch, wenn das Sekretariat den Umschlag mit einem Stempel versiegelt.

Wenn auch das nicht möglich ist, solltest Du Dich nicht scheuen, mit dem amerikanischen *Admission office* zu sprechen, um dort das Problem zu erklären.

Versandbestätigung

Du solltest Dir von allen Unterlagen, die Du verschickst, eine Post-Bestätigung über den Versand geben lassen. Falls Deine Unterlagen wirklich einmal in der Post verloren gehen sollten, können Dich diese Bestätigung und Deine kopierte Bewerbung „retten“.

LETZTE MASSNAHMEN

- Alle Bewerbungsblätter prüfen, ob sie komplett ausgefüllt sind
- Den Text mehrfach lesen, um alle Fehler zu eliminieren
- Die Unterlagen einem Bekannten zum Lesen geben, der dann die Fehler korrigiert, die Du trotz allem übersehen hast
- Angefertigte Zeugnisse überprüfen und beglaubigen lassen, möglichst eine Übersicht über vergebenen Noten besorgen und eine Übersetzungshilfe anfertigen
- Alle Unterlagen kopieren
- Unterlagen versenden

Schritt 8: Die Aufsätze

Für fast alle Hochschulbewerbungen wird ein Aufsatz verlangt. Je nachdem, für welches Programm Du Dich bewirbst, gibt es verschiedene Arten von *Essays*. Wenn Du als *Freshmen* aufs *College* gehen möchtest, sind häufig spezielle Fragen beziehungsweise Themen vorgegeben.

Allgemeine und spezielle Aufsätze

Der erste Abschnitt befaßt sich mit den persönlichen Aufsätzen, wie sie von allen *Colleges* und einigen *Graduate schools* verlangt werden. Im zweiten Abschnitt erfährst Du mehr über die *Statements of purpose*, die *Graduate schools* fast immer verlangen. Die Hinweise im ersten Abschnitt über den *Essays* im allgemeinen sind für alle Bewerber relevant. Auch Bewerber an *College*s können von den Hinweisen zum *Statement of purpose* profitieren.

Nicht zu subtil

Erinnere Dich an meine Warnung vor den *Admission officers*. Ein brillianter Aufsatz wird nicht übersehen werden, aber die Brillianz sollte augenfällig sein. Sind die Andeutungen zu subtil, der Humor zu intellektuell, wird der Aufsatz kaum den richtigen Leser finden. Bitte erinnere Dich daran, daß Du eine von Hunderten Bewerbungen schreibst und niemand stundenlang über der Interpretation Deines *Essays* brüten wird. Wichtig sind also Direktheit, Verständlichkeit und eine klare Linie im Aufsatz.

Essay

Ein solider ***Essay*** ist wichtig

Der *Essay* ist wichtig. Er ist besonders wichtig, wenn man einer von vielen guten Bewerbern ist. Ein hervorragender *Essay* kann zur Zulassung verhelfen. Wenn aber die sonstige Bewerbung schlecht ist, hilft auch ein guter *Essay* allein nicht viel. Wenn der Rest der Bewerbung hervorragend ist, reicht auch ein durchschnittlicher *Essay*. Der *Essay* ist das individuellste Stück der

Bewerbung, und er kann eine Gesamtbewerbung in ein besseres Licht tauchen oder das genaue Gegenteil bewirken.

Buchtip

Harry Bauld, *On Writing the College Application Essay,* Ten Speed Press 1991.

Mason, Michael James, *How to Write a Winning College Application Essay,* Prima Publishing 1997.

Der Aufsatz ist eine Chance

Der Aufsatz ist eine Chance aufzufallen. Leider fallen die meisten *Essays* nicht auf, und es ist äußerst schwierig, einen herausragenden Aufsatz zu schreiben. Das Problem ist, daß alle Bewerber versuchen, ausgefallen zu formulieren, und das gelingt nur in den seltensten Fällen. Allerdings solltest Du zumindest einen soliden, ordentlichen Aufsatz schreiben, um Deine Chancen nicht zu verschlechtern. Der Aufsatz sollte nicht hingeschmiert und eilig abgeschickt sein oder zumindest nicht als solcher erkennbar sein.

Vermarktung

Generell ist wiederum zu beachten, daß Du Dich im Aufsatz vermarkten solltest. Auch wenn das Thema zum Teil frei gewählt werden kann, solltest Du keinen Aufsatz über Deine Minderwertigkeitskomplexe sein.

Ziel des Aufsatzes

Die erste Frage ist: Was ist das Ziel des Aufsatzes? Die *Admission officer* wollen zum einen sehen, ob Du schreiben kannst, zum anderen wollen sie mehr über Deine Persönlichkeit erfahren. Wer bist Du? Schreibe unverkrampft, auch wenn Du Deinen Englischkenntnissen nicht recht traust. Du solltest den Aufsatz gewiß von jemandem Korrektur lesen lassen, der der englischen Sprache mächtig ist. Allerdings hängt die Qualität eines Aufsatzes nicht davon ab, wie gut man die englische Sprache beherrscht (solange Deine Sprachkenntnisse nicht katastrophal sind). Mangelnde Englischkenntnisse sind ist keine Entschuldigung für einen schlechten Aufsatz!

Gib etwas von Deiner Persönlichkeit preis, das ist wichtig. Du kannst Dir überlegen: Hätte irgend jemand anders diesen Aufsatz schreiben können? Wenn Du ja sagen mußt, ist der Aufsatz wahrscheinlich schlecht und ein anderer hat ihn tatsächlich schon geschrieben.

EINFACHE, ABER WICHTIGE HINWEISE

- Schreib klar, direkt und korrekt!
- Halt Dich genau an die Anweisungen!
- Beantworte die Frage!
- Sei Du selbst!
- Schreib nicht über zu viele Dinge auf einmal!
- Lies Aufsätze von anderen, die gut waren, wenn Du Zugang zu anderen Aufsätzen hast!
- Versuch nicht, übertrieben humorvoll zu sein, das kann schnell schiefgehen und wirkt dann jämmerlich oder rührend, beides fördert nicht gerade die Zulassung!
- Versuch nicht krampfhaft Eindruck zu schinden, auch wenn übertriebene Bescheidenheit Dich genausowenig weiter bringt ..!
- Keine Lügen!

Nimm Dir Zeit

Zeit ist wichtig. Ich weiß, das ist eine idealistische Bemerkung, und eigentlich blätterst Du gerade hektisch in diesem Buch, weil der Aufsatz morgen abgeschickt werden muß. Wenn nicht, so nimm Dir mindestens ein paar Tage Zeit, noch besser sind ein paar Wochen. Dann schreibst Du einen oder mehrere Aufsätze, läßt sie eine Woche liegen, verbesserst sie erst dann und wählst den besten Aufsatz aus. Den solltest du wiederum ein paar Tage nicht lesen, um Abstand zu gewinnen für einen erneuten Korrekturgang. Nur so hast Du genügend Abstand zu Fehlern, logischen Knoten und fehlenden Informationen. Nur mit etwas zeitlichem Abstand wirst Du genügend Selbstkritik entwickeln.

„Ich weiß, daß ich nichts weiß", aber wer bin ich?

Du sollst einen persönlichen Aufsatz schreiben, aber wie macht man das? Zuerst mußt Du Dir über Dich selbst klar werden. Gut ist es, Dir selbst Fragen zu stellen und sie dann zu beantworten.

Stelle Dir Fragen

Die folgenden Fragen helfen dabei, einen Einstieg zu finden. Wenn Du diese Fragen detailliert beantwortet hast, sind schon einige Teile Deines *College Essays* fertig. Die schriftliche Beantwortung dieser Fragen mag Dir lästig erscheinen, aber mach Dir bitte die Mühe. Du wirst sehen, auf die Antworten kannst Du immer wieder zurückgreifen. Die Aufsatzfragen in den Bewerbungen sind persönliche Fragen, auf die Du persönliche Antworten brauchst. Die im nächsten Abschnitt aufgelisteten Fragen tauchen gelegentlich wörtlich oder in leicht abgewandelter Form in echten Bewerbungsunterlagen auf.

Short answer questions

In vielen Bewerbungen gibt es neben dem Aufsatz zusätzlich *Short answer questions*, auf die Du in 2-3 Sätzen antworten solltest. Auch bei diesen Fragen werden Dir Deine schriftlichen Antworten auf die aufgeführten Fragen helfen.

Typische Essay-Fragen

Wer stellt für Dich eine beeindruckende Persönlichkeit dar? Warum? Warum genau? Welche Eigenschaften hat diese Person? Was unterscheidet sie von anderen Personen? Diese Person kann eine Figur des öffentlichen Lebens sein aber auch „der Typ von nebenan".

Welches ist Dein Lieblingsbuch? Welche Bücher hast Du in der letzten Zeit gelesen und welche mochtest du besonders.

Warum? Was hast Du gedacht, als Du diese Bücher gelesen hast? Haben sie Dir etwas über Dich selbst beigebracht?

Nenne drei Eigenschaften, Tugenden, wenn Du so willst, die Du schätzt. Welche Auswirkungen haben diese Eigenschaften, wie durchdringen sie Deine Umgebung? Wie würdest Du diese Eigenschaften, zum Beispiel Ehrlichkeit, definieren?

Was für eine Erfahrung hast Du gemacht, die Dich besonders geprägt hat? Welche Schwierigkeiten mußtest Du überwinden? Wie hast Du Schwierigkeiten überwunden, wie hat das Dir weitergeholfen?

Langweilig ist es, über eine Erholungsreise zu schreiben, das machen sehr viele Bewerber, frei nach dem Motto: „Wie mein Italienurlaub mir zeigte, daß alle Menschen verschieden und doch gleich sind“.

Hast Du nach dieser Erfahrung die Welt in einem anderen Licht gesehen? Interessant sind sicherlich eher kleine Erfahrungen, die subjektiv eine große Veränderung in Dir bewirkt haben. Solche Erfahrungen erzählen am meisten über Deine Persönlichkeit.

Aus welchem Versagen, welcher Enttäuschung hast Du am meisten gelernt? Wie hat Dich dieses Versagen beeinflußt? Was hast Du Positives daraus gezogen. Der Schwerpunkt des Aufsatzes sollte auf diesem Punkt liegen.

Was ist der größter Erfolg in Deinem bisherigen Leben? Wo liegen Deine Stärken? Was weißt Du? BITTE, kein Aufsatz über den Sieg im letzten Tennismatch. Das ist einfach unglaublich banal.

Was verstehst Du unter Glück? Beschreibe einen glücklichen Moment in Deinem Leben. Warum war dieser Moment anders als andere Momente? Warum ist er Dir im Gedächtnis geblieben?

Was erwartest Du von Deiner Ausbildung? Welche Ziele verfolgst Du im Leben? Wie versuchst Du, diesen Zielen näher zu kommen, und wie hilft Dir Deine Ausbildung dabei?

Was ist Dir besonders wichtig? Wähle ein Thema, zum Beispiel die Menschen, die Umwelt, Frieden, und erkläre, warum es Dir wichtig ist. Warum hast Du einen besonderen Bezug zu diesem Thema?

Was ist Deine liebste Freizeitaktivität? Beschreibe, warum dies so ist.

Worüber denkst Du gerne nach? Was sind Deine Pläne und Träume?

Wie würdest Du Dich selbst gegenüber jemandem beschreiben, der Dich nicht kennt?

Nenne drei Ziele, die Du in Deinem Leben erreichen willst. Erkläre, warum Du diese Ziele gewählt hast.

Was ist das Besondere an Dir? Was unterscheidet Dich von anderen Menschen?

Was würdest Du gerne wissen? Warum?

WELCHE THEMEN ZU VERMEIDEN SIND

- Erklärungen für schlechte SATs oder schlechte Noten, Entschuldigungen für andere Teile der Bewerbung
- Geschmacklose Witze
- Lügen
- Ellenlange Listen, die Deine Leistungen und Fähigkeiten aufzählen
- Urlaub
- Lieblingsrockband
- Sex
- Wie Du den Tod von jemandem überwunden hast

- Kriminelles
- Deinen Körper
- Allgemeine Wahrheiten
- Abgedroschene Zitate
- Warum Du so gerne viel lernst
- Einzelgängertum
- Deine Psychotherapie
- Wie toll Du Wettbewerbe gewonnen hast
- Freund/Freundin und Liebe
- Radikale politische Ansichten
- Drogen
- Alkohol

Wie soll ich schreiben?

Verkaufe Dich selbst, aber nicht Deine Seele. Wie bei einem Verkauf mußt Du Dich bei der Bewerbung angemessen vermarkten. Das kann nicht oft genug wiederholt werden. Sicherlich ist die Qualität Deiner Leistungen der Schlüssel zum Erfolg. Diese können in Zahlen und Fakten ausgedrückt werden. Aber erst eine gute Präsentation läßt Zahlen und Fakten in angemessenem Licht erscheinen. Diese Präsentation ist der Aufsatz.

Deine Persönlichkeit

Das, was Dich ausmacht, sind eben nicht allein Zahlen und Fakten. Wie jede Marketing- oder PR-Kampagne willst Du ein bestimmtes Image transportieren. Du willst etwas vermitteln. Die Bewerbungen sind auf diese Vermittlung ausgelegt, meist ist Platz für relativ viele schriftliche *Statements*, für deren Erstellung die gleichen Regeln gelten wie für den Aufsatz.

Ein guter *Essay* kann nach den gleichen Regeln konzipiert werden wie ein guter Werbetext:

- Aufmerksamkeit und Neugier wecken
- Eine gute Überschrift, ein ausgefallener erster Satz

- Einfachheit und Klarheit des Schreibstils; als Ausländer hat man einen Vorteil: Du verfällst nicht so schnell in einen Schreibstil, der viele komplizierte Worte gebraucht
- Realismus: Bleibe bei wirklichen Geschehnissen; jeder hat etwas zu erzählen, und nur, wenn es der Wahrheit entspricht, kannst Du überzeugend sein; achte darauf, in eigenen Worten zu schreiben, Gefühle und Persönliches einzubringen
- Aufrichtigkeit: Beschreibe Deine Haltungen und Meinungen und bleibe bei der Wahrheit. Allerdings: Es gibt über jede Person mehrere Wahrheiten. Ein Portrait Deiner dunklen Seite ist nicht erwünscht. Die geheimen Abgründe Deiner Seele kannst Du mit Deinen Freunden besprechen, nicht aber mit dem *Admission officer.* Schreibe über Deine bessere Hälfte.

Grammatik und Stil

Es gelten die allgemeinen Stilregeln für die englische Sprache. Benutze aktive Verben, formuliere keine Bandwurmsätze, schreibe Zahlen bis zwölf aus, verwende keine Abkürzungen oder zu viele Klammern. Achte auf einen einheitlichen Zeitengebrauch. Den fertigen Aufsatz solltest Du unbedingt hinsichtlich der gerade genannten Punkte überprüfen.

Verben gebrauchen

Zu viele Adjektive und Adverbien blähen den Aufsatz auf, genau wie im Deutschen. Schön ist es, konkrete Beispiele und lieber ein paar Verben mehr zu bringen. Es ist besser, die Situation bildlich zu beschreiben, als geradeheraus zu erzählen, was passiert ist.

Anstelle von:

> My brother is a wonderful pianist.

schreibst Du besser

„You have to play a story“, my brother used to say about playing the piano. And he taught me how to hear a story, when..

Konkrete und genaue Beschreibungen benutzen und trotzdem: Halte Dich kurz, keine breitgetretenen Inhalte.

„However“ vermeiden

Das Wort „however“ wird inflationär benutzt und sollte möglichst vermieden werden. Ausrufezeichen bei banalen Sätzen vermeiden und insgesamt nur sparsam verwenden.

Nicht verkrampft die Bildung demonstrieren: „To say it with Shakespeare,...“

DER AMERIKANISCHE ESSAY

Der *Essay*, der an amerikanischen Schulen gelehrt wird, besteht aus fünf Teilen, also fünf großen Absätzen. Erster und letzter Teil sind Einleitung und Fazit, der mittlere Teil dient der Argumentation beziehungsweise Diskussion. Du solltest darauf achten, daß Du deutliche Absätze machst. Jeder Teil sollte mit einem *Attention grabber* beginnen, also eine Einleitung haben, die Aufmerksamkeit weckt.

Die deutsche Journalistenregel, die W-Fragen für den Beginn eines Absatzes vorsieht, gilt auch hier: who, what ,where, when, why and how. Der Leser sollte nicht lange rätseln. Er sollte wissen, worum in Deinem Aufsatz geht.

Eine solider Aufsatz könnte folgende Reihenfolge haben:

- Themenstellung
- Beispiel
- Fakten
- Vergleich
- Detail

- Reflexion
- Thema/Fazit, aber nicht das gleiche schreiben, wie zu Beginn

Erzählung

Du kannst Deinen Aufsatz in verschiedenen Stilformen verfassen. Du kannst eher erzählend ein Ereignis schildern. Dann solltest Du auch genau und mit Liebe zum Detail erzählen.

Definitionen

Alternativ kannst Du definitorisch vorgehen und verschiedene Auffassungen und Blickwinkel von einem Thema oder Ereignis vorstellen. Du kannst ein Thema dadurch vorstellen, daß Du verschiedene Seiten vergleichst und gegenüberstellst. Oder Du veranschaulichst, wie sich Dinge über die Zeit verändern und beschreibst die Ursachen der Veränderung.

Für sehr persönliche Aufsätze kannst Du die Ich-Perspektive wählen, ansonsten würde ich das nicht empfehlen.

Ähnliche Fragen, aber nicht dieselben

Die Fragen der Universitäten und *Colleges* ähneln sich. Aber es gibt ohne Zweifel Unterschiede. Einen schlechten Eindruck macht es, wenn Du die falsche Frage beantwortest oder den falschen Aufsatz zur falschen Hochschule schickst. Das passiert häufiger als Du denkst, aber bitte nicht bei Deiner Bewerbung.

Warum sie? Warum ihn?

Jetzt frisch ans Werk: Behalte immer im Hinterkopf: Die Universität oder das *College* oder der Professor sucht in Deiner ganzen Bewerbung die Antwort auf eine einzige Frage: Warum sollen wir diesen Studenten akzeptieren? Wenn sie den Aufsatz gelesen haben, sollten sie Dich mögen. Der Leser sollte etwas über Dich erfahren, was Dich ihm sympathisch macht.

Statement of purpose

Die meisten *Graduate schools* verlangen einen *Letter of intent* oder ein sogenanntes *Statement of purpose*. Beide Bezeichnungen meinen dasselbe. Ein solches *Statement* soll Deine Gründe für die Entscheidung für Deine Fachrichtung angeben, zudem die Gründe für Dein Vorhaben, Dich für ein bestimmtes Universitäts-Programm zu bewerben.

Die Professoren

Wichtig ist auch, daß bei Bewerbungen für Forschungsprogramme Professoren im Gremium der Entscheidungsträger sitzen. Danach solltest Du Deine Bewerbung ausrichten. Was möchten die Professoren für Studenten und was könnte sie an Dir interessieren?

Die Regeln für die Niederschrift eines *Essays*, wie ich ihn oben beschrieben habe, trifft auch für ein *Statement of purpose* zu. Lies unbedingt das gesamte Kapitel, wenn Du ein solches *Statement* verfassen sollst.

Nicht abschreiben

Diese Absichtserklärung bereitet häufig Kopfzerbrechen. Es gibt Bücher mit Beispielaufsätzen, an denen Du Dich orientieren kannst, aber solche „Orientierung" kann schnell dazu verführen, daß die eigene Kreativität gehemmt wird. Sieh Dir Beispiele erst an, nachdem Du Dir selbst ein paar Gedanken gemacht hast.

FOCUS

Dein *Statement* ist die Chance, Deine Bewerbung zu fokussieren. Du kannst alle Informationen über Dich in einen Zusammenhang bringen. Arbeitserfahrung, Auslandserfahrung, Studienerfahrung und Lebenserfahrung sollten ein einheitliches Bild Deiner Person vermitteln. Der Aufsatz sollte persönlich und positiv sein, aus Mitleid wird Dich keine Universität akzeptieren. Ein Professor sucht keine Studenten, die ihr Studium als Selbsterfahrung verstehen. Verlier nie aus den Augen, daß Du Dich als angenehmer und interessanter Student zeigen solltest.

Material sammeln

Denk Dir Antworten zu den folgenden Fragen aus oder schreib sie auf. Wenn Du Dir zu diesen Themen Gedanken gemacht hast, verfügst Du eigentlich schon über die Inhalte, die in einem *Statement of purpose* verwendet werden können.

- Wann hast Du begonnen, Dich für die Fachrichtung, Für die Du Dich bewirbst, zu interessieren?

- Hast Du ein bestimmtes Erlebnis gehabt, das Dein Interesse geweckt hat?
- Was hat Dich dazu bewogen, dieses Interesse weiterzuverfolgen?
- Wann hast Du konkrete Karrierepläne gefaßt und aus welchem Grund?
- Welche Erfahrungen, außerhalb Deiner akademischen, machen Dich zu einem guten Akademiker beziehungsweise zu einem guten Studenten dieses Fachs?
- Hat der Verlauf Deines bisherigen Lebens Dich besonders gut auf dieses Studium/diese Karriere vorbereitet?
- Welche Schriftsteller, Wissenschaftler oder Bücher aus Deinem oder einem verwandten Fachbereich haben Dich stark beeinflußt?
- Welche Professoren an Deiner Universität oder im allgemeinen haben Dich geprägt?
- Was ist das Wichtigste, das Du bisher gelernt hast?
- Was ist das Wichtigste innerhalb Deiner Fachrichtung, das Du bisher gelernt hast?
- Wie hast Du Dich auf das Studium vorbereitet?
- Was hast Du der Universität persönlich zu bieten?
- Was hast Du der Universität akademisch zu bieten?
- Welche Forschungserfahrungen hast Du? Was hast Du bisher veröffentlicht?
- Welche Deiner Eigenschaften macht gerade Dich zum geeigneten Kandidaten für dieses Studium?
- Was hast Du in Deiner akademischen Laufbahn bisher gelernt, das Du in der Zukunft gewinnbringend einsetzen kannst?
- Was für Praktika/Arbeitserfahrungen hast Du bisher gemacht, die Dir für die Zukunft nützen?

- Was genau sind Deine Zukunftspläne?
- Was möchtest Du in fünf Jahren machen?

Nicht auf die Muse warten

Du kannst zudem die Fragen für den *Essay* im ersten Abschnitt beantworten, auch das wird Dir weiterhelfen. Die Beantwortung der Fragen hilft, Material zu sammeln. Wenn Du über Deine Antworten verfügst, wird es Dir viel leichter fallen, einen Aufsatz zu verfassen, als wenn Du grübelnd vor einem leeren Blatt Papier oder Deinem Bildschirm sitzt.

LETZTE HINWEISE

- Der Aufsatz sollte getippt sein
- Lies den Aufsatz mindestens einmal LAUT
- Laß den Aufsatz Korrektur lesen und lies ihn selbst MEHRMALS Korrektur
- Wenn Du nur eine Version entworfen hast, hast Du noch nicht genug getan: schreiben, ändern, korrigieren, schreiben
- Hat jeder Absatz einen guten Eingangssatz und einen guten Endsatz?
- Wortwiederholungen eliminieren
- Verwende doppelten Zeilenabstand
- Die erste Zeile eines jeden Absatzes sollte um fünf Leerstellen eingerückt sein
- Spare einen Rand von ca. 2 cm aus
- Dein Name sollte auf jeder Seite stehen
- Verwende sauberes, weißes Papier
- Numeriere die Seiten
- Gib dem Aufsatz eine Überschrift

- Wenn Du Deinen Aufsatz auf einem beiliegenden Blatt Papier geschrieben hast, obwohl ein Formular vorgegeben war, schreibe *see attached Essay* an die Stelle, an der der Aufsatz gefordert war und *attache* den Aufsatz!
- Sende den Aufsatz an das korrekte *College*, die korrekte Universität

Essays, die erfolgreich waren

Damit Du eine Vorstellung von dieser Art von Aufsätzen bekommst, findest Du auf den folgenden Seiten zwei Aufsätze mit Kommentaren abgedruckt. Beide sind im Verlag Random House erschienen. Der eine ist aus *Best Business Schools*, der andere aus dem *Scholarship Advisor*.

Essay 1

FRAGE:

Discuss your career progression to date. What factors have influenced your decision to seek a general management education? Based on what you know about yourself at this time, how do you envision your career progressing after receiving the M.B.A. degree? Please state your professional goals, and describe your plans to achieve them.

ANTWORT:

As a senior, my initial goal was to gain a thorough education in finance, which I could then apply in a field related to my personal interest in the outdoors. The most efficient way to achieve this education was as an analyst at a major investment bank. Most of the available positions were in New York. Although I was offered an analyst position there, I realized that I was unwilling to sacrifice my personal interest in order to move into the city. Instead I headed west and dedicated a year to fulfillment of these interests before beginning my professional career.

I spent the summer and fall as a professional river guide on the Snake River in Wyoming. Guiding over 2,000 people in class IV white water rafting and fly-fishing trips taught me to interact comfortably with clients and to effectively promote myself and my abilities. I often draw upon these marketing skills in my current career when soliciting new clients. I then spent the following winter and spring in California managing a cross-country ski touring center. In this position, I gained valuable experience managing people and an appreciation for the numerous responsibilities of running a business, regardless of its size an purpose. More importantly, both experiences instilled within me an appreciation for our natural environment and an obligation to help preserve it.

Shortly thereafter, I began my professional career at Drexel Burnham Lambert in San Francisco. I was one of the first junior members to join its innovative debt restructuring group. The culture was highly entrepreneurial. Since we were the first group on Wall Street to enter the debt restructuring field, we had no standard operating procedures to rely on and therefore created our own. Our success has been a function of our creativity in developing innovative restructuring techniques as well as our cooperative group dynamics. All members of the team are encouraged to contribute to the creative process, regardless of their position. I performed well in this environment and was rewarded with a promotion from analyst to associate, a position usually reserved to M.B.A. graduates. As the business flourished and the group expanded, I had the opportunity to train and manage several second and third year associates who were new to the group and therefore junior to me in experience. When Drexel entered bankruptcy in early 1900, I was the only one out of the ten junior members invited to join the senior group in their move to another investment bank, Smith Barney.

Our group's continued success at Smith Barney has allowed me to further expand my responsibilities. We recently closed the largest public debt restructuring ever completed, which resulted in the sale of one of America's oldest and largest publishing companies. In this transaction I led our team of associates and analysts from Smith Barney and two other investment banks representing the buyer in a comprehensive financial review and valuation of our client. In collaboration with senior members, I presented these analyses to our client's Board of Directors, who relied upon them in determining the viability of the offer.

In the last four and a half years, I have gained a solid background in finance, experience in line management, and strong negotiating skills by executing numerous transactions in a wide variety of industries. Clearly, I have surpassed the original goal I set out as a senior in *College*. I now plan to pursue other professional goals that I have developed during my tenure at Drexel and Smith Barney.

My next professional goal is to combine my desire to run my own business with my passion for mountaineering, as a manufacturer of outdoor recreational equipment. Mountaineering has advanced at such a rapid pace that athletes in several technique disciplines have exceeded the limits of the equipment available to them. Modern technologies have only been applied to improve the equipment in such recently popular areas as technical rock climbing where sufficient demand has justified the cost of implementation. My focus would be on product development through technology-based innovation in other areas of mountaineering the increased costs of such technology can be offset by more efficient production management. For example, back country ski boots are still made of leather, which freezes when wet and must be hand-stitched. A lightweight plastic boot with a removable synthetic liner, however, would not only improve performance but reduce production costs as well through automation of the manufacturing process. I plan to enter the outdoor recreational equipment market with lines through a) additional technological innovations, b) joint ventures with or acquisitions of other specialty manufacturers, and c) leveraging my brand recognition to promote related clothing and accessories which typically yield a higher profit margin.

Clearly, my goal is not to run a Fortune 500 company. I believe the future of American manufacturing lies in small, highly specialized companies that can not only quickly respond to technological change but also help direct the public's shifting values regarding our natural environment. To create this type of enterprise, I plan to assemble a small teams of individuals with diverse skills but common interests. The structure of this enterprise will combine the many positive organizational aspects of my current organization. I will create a *meritocracy* in which personal and professional growth will be rewarded with increased responsibility. All members of the team will be encouraged to contribute to the creative process regardless of their position. Compensation will be based strictly on performance rather than tenure, so that all members who share the responsibilities may also share the profits. Personal profit, however, will not be the sole motivation. The team will also be motivated by a common interest in environmental protection.

My mentor in the outdoor is Yvon Chouinard, founder of Patagonia, a leading manufacturer of outdoor equipment and clothing. Through product innovation he has advanced the sport of mountaineering and achieved a position at the forefront of the outdoor industry. As an industry leader, he has become a vocal proponent of *sustainable development*, which encourages managers to balance economic growth with environmental concerns. I agree with this thesis that our country's current business practices are generally not sustainable. In the past several years, I have witnessed the effects of irresponsible growth at Drexel and many of its clients` that I helped restructure. Currently we are all witnessing the effects of irresponsible growth on our natural environment. Through the success of my own company, I could fulfill the obligation to the environment I developed years ago as a river guide. As an industry leader, I would be in a position to promote responsible and sustainable growth at all levels-by example within industry leaders, and by volunteering my time and skills to increase public awareness of the need to protect the wilderness areas on which my industry and interests depend.

I understand that, in order to pursue my entrepreneurial interest in manufacturing, I will need the skills to manage across an entire organization, from finance and production to sales and marketing. I have developed strong financial skills and gained experience in line management in my current career. An M.B.A. education is clearly not a perfect substitute for experience, but I believe it will provide me with the framework necessary for effective decision-making in theses areas. An M.B.A. program would also allow me to further research my business ideas through the experience of my peers, independent study, and related summer employment. Education and experience may not change my goals, but they may well change the means by which I achieve them. Finally, since I will not be able to create this organization alone I look forward to the opportunity to meet other individuals who share my interests in entrepreneurship, manufacturing, and sustainable development.

Kommentar

Der Bewerbungsaufsatz ist ein wichtiger Bestandteil der Bewerbung für das M.B.A.-Programm an der Amos Tuck School. Während der gesamten Zeit, in der die Bewerbungen gelesen und ausgewertet werden, versucht das *Admission committee* überzeugende Gründe für die Zulassung eines Bewerbers zu finden. Auch wenn ein exzellenter Aufsatz nicht die Aufnahme an der

Tuck School garantiert, verschlechtert ein schlecht strukturierter oder schlecht geschriebener Aufsatz einer sonst guten Bewerbung die Chancen, aufgenommen zu werden erheblich.

Beweise und Gründe

Zusätzlich zur auf der Hand liegenden Erwartung, einer gut strukturierten, gut artikulierten Präsentation des Bewerbers, der diesen Beispielaufsatz geschrieben hat, führt der Aufsatz

1. überzeugende Gründe an, ihn anzunehmen,
2. überzeugende Beweise, daß er sich an die akademische und sozialen Umgebung von Tuck anpassen und vor allem auch etwas beisteuern wird.

Beachte, daß das *Admission committee* bei der Bewertung der Aufsätze weder die Erfahrung noch die Ziele der Bewerber bewertet. Statt dessen bewertet es

1. wie gut der Bewerber seine Erfahrungen und Ziele präsentiert, und
2. wie gut die Erfahrungen und Qualifikationen die langfristigen Ziele des Bewerbers unterstützen und
3. wie gut die Überlegungen des Bewerbers, einen M.B.A. zu absolvieren, in den gesamten Karriereplan hineinpassen.

Gewünschte Eigenschaften

Es gibt eine Zahl von Indikatoren, die den gesamten Aufsatz durchdringen, welche zeigen, daß der Bewerber Eigenschaften besitzt, die Tucks sucht:

1. die Arten an Erfahrung und das Interesse, die zeigen, daß der Bewerber intellektuell ausreichend auf ein anstrengendes Kursangebot vorbereitet ist,
2. eine hohe Motivation, Leistung zu bringen,
3. die Fähigkeit, kreative Lösungsstrategien zu entwickeln,
4. eine Kombination verschiedener Führungsqualitäten, die es erlaubt, erfolgreich verschiedene Teilbereiche einer Organisation zu leiten,

5. zwischenmenschliche Fähigkeiten, die benötigt werden, um mit unterschiedlichen Menschen zusammenzuarbeiten und

6. ein Gefühl für die Notwendigkeit, das geschäftliche und das private Leben ins Gleichgewicht zu bringen.

Einheit

Der Bewerber demonstriert diese Eigenschaften durch die Beschreibung der Entwicklung seines bisherigen Werdegangs, indem er jedes Stadium seiner Ausbildung mit seinen langfristigen Zielen in Verbindung bringt. Er erklärt, warum das *General management training*, das einen hohen Stellenwert in Tuck's M.B.A.-Programm innehat, wichtig für die Verwirklichung des nächsten Schrittes in seinem Karriereplan ist. Der Bewerber weiß, was er will – Fähigkeiten, um eine R & D-basierte Produktionsfirma in der Nähe zur Natur zu leiten – und er hat eine genaue Vorstellung davon, wie er dies erreichen wird. Durch seinen Aufsatz vermittelt er, daß er eine kontinuierliche Reihe von bewußten Entscheidungen getroffen hat, die seine langfristigen Ziele unterstützen, indem er strategisch verdeutlicht:

1. wo er lebt und arbeitet (auf einem Fluß in Wyoming, nah einem Skigebiet in Kalifornien, dann in einem großen *Financial center* in Kalifornien),

2. welche Erfahrungen in der Industrie am wertvollsten für seine persönlichen und professionellen Interessen waren (ein Freizeit-Ausstatter, ein Kundenservice orientiertes Sportunternehmen, eine Investment Bank),

3. welche Positionen sich in der Zukunft als nützlich erweisen würden (Leiter von *White-water rafting trips*, *General management* eines *Cross-country ski touring center*, Mitglied eines Teams in einer *Debt-Restructuring* Gruppe einer Investment Bank) und

4. welche aktuellen Tendenzen zu beobachten sind (die Konsequenzen kommerzieller Landentwicklung für die Umwelt, Wachstumsstrukturen von technischen Neuerungen in der

Sportausstatter-Industrie, die Rolle der herstellenden Industrie in der nationalen Wirtschaft).

Der Bewerber versichert, daß er Management-Kompetenzen mitbringt und untermauert diese Behauptung mit der Beschreibung, wie seine Vorgesetzten bei Drexel Burnahm Lambert ihm Verantwortung übertragen haben, die normalerweise für M.B.A.s reserviert ist. Er demonstriert Vertrautheit mit den gegenwärtigen Auswirkungen einer stagnierenden oder sich nur langsam entwickelnden Wirtschaft, indem er seine erfolgreiche Einarbeitung in eine neue Stelle bei einer anderen Firma zeigt, nachdem sein eigener Arbeitgeber Bankrott gegangen ist. Diese Flexibilität, gepaart mit den verschiedenen Erfahrungen, wird ihm ermöglichen, interessante Perspektiven in die Klassendiskussionen einzubringen.

Einstellung und Haltung

Zu guter Letzt entsprechen die Haltung dieses Bewerbers, seine Erfahrungen, Ziele und Interessen, dem, was Tuck in einem zukünftigen M.B.A.-Kandidaten sucht. Das *Admission commitee* war sicher, daß seine Interessen und Fähigkeiten gut zu den Anforderungen der Hochschule passen würden und daß er in der Umgebung von Tuck glücklich scin würde: ländlicher Lifestyle und kleine Klassen, die kooperatives, sehr interaktives Gruppenlernen fördern, eine eng verbundene Gemeinschaft, die Menschen mit verschiedenen Hintergründen willkommen heißt, und die Fähigkeit, alle Vorteile des *Career placement services* und die anderen Kontakte einer *Ivy league business school* gewinnbringend zu nutzen.

Essay 2

FRAGE:

Choose one person, whether living or dead, and describe how he or she has influenced your life.

ENTWURF:

We competed in the twenty-second race to have been run on the McWoo Invitational course that day, so I think it would have been fairly muddy even without those torrential downpours. But rain it did. We splashed through big, brown puddles, slid down swampy hills, and leapt over fallen runners with a stab of pity. As I crossed the finish, I looked down to make sure that I hadn't lost my shoes out on the course, but the lower half of my body had taken on the murky color of my surroundings - I felt like a chameleon! Jake was right there, giddier than I'd seen him in years. "European style cross-country, kid!" he exclaimed. "I love it!" While jumping into the Jason River with my teammates in an attempt to cleanse myself, I had to agree with Jake that I loved it as well. That day, I ran for both of us.

When he and his cousin Kevin Cotter started coaching the track and cross-country teams at the Zehr Academy in 1989, Jake Montgomery didn't have a ten-year plan. An avid marathoner, he was just taking over the running program which his oldest daughter had initiated at this all girls' school one year earlier, succeeding a part-time coach who would simply tell the girls to "go out and run!" Each year, Jake tells himself that he'll coach for one more year. In the meantime, he gets attached to the new runners, which is obvious by the size of our team; our roster of fifty strong reflects Jake's attitude of "If you want to run, then I want you to run." With the addition of an indoor track team to Zehr Academy athletics, coaching has become a virtual year-round commitment for Jake, but that doesn't seem to bother him. Perhaps it is because his dedication to coaching has been one of the few constants in his life over the past decade.

In addition to the mid-life changes of having two children, leaving home and becoming a grandfather, Jake has had to face an obstacle to which most young, healthy men would consider themselves immune: heart disease. Since undergoing vascular surgery five years ago, he has been unable to resume his job as a machinist. But above all, he has had to put aside his passion, running. It took me a frustrating injury of my own to appreciate just how excruciating it must be for him to suppress the natural inclination to just take off. Despite this, Jake has retained his wacky sense of humor and really seems to be at peace with his running. Upon asking him how he'd made his peace, I definitely struck a chord with him. He told me that he still misses running immensely, but that if he could not run, coaching us was the next best thing.

And so, six days per week, ten months per year, Jake Montgomery sets aside time to be with us, to help us excel at the sport which he loves, and to give us advice about life in general. While the nearly two dozen league and section championships which Jake's teams have accumulated over the years certainly speak a lot for his efforts, I think that his greatest victory is in his coaching style. He always wants that which is best for the individual. I will never forget his attitude when my friend Christina, unarguably our league's fastest runner, suffered a season-ending injury during cross-country in her senior year. Instead of worrying about how he would replace her, Jake supported Christina wholeheartedly throughout her rehabilitation. He even lent her his old pair of crutches.

That was his way of saying that what had happened was okay, and I know that when Christina used those crutches, she felt a though she had Jake to lean on.

Jake is part of who I am today. He always believed in me, even when no one else believed in me, even when I didn't believe in myself. He has helped me to realize the victory I have achieved which cannot be reassured by the clock.

It had been a tough race, but I had fun simply because I was doing what I love to do. Jake felt that. "Kid," he said, "you've got a heart bigger than your whole body." Coming from someone who knows plenty about heart, that meant a lot to me.

Kommentar

Die Stärke dieses Aufsatzes liegt darin, daß er ein sehr genaues Portrait der Person gibt, die der Bewerber bewundert. Er erreicht dies durch eine Geschichte. Der Leser hat Jake Montgomery noch nie getroffen, bekommt aber aufgrund der bildhaften Beschreibungen im Aufsatz einen genauen Eindruck von ihm. Die Einleitung, die lebendig ein *Cross-country*-Rennen beschreibt, ist sehr gut. Das Ende, welches sich auf beide Bedeutungen des Wortes „heart" bezieht, ist ebenfalls stark.

Zu wenig Informationen über die Bewerberin

Das größte Problem des Aufsatzes ist, daß er sich so stark auf Jake Montgomery bezieht, daß man nicht viel über die Autorin der Geschichte erfährt, die die Person ist, um die es in der Bewerbung eigentlich geht. Der Aufsatz muß klarer herausstellen, was die Autorin von Jake gelernt hat und wie sie diese Lehre in ihr Leben integriert hat. Der vorletzte Paragraph sollte aus diesem Grund erweitert werden. Darüber hinaus tendiert die Autorin dazu, Zeiten und Subjekt innerhalb der Absätze zu wechseln, was verwirren kann. Einige Ausrufezeichen sind überflüssig, da ablenkend. Die Übergänge könnten ebenfalls sanfter sein, und einige überflüssige Formulierungen können weggelassen werden.

NEUFASSUNG:

Our cross-country team ran in the twenty-second race of the McWoo Invitational that day, so I think the course would have been muddy even without the torrential downpours. But rain it did, and the mud was everywhere. I splashed through big, brown, puddles, slid down swampy hills, and leapt over fallen runners with a stab of pity, knowing that it could just as easily have been me on the ground. As I crossed the finish, I looked down to make sure that I hadn't lost my shoes out on the course, but the lower half of my body had taken on the murky color of my surroundings. Jake, my coach, was right there, giddy with delight. "European style cross-country, kid!" he exclaimed. "I love it!" While jumping into the Jason River with my teammates in a futile attempt to get clean, I had to agree with Jake. I loved it as well.

Jake Montgomery didn't have a ten-year plan when he and his cousin, Kevin Cotter, started coaching the track and cross-country teams at the Zehr Academy in 1989. An avid marathoner, Jake was just taking over the running program, which his oldest daughter had initiated at this all girl's school one year earlier, succeeding a part-time coach who would simply tell the girls to "go out and run!" One year turned into ten.

Each year, Jake tells himself that he'll coach for "one more year." In the meantime, he gets attached to the new runners, who flock to him in droves. The team roster of fifty reflects Jake's coaching attitude: "If you want to run, then I want you to run." With the addition of an indoor track team, coaching has become a year-round commitment for Jake, but that doesn't seem to bother him.

Perhaps this is because his dedication to coaching has been one of the few constants in his life over the past decade.

Besides having two children leave home and becoming a grandfather, Jake had to face an obstacle to which most athletes are immune: heart disease. Since undergoing surgery five years ago, he has been unable to return to work.

The worst part of the disease, however, was that it forced him to stop running. It took a frustrating injury of my own for me to appreciate just how excruciation it must be for him to suppress the natural inclination to just take off. Despite this, Jake has retained his wacky sense of humor and seems to be at peace with his condition. I asked him once how he coped, and he told me that he misses running immensely, but that if he cannot run, coaching us it the next best thing.

So, six days per week, ten month per year, Jake Montgomery sets aside time to help us excel at the sport he loves, and to give us advice about life. While the nearly two dozen league and section championships which Jake's teams have won testify to his success, I think that his greatest accomplishment is his coaching style. He always wants the best for each runner. I will never forget his attitude when Christina, our league's fastest runner, suffered a season-ending injury. Instead of worrying about how he would replace her, Jake supported Christina whole-heartedly throughout her rehabilitation. He even lent her his old pair of crutches. That was his way of saying that what had happened was okay, and I know that when Christina used those crutches, she felt as though she had Jake to lean on.

Jake is part of who I am today. He always believed in me, even when I didn't believe in myself. His example of how to keep going, even when the body refuses to work and the mind just wants to give up, has helped me develop, more self-confidence and persistence. When difficulties present themselves, I work that much harder to get through them.

Jake's sense of humor and attitude have also helped me not to take myself seriously all the time. He has helped me learn to laugh at myself, and has taught me how to keep perspective on what is important in life-friends, family, and the simply joy that comes from doing what you love to do.

The McWoo Invitational had been a tough race, but I had fun because I loved to run. Jake felt that. "Kid," he said, "you've got a heart bigger than your whole body." Coming from someone who knows plenty about heart, that meant a lot to me. That day, I ran for both of us.

Übrigens, die Amerikaner setzen eigentlich zwei Leerstellen zwischen die Sätze. Du kannst das ebenfalls so machen, aber ich denke kaum, daß das besonders positiv oder negativ bewertet wird oder auffällt.

...und nicht vergessen:

DER AUFSATZ AUF EINEN BLICK

- Sei originell und ehrlich, nachdenklich und konzentriert, aber vor allem: Beantworte die Frage!
- Zeig ein Stück Deiner Persönlichkeit
- Sei sympathisch, nicht arrogant oder selbstgefällig
- Schreibe systematisch und organisiert
- Zeig anschaulich, was Du sagen willst, das ist besser als einfach zu sagen, was passiert ist
- Schreib aktivisch, nicht passivisch
- Beschreibe konkrete Situationen anstelle von allgemeinen

- Beseitige überflüssige Bemerkungen radikal!
- Schreibe mehrere Entwürfe, bevor Du die Endversion verfaßt
- Nutze die Rechtschreibprüfung Deines Computers, aber verlasse Dich nicht ausschließlich darauf
- Laß Deinen Aufsatz von mehreren Personen Korrektur lesen und bestehe auf ehrliche Meinungen
- Sende den richtigen Aufsatz zur richtigen Hochschule

Schritt 9: Letters of recommendation und Interview

Die meisten Universitäten und *Colleges* verlangen mehrere Empfehlungsschreiben von Lehrern, Professoren oder Arbeitskollegen.

Keine nüchternen Einschätzungen

Du hast die unangenehme Aufgabe, jemanden zu bitten, eine Empfehlung für Dich zu schreiben. Vergiß nicht, daß dies auch für viele Professoren ungewohntes Neuland ist. Die amerikanischen Professoren sind die Abfassung derartiger Empfehlungsschreiben gewöhnt und verfassen gemeinhin äußerst positive Schreiben. Eine nüchterne Einschätzung, wie das in Deutschland üblich ist, womöglich in der kryptischen Sprache deutscher Arbeitszeugnisse (er hat seine Aufgaben zu unserer Zufriedenheit erledigt = dat war alles nich so dolle) wird nicht vorgenommen.

Keine lauwarmen Empfehlungen

Die Schreiben sind extrem wichtig. Die *Colleges* und Universitäten möchten unbedingt interessante Studenten in den Kursen haben, die die Hochschule bereichern. Eine gute Empfehlung kann viel bewirken, eine lasche Empfehlung kann viel zerstören.

Der Gutachter sollte Dich kennen

Oft wird eine Empfehlung vom *Counselor* oder *Advisor* verlangt. Ein *Counselor* ist so eine Art Vertrauenslehrer beziehungsweise akademischer Mentor. Im Idealfall kennt er seine Schäfchen. An deutschen Universitäten ist es eher selten, daß ein Kustos Dich gut kennt. Frag am besten den Professore, Dozenten oder Lehrer, der Dich am besten kennt, denn meist wird auch eine Bewertung Deines Charakters gewünscht.

Einen Gutachter finden

Wähle Deine Gutachter sorgfältig aus. Du solltest sicher sein, daß sie eine wirklich positive Bewertung Deiner Arbeit und Deiner Person vornehmen.

Keine Kritik

Schärfe Deinem Gutachter ein, daß „kritische Beurteilungen" fehl am Platze sind. Dein Gutachter soll Dich regelrecht empfehlen. Es schadet auch nie, über den grünen Klee gelobt zu werden, wie es so schön heißt.

Die Empfehlungsschreiben sollten in Englisch verfaßt sein beziehungsweise übersetzt werden.

Wenn Du eine Übersetzung benötigst, kannst Du diese vom TIA-Übersetzungsservice erstellen lassen. Informationen erhältst Du bei folgender Adresse. Oder Du benutzt die Infokarten am Ende des Buches.

TIA
Hans-Böckler-Str. 19
53225 Bonn
Tel.: 0228 9735 0
Fax: 0228 9735 190

Berühmte Gutachter

Koryphäen

Wenn ein bekannter Professor oder eine bekannte Person des öffentlichen Lebens Dir einen Empfehlung schreiben kann, so solltest Du diese Empfehlung ruhig benutzen. Das kann einen positiven Einfluß auf Deine Bewerbung haben, allerdings wird ein mittelmäßiger Student mit einem „wichtigen" Gutachter einem guten Studenten nicht vorgezogen.

Waiver

Dem Gutachter vertrauen

Falls Du mit den vorgefertigten Formularen der jeweiligen Universitäten arbeitest, hast Du die Möglichkeit, auf das Recht zu verzichten, die Empfehlungsschreiben einzusehen, indem Du einen sogenannten *Waiver* unterzeichnest. Bist Du Dir des guten Urteils Deines Gutachters sicher, so solltest Du dies auch tun. Durch diesen Verzicht machst Du deutlich, daß Du die Gutachten unbesehen verschickt hast und nicht etwa ein schlechtes Gutachten aussortiert hast. Du gibst dem Gutachter in diesem Fall die Formulare und einen ausreichend frankierten, adressierten Umschlag. Dieses Vorgehen steigert den Wert einer guten Bewertung erheblich.

Die Empfehlung selbst schreiben

In manchen Fällen wird Dein Gutachter Dich bitten, die Empfehlung selbst zu schreiben. Das wird zwar nicht öffentlich zugegeben, geschieht aber nicht selten. Nutze diese Chance und schreib Dir eine hervorragende Empfehlung. Dies wird Dir sicherlich ein wenig merkwürdig vorkommen, aber dies ist nicht der richtige Moment für Bescheidenheit.

Was steht drin

Konkrete Angaben

Ein Empfehlungsschreiben sollte beinhalten, wie lange und in welcher Form beziehungsweise Position der Verfasser Dich kennt Es sollte über Deine intellektuellen Fähigkeiten, Deine Arbeitsweise und Gewohnheiten, Deinen persönlichen Einsatz, Deine Motivation, eventuell über Deine akademischen und beruflichen Zukunftschancen informieren. Am besten sollte ein Empfehlungsschreiben konkrete Beispiele enthalten. Du solltest unter Umständen dem Verfasser eine Anleitung mitgeben beziehungsweise ihm mitteilen, was ein Empfehlungsschreiben beinhaltet. Eine schöne Anekdote über Deine Leistung oder über Deine Art zu arbeiten ist immer am anschaulichsten. Gib Deinem Gutachter ein Blatt, das die Informationen über Dich enthält, die in Zusammenhang mit den Fächern oder Aufgaben stehen, in denen Dein Gutachter Dich kennt.

AUSZUG AUS EINEM GUTACHTEN

I worked with Martina Harenberg for five years, while she worked for the Kohl & Kohl GmbH in Cologne. As a program analyst she was invaluable in a wide variety of acquisition and planning projects.

She dealt with much success with projects which were difficult and complex to handle. Originally employed as an intern, she made her way up to being responsible for projects normally reserved for M.B.A.s. She led a team of five people in customer relations and project presentations. She had to overcome opposition and to convince our clients of the advantages of our plan.

She communicated with a lot of people on a daily basis. She was always well informed and prepared.

Her strength are her enthusiasm, her ability to quickly analyze the situation and to make the decisions the situation calls for. She can get to the essence of the situation and pays attention to necessary detail.

She was an outstanding employee and I am sorry to loose her.

However, I fullheartedly support the application of Martina. She is an excellent choice for your institution and is certainly well prepared for a successful career in business. I will answer questions on her behalf any time.

Außerdem solltest Du Deinen Gutachter unbedingt nochmals an den Einsendeschluß erinnern.

Im Kasten ist noch mal zusammengefaßt, worauf Du achten solltest.

EMPFEHLUNGSSCHREIBEN AUF EINEN BLICK

Such den Kontakt zu Deinen Professoren und Lehrern, das ist kein „schleimen", sondern notwendig, damit diese etwas über Dich schreiben können

- Wähl Deine Gutachter sorgfältig aus
- Bereite einen Lebenslauf und Informationen für den Gutachter vor, möglicherweise mit einer Anleitung darüber, was in einem Gutachten stehen sollte (wie oben erklärt)
- Bitte Deine Gutachter früh um eine Empfehlung und gib ihnen einige Wochen Zeit
- Gestalte die Abfassung der Empfehlung für die Professoren oder Dozenten so einfach wie möglich
- Gib den Gutachtern einen frankierten Umschlag oder frankierte Umschläge
- *Waive your rights*, verzichte auf Dein Recht, die Schreiben einzusehen, wenn das möglich ist
- Erinnere die Gutachter an den Einsendeschluß
- Bedank Dich bei den Verfassern

Arbeitsproben

Arbeitsproben werden insbesondere für Ph.D.-Programme erwartet. Du solltest Auszüge aus Arbeiten und, wenn möglich, natürlich Veröffentlichungen beilegen. Für künstlerische Programme ist die Art der Arbeitsproben im Normalfall präzisiert.

Besondere Talente

Hast Du ein besonderes Talent? Du bist eine begabte Pianistin oder ein ausgezeichneter Sänger? Nur, wenn Du wirklich ausgesprochen gute Leistungen vorweisen kannst, solltest Du eine Kostprobe einreichen. Du kannst diese Proben, zum Beispiel eine Kassette, direkt zum entsprechenden *Department*, etwa dem *Music department*, schicken und dann um eine Empfehlung des Departments bitten. Wie Du genau vorgehen solltest, kannst Du zudem mit der *Admission office* absprechen.

Interview

Von den Universitäten werden *on-campus* und *Alumni Interviews* durchgeführt. Einige Hochschulen bieten diese auch außerhalb der USA an. Ein Interview ist eine gute Gelegenheit, sich selbst darzustellen, aber nicht unbedingt erforderlich. Der Wert einer sehr guten Bewerbung wird durch ein fehlendes Interview, besonders von einem außerhalb der USA wohnenden Studenten, kaum geschmälert. Wenn Du allerdings glaubst, und dies kann man meist selbst einschätzen, daß Du zu den Studenten gehörst, die in der Mitte der Bewerber stehen, gut aber nicht absolut herausragend sind, und Dich gut selbst darstellen kannst, solltest Du möglichst einen Interviewtermin wahrnehmen.

INTERVIEWS

Ich kenne Studenten, die durch persönliches Erscheinen und Gespräche mit Professoren in Programme aufgenommen worden sind, obwohl sie sonst keine allzu große Chance gehabt hätten. Immer daran denken: Professoren und *Admission officers* sind auch nur Menschen! Wenn Du die Möglichkeit hast, solltest Du unbedingt persönlich bei der Universität, an der Du Dich bewirbst, vorbeischauen und mit Studenten, *Admission officers* und Professoren sprechen. Du bekommst selbst ein viel besseres Bild davon, was Dich erwartet und kannst versuchen, Dich im Gedächtnis der Entscheidungsträger festzusetzen.

Konservative Kleidung

Wenn Du zu einem Interview erscheinst, solltest Du konservative Kleidung tragen und einen ordentlichen Gesamteindruck machen.

Die Fragen, die gestellt werden, sind wahrscheinlich eher allgemeiner Natur. Wenn Du Dich für ein *Professional Program* bewirbst, solltest Du Dir noch mal die Fragen in Schritt 8 ansehen, die Deine akademischen Pläne und Fähigkeiten betreffen.

MÖGLICHE INTERVIEW-FRAGEN, DIE DU BEANTWORTEN KÖNNEN SOLLTEST

- Warum willst Du hier studieren?
- Gibt es Programme, die Dir besonders gefallen?
- Was sind Deine Stärken und Schwächen?
- Welche Aktivitäten sind Dir am wichtigsten?
- Wie würden Deine Freunde Dich beschreiben?
- Worauf bist Du besonders stolz?
- Welche Kurse interessieren Dich besonders?
- Welche interessanten Bücher hast Du in letzer Zeit gelesen?
- Gibt es politische Geschehnisse, die Dich interessieren?
- Was sind Deine Zukunftspläne nach Abschluß der Ausbildung?
- Was war Deine größte Niederlage und was hast Du daraus gelernt?

MÖGLICHE FRAGEN, DIE DU STELLEN KÖNNTEST

- Inwiefern hängt der Campus mit der umgebenden Stadt zusammen? Werden Projekt auf politischer oder sozialer Ebene mit der Stadt durchgeführt?
- Gibt es eine gute Betreuung für internationale Studenten?

- Wird finanzielle Unterstützung für internationale Studenten angeboten?
- Können internationale Studenten auf dem Campus arbeiten?
- Gibt es eine Krankenversicherung für internationale Studenten?
- Welche Forschungsmöglichkeiten gibt es?
- Ist es schwierig, die Fächer meiner Wahl zu belegen?
- Was sind die beliebtesten Kurse an der Uni?

Vorbereitung

Informier Dich vor dem Interview genau über die Universität und das Programm. Vielleicht gibt es etwas, das Dich besonders interessiert, etwas, das diese Universität von den anderen unterscheidet. Dann hättest Du gleich ein gutes Argument dafür, warum Du unbedingt an dieser Universität studieren möchtest.

Ergreife die Initiative

Mach es dem Interviewer leicht. Stell selbst Fragen, damit unangenehme (und anstrengende) Pausen vermieden werden. Gut ist es, bei Deiner Wunschuniversität als letztes vorzusprechen, weil Du dann schon Routine mit Interviews hast.

Thank you-note

Vergiß nicht, nach dem Gespräch einen kurzen Dankesbrief, eine sogenannte *Thank-you note*, zu versenden, in der Du das Besprochene nochmals aufgreifen kannst: Was die wichtigsten Punkte im Gespräch waren. Warum es Dich in Deiner Wahl der Universität bestärkt hat.

WAS DU NICHT TUN SOLLTEST

- Rede nicht über Noten und Deine Testergebnisse
- Deine Eltern haben beim Interview – weder persönlich noch als Gesprächsthema – nichts zu suchen

Schritt 10: Zusage – es geht los

Zusage, Absage, Absage, Zusage. Kaum jemand bekommt nur Zusagen, stelle Dich daher auf einige Absagen ein. Wenn Du Dich bei genug Universitäten verschiedenen Schwierigkeitsgrades beworben hast, solltest Du allerdings mindestens eine Zusage bekommen.

Absage? Warteliste?

Absagen sind frustrierend. Immer. Auch wenn Du schon vorher wußtest, daß Du bei einer Hochschule eigentlich keine Chance hattest. Hoffentlich hast Du Deine Universitäten so gewählt, daß Du zumindest eine Zusage bekommen hast. Das hängt nur von der „Streuung" Deiner Bewerbungen ab, außer bei einigen äußerst beliebten *Graduate*-Programmen, die im ganzen Land heiß begehrt sind.

Ein Versuch schadet nicht

Du kannst im Falle einer Ablehnung trotzdem noch einen Brief an das *Admission committee* schreiben und erklären, warum Du unbedingt akzeptiert werden solltest. Das kann helfen, aber Du brauchst Glück. Bessere Aussichten hast Du, wenn Du auf der Warteliste stehst. Dann solltest Du der Universität unbedingt weitere überzeugende Gründe dafür geben, Dich anzunehmen. Etwa Deine neuesten Noten, neue Arbeitserfahrung oder ähnliches.

Visum

Wenn Du formal zugelassen worden bist und Deine eigene Zusage gegeben hast, erhältst Du von der Universität ein Formblatt für den Visums-Antrag. Es gibt allerdings einige Ausschlußgründe, die jeden Visums-Antrag unmöglich machen:

- Krankheit: Du darfst keine ansteckenden Krankheiten haben, HIV-positive Menschen dürfen nicht einreisen

- Kriminelle Vergangenheit, insbesondere Drogengeschäfte
- Die Absicht, nicht in Dein Heimatland zurückzukehren

Es gibt noch einige weitere Punkte, aber dies sind die wichtigsten Ausschlußgründe. Die meisten werden glücklicherweise nicht von diesen Gründen betroffen sein.

F-1-Visum und J-1-Visum

Wenn Du Dich selbständig beworben hast, erhältst Du das Formular I-20. Wenn Du über ein Austauschprogramm in die USA gehst, erhältst Du von der Organisation, über die der Austausch stattfindet, das Formular IAP-66. Die Universitäten verlangen, daß Du nachweist, daß Du finanziell in der Lage bist, die Studiengebühren zu zahlen, bevor sie Dir das jeweilige Formblatt zuschicken. Dieses Formblatt ist Deine Berechtigung, einen „Nichteinwanderungsstatus" zu erhalten.

Finanzielle Mittel

Wenn Du an einem Austauschprogramm teilnimmst, wirst Du nachweisen müssen, daß Du genügend finanzielle Mittel für den gesamten Aufenthalt besitzt. Falls Du Dich für ein F-1-Visum bewirbst, mußt Du nachweisen, daß Du genügend Geld für das erste Jahr besitzt und danach auf weitere Ressourcen zurückgreifen kannst.

Visums-Beantragung

Konsulatsbesuch

Mit dem Formular, Deinem Paß, einem Foto und etwas Geld für die Visums-Gebühr sowie dem Finanzierungsnachweis mußt Du beim Konsulat oder der Botschaft ein internationales Studentenvisum beantragen. Du kannst dort persönlich erscheinen. Ansonsten kannst Du unter der Telefonnummer 0190 91500 (DM 2,42 pro Minute) anrufen, weitere Fragen stellen und nötige Formulare per Post anfordern.

Der Finanzierungsnachweis kann auch durch einen Bürgen erbracht werden. Wenn Du einen amerikanischen Bürgen hast, benötigst Du das ausgefüllte Formular *Affidavit of Support*, das Du auch von der Webseite der Botschaft herunterladen kannst, ansonsten kannst Du auch eine Bürgschaft von Familienangehörigen besorgen. Die kann relativ formlos sein, mußt Du nur die finanziellen Mittel durch Bankauszug oder ähnliches nachweisen.

Der Paß

Dein Paß muß mindestens noch sechs Monate gültig sein, wenn Du in die USA einreist, und das I-20-Formular muß von einem Stellvertreter der Universität innerhalb der letzten sechs Monate unterschrieben worden sein. Wenn Du planst, außerhalb der USA zu reisen, auch wenn es nur nach Mexiko oder Kanada ist, solltest Du Dich unbedingt bei dem *Advisor* für internationale Studenten erkundigen, ob die Rückreise problematisch werden kann.

Nützliche Webseite

http://www.us-botschaft.de

Mit dem Formular I-20 erhältst Du das F-1-Visum, mit dem Formular IAP-66 das J-1-Visum. Beide sind keine Einwanderungsvisa und nur für die Dauer des Studiums gültig.

Die 2-Jahressperre für J-Visa

Du mußt beachten, daß Du nach einem Aufenthalt mit einem J-Visum kein Einwanderungsvisum beantragen darfst. Du kannst also folgende Visa-Arten nicht beantragen: Green Card, H-, K-, oder L-Visum. Es besteht ein *Two years home residence requirement* für J-Visum-Inhaber. Von dieser Regelung sind Ausländer mit J-Visum betroffen, die einer oder mehrerer der folgenden Gruppen angehören:

- Personen, deren Teilnahme an einem Programm ganz oder teilweise, mittelbar oder unmittelbar von einer Behörde der US-Regierung und/oder der Regierung des Heimatlands finanziert wurde, also z.B. Fulbright-Studenten

- Personen, die im Rahmen ihres Programms eine medizinische Ausbildung erhalten oder ein medizinisches Praktikum absolviert haben
- Personen, deren Tätigkeit und Heimatland in der sogenannten *Visitors skills list* aufgeführt sind. Dabei handelt es sich um eine in unregelmäßigen Abständen von der USIA veröffentlichte Liste bestimmter Berufe und Länder. Wer eine der Tätigkeiten ausübt, die dort unter dem eigenen Heimatland aufgezählt sind, kann erst nach einem zweijährigem Aufenthalt im Heimatland ein neues US-Visum beantragen. Allerdings sind Deutschland, Österreich und die Schweiz dort zur Zeit nicht aufgeführt

Kaum Ausnahmen

Für viele ist diese Regelung schmerzhaft, denn sie möchten nach dem Studium in den USA bleiben und können das dazu häufig verwendete H-Visum oder die Green Card nicht erhalten. Eine Ausnahme von dieser Regelung kann kaum erwirkt werden. Nur für Ärzte sieht die Situation in einigen Bundesstaaten etwas besser aus, da ein Ärztemangel herrscht. Aber auch in diesem Fall benötigt man zur Beantragung einer Ausnahmeregelung Rechtsbeistand, was nie billig ist.

M-Visum

Es gibt noch ein weiteres Visum, das für Dich in Frage kommen kann: das M-Visum. Das M-Visum ist für Studenten an technischen Hochschulen gedacht. Wenn Du erst ein F-Visum erhältst, dann die Hochschule wechselst und ein M-Visum benötigst, ist das problemlos möglich.

Es ist allerdings nicht möglich, ein M-Visum in ein F-Visum umzuwandeln.

Kinder und Ehefrauen und Ehemänner

Wenn Du Kinder, Ehefrauen und Ehemänner in die USA mitnehmen möchtest, benötigen diese ebenfalls ein Visum. Das ist entweder ein J-2-, ein F-2- oder ein M-2-Visum. Mit dem M-2- oder F-2-Visum ist es Angehörigen nicht erlaubt zu arbeiten. Du mußt bei der Einreise die finanzielle Absicherung von Kindern und Ehepartnern zusätzlich nachweisen. Wenn Du als J-1-Inhaber Angehörige in die USA bringst, können sich diese Angehörigen um eine Arbeitsgenehmigung bemühen. Die Angehörigen dürfen ebenfalls studieren, allerdings wird ihnen nicht erlaubt, finanzielle Unterstützung zu beantragen oder anzunehmen.

Verlängerung des Studiums

Wenn Du eine Aufenthaltsverlängerung benötigst, um Dein Studium zu beenden, kannst Du diese von Deinem Advisor erhalten. Diese Verlängerung gilt 30 Tage ab dem Datum, das auf Deinem I-20-Formular angegeben ist.

Für eine neue Universität ein neues Visum

Wenn Du die Universität wechseln möchtest, brauchst Du von der neuen Hochschule ein I-20-Formular und mußt dieses ausgefüllt zurückgeben. Das gleiche gilt, wenn Du an derselben Hochschule ein neues Programm beginnen möchtest.

Visa nach Beendigung des Studium

Nach Beendigung des Studiums mußt Du das Land verlassen. Du kannst allerdings auch ein Visum für *Practical training* oder ein anderes Visum beantragen. Zum *Practical training* findest Du im Abschnitt Jobben mehr Informationen.

Mit dem Besuchervisum in die USA

Du solltest auf keinem Fall mit einem Besuchervisum in den USA ein Vollzeitstudium beginnen. Das ist illegal und kann zu Deiner Ausweisung führen. Der Wechsel von einem Besuchervisum zu einem Studentenvisum ist während eines Aufenthalts in den USA so gut wie unmöglich. Wenn Du mit einem Besuchervisum einreist, weil Du erst später ein Studentenvisum erhalten wirst, sollte auf Deinem Visum der Stempel *Prospective student* sichtbar sein. Du erhältst diesen Stempel, wenn Du nachweisen kannst, daß Du an der Universität angenommen worden bist.

Krankenversicherung

Die meisten Universitäten verlangen, daß Du eine Krankenversicherung abschließt, bevor Du Deine Ausbildung beginnst. Dies ist sowieso zu empfehlen. Du kannst häufig in einem begrenzten Rahmen kostengünstige, medizinische Versorgung durch die Hochschule erhalten.

Ärztliche Versorgung ist teuer

Amerikanische Krankenhäuser und Ärzte sind sehr teuer. Du solltest Dich also unbedingt um eine vernünftige Versicherung bemühen.

Ankunft

Du kannst, um Deine Ankunft zu erleichtern, das YMCA *Arrivals-Program* in Anspruch nehmen. Dieses Programm ist kostenlos, wird aber nur in New York angeboten. Wenn Du am JFK Flughafen einreist, holt Dich jemand ab, hilft Dir bei der Einreise und kann Dir auch einen Platz für eine Übernachtung besorgen. Wenn Du Interesse hast, kannst Du weitere Informationen unter folgender Adresse erfragen:

YMCA Arrivals Program
71 West 23rd Street, Suite 1904
New York, New York 10010
Tel.: 001 212 727 8800
Fax: 001 212 727 8814

Jobben

Wie schon in Schritt 5 erwähnt: Arbeiten ist illegal. Du darfst mit Deinem Visum allerdings ohne weitere Genehmigung 20 Stunden *on-campus* arbeiten, also in der *Cafeteria*, der Bibliothek oder eben als *Teaching assistant*. Während der Semesterferien darfst Du Vollzeit arbeiten, aber nur, solange Du zum nächsten Semester wieder Student sein wirst. Jede Arbeit *off-campus* ist illegal.

Schwarzarbeit ist Risiko

Du solltest Dir gut überlegen, ob Du das Risiko, schwarz zu arbeiten, eingehen möchtest. Fliegst Du auf, sind Dein USA-Aufenthalt und Dein Studium schlagartig beendet.

Praktika

Eine andere Möglichkeit zu arbeiten sind Praktika, die auch bezahlt sein dürfen. Du hast nämlich die Möglichkeit, *Curricular practical trainings* zu absolvieren. Diese werden als Teil der Ausbildung verstanden, und normalerweise erhältst Du für sie *Credits* angerechnet. Zusätzlich bist Du zu einem Jahr *Practical training* berechtigt, was eine befristete Arbeitsgenehmigung darstellt. Du kannst das *Practical training* in den Semesterferien wahrnehmen oder am Ende Deines Studiums.

Ein Monat Studium für einen Monat Praktikum

Wenn Du mit einem M-Visum in den USA bist, darfst Du für jeden Monat, den Du studierst, einen Monat praktisch arbeiten. Allerdings insgesamt nicht länger als sechs Monate. Deine Hochschule muß dieses *Training* empfehlen, damit Du es wahrnehmen kannst. Du darfst nicht die Möglichkeit haben, eine ähnliche Ausbildung in Deinem Heimatland zu erhalten.

Mit J-Visum 18 Monate

Wenn Du als Austauschstudent mit einem J-Visum in den USA bist, kannst Du die Erlaubnis erhalten, weitere 18 Monate in den USA zu bleiben, wenn Du eine praktische Ausbildung absolvierst, die Du in Deinem Heimatland nicht durchführen kannst. Die Organisation, von der Du das J-Visum erhalten hast, muß diesem *Training* zustimmen. Wenn Du allerdings vom Staat, Deinem eigenen oder der US-Regierung, finanzielle Mittel erhalten hast, mußt Du in jedem Fall nach Hause zurückkehren.

Buchtip

Meier, Mike, Yale-Loehr, Stephen (Hrsg), *Arbeiten, Leben, Studieren in den USA*, TIA-Verlag 1998.

In diesem Buch sind Informationen über sämtliche Arbeitsvisa enthalten.

Studenten, die Englisch lernen

Studenten, die Englisch lernen, können nicht an *Practical Trainings* teilnehmen. Wenn Du mit einem F-1-Visum einen ESL (English as a second language) Kurs besuchst, kannst Du die Zeit nicht für die benötigten neun Monate anrechnen, die Du Student sein mußt, um *Practical Training* nutzen zu dürfen. Wenn du allerdings nach dem Englischkurs andere Universitätskurse besuchst, kannst Du diese Zeit zur Studienzeit hinzurechnen.

Off-Campus nur in Ausnahmefällen

Du kannst nach dem ersten Jahr in USA den INS, die amerikanische Einwanderungsbehörde, um Erlaubnis bitten, außerhalb des Campus arbeiten zu dürfen. Dies wird allerdings nur in Ausnahmefällen gewährt. Ein solcher Fall kann eintreten, wenn Du ohne eigenes Verschulden größere, finanzielle Probleme bekommst. Etwa wenn die DM (bald der Euro) stark im Wert nachläßt, Du Dein Stipendium verlierst oder keine Arbeitsstelle auf dem Campus erhalten kannst, auch wenn Du unverschuldet größere Ausgaben hattest, etwa wegen einer Krankheit. In diesen Fällen muß ein Angehöriger der Universität, etwa der *Advisor* für internationale Studenten, bescheinigen, daß Du als Vollzeitstudent eingeschrieben bist und die geforderten akademischen Anforderungen und Leistungen erbringst. Dies geschieht mit dem Formular I-538. Um eine zeitlich begrenzte Arbeitsgenehmigung zu erhalten, muß der Student zusätzlich seine Kopie des I-20 und das Formular I-765 einreichen. Diese Arbeitsgenehmigung ist dann ein Jahr lang gültig.

Absolute Ausnahme

Der beschriebene Vorgang ist allerdings wirklich eine Ausnahme. Du kannst Dich keinesfalls darauf verlassen, daß Du eine derartige Arbeitsgenehmigung erhalten wirst. Dies ist nur in absoluten Notfällen möglich.

Studenten, die mit einem M-1-Visum in den USA sind, können keine derartige Arbeitsgenehmigung erhalten.

VISA-WATCH

Du solltest immer sehr genau aufpassen, daß Du Deine Visa-Angelegenheiten korrekt erledigst. In den USA gibt es viele illegale Einwanderer und viele Personen, die illegal arbeiten. Die Gesetzte gegen diese Illegalität sind streng. Wenn Du, während Du schwarz arbeitest, erwischt wirst, kann Dir Dein Visum entzogen und Deine Ausweisung angeordnet werden. Dein Studium kannst Du dann nicht zu Ende bringen.

Flugreise

Erkundige Dich nach guten, preiswerten Flugangeboten. Wenn Du häufiger in die USA fliegst, lohnen sich für Dich auf jeden Fall die Vielfliegerprogramme wie *Miles and More* oder *Miles+*, je nachdem, welche Fluggesellschaft Du bevorzugst. Du kannst Dir bei TIA-Travel zum Beispiel einfach per Telefon, Fax oder Internet ein Angebot machen lassen und bekommst die Tickets dann per Post zugeschickt. Die Preise sind oft günstig.

TIA-Travel-Service
Hans-Böckler-Str. 19
53225 Bonn
Tel.: 0228-9735-0
Fax: 0228-9735-190
Webseite: http://www.tiaservice.de

Zahlungsverkehr

Du solltest Dich ein wenig mit Geld- und Bankangelegenheiten in den USA auskennen.

Keine großen Scheine

Daß die amerikanische Währung der Dollar ist und es sowohl Papiergeld als auch Münzen gibt, ist nichts Neues. Gut zu wissen ist allerdings, daß viele Geschäfte keine Scheine annehmen, die größer als eine 20 Dollar Note sind. Du solltest also beim Aufbruch kleine Scheine mitnehmen, da Du einen Taxifahrer schlecht mit einem Hundert-Dollar-Schein bezahlen kannst.

Konto und Schecks

Wenn Du ein Konto eröffnest, solltest Du auf jeden Fall einen *Checking account,* ein Scheckkonto eröffnen. Achte auf die Gebühren, die für die Konten erhoben werden. Einige Banken bieten *Checking accounts* ohne zusätzliche Kosten an. Du wirst wahrscheinlich viele Ausgaben mit Schecks begleichen.

Identity card

Die Schecks gleichen den deutschen Schecks. Normalerweise möchte die Person, der Du den Scheck gibst, Deine *Driving license* oder eine Kreditkarte sehen. Du kannst in der Nähe des Campus manchmal auch Deine *Student identy card* (ID), Deinen Studentenausweis, oder Deinen Paß zeigen. Schecks können nur innerhalb des Bundesstaates, in dem sich Dein Konto befindet, ausgestellt werden.

Schecks platzen

Wichtig ist, daß Banken in den USA Schecks, die nicht gedeckt sind, auch nicht bezahlen. Der Dispositonskredit, kurz Dispo, den viele Deutsche gewohnt sind, wird regulär nicht angeboten. Wenn Du einen Scheck ausschreibst, ohne genug Geld auf dem Konto zu haben, wird der Scheck nicht ausgezahlt. Du mußt für jeden geplatzen Scheck eine Strafe zahlen. Nur auf Anfrage und gegen Gebühr erhältst Du einen sogenannten *Overdraft* und darfst Dein Konto überziehen. Für das gliehene Geld werden Zinsen fällig.

Es gibt auch Sparkonten, *Saving accounts*, auf denen Du höhere Zinsen erhälst, allerdings keine Schecks ausschreiben kannst.

Bankkarten

Bargeld kannst Du, wie in Deutschland auch, an Geldautomaten bekommen, sogenannten ATM's oder MAC's. Auch hier mußt Du an Geldautomaten, die nicht von Deiner Bank sind, Gebühren bezahlen.

Kreditkarten

Kreditkarten sind äußerst praktisch. Sie werden vielerorts anstelle einer anderen *Identity card*, Personalausweis oder Führerschein, akzeptiert. Mit einer Kreditkarte kannst Du in den USA fast alles telefonisch bestellen. Flugticktes oder Kleidung, ein Hotelzimmer buchen, selbst die Telefonrechnung mit Kreditkarte bezahlen.

Kreditkarte besorgen

Du solltest Dir unbedingt eine Kreditkarte besorgen. Gut ist es auch, schon in Deutschland eine Kreditkarte zu beantragen, da es schwierig sein kann, in den USA Deine Kreditwürdigkeit, die sogenannte *Credit history*, nachzuweisen. Am leichtesten wird es sein, eine Kreditkarte von Deiner Hausbank zu beantragen und mitzubringen.

Credit history

Die *Credit history* ist ein wichtiger Faktor in den USA. Sie entsteht aus Deinem Zahlungsverhalten in der Vergangenheit. Wenn Du Deine Rechnungen pünktlich bezahlst und keine Schecks auf ein leeres Konto ausschreibst, wirst Du eine gute *Credit history* aufbauen, mit deren Hilfe Du leichter eine Kreditkarte bekommst.

Die größten Kreditkarten in den USA sind Visa, Master card, American Express und Discover. Du solltest Dir die Konditionen ansehen und dann entscheiden, welche die günstigste Karte für Dich ist. Das kannst Du bei Deiner Bank tun. In den USA findest Du auch auf dem Campus Antragsformulare für eine Kreditkarte.

Traveler Checks

Traveler Checks sind nach wie vor ein guter Weg, Geld in die USA mitzunehmen. Du kannst sie von Deiner Bank in Deutschland bekommen. In den USA kannst Du sie ebenfalls bei vielen Banken erhalten.

Auto

Einen Führerschein kannst Du problemlos in den USA machen. Dein Führerschein ist zwar auch dort gültig, aber Du wirst häufig nach Deiner *Driver's license* gefragt werden. Wenn Du einen deutschen Führerschein hast, mußt Du nur einen schriftlichen Test absolvieren und ein paar Dollars bezahlen.

Social Security Number

Du benötigst eigentlich keine *Social Security Number.* Manchmal wird eine *Social Security Number* verlangt, um *on-campus* arbeiten zu können. Du wirst allerdings oft nach der Nummer gefragt werden. Für einen Führerschein zum Beispiel oder beim Ausfüllen von Schecks.

Eine SSN ist praktisch

Die Universität gibt Dir meist eine Art Ersatznummer. Es ist jedoch unkomplizierter, eine *Social Security Number* zu haben, und Du kannst sie einfach bei dem lokalen *Social security office* anfordern. Die Adresse dieses *Office* findest Du in den *White Pages*, dem örtlichen Telefonbuch. Bring Deinen Paß und das Formular I-94, I-20 oder IAP-66, je nachdem, was Du besitzt, und einen Brief vom *International Student Advisor* Deiner Hochschule mit. Du brauchst die Nummer nämlich auch, wenn Du off-campus als *Practical trainee* arbeiten möchtest.

Post

Da Du höchstwahrscheinlich Gepäck, Bücher und andere Gegenstände in die USA und zurück transportieren wirst, ist es gut, wenn Du Dich ein wenig mit den Möglichkeiten, Gegenstände und Gepäck mit der Post zu verschicken, auszukennst. Generell solltest Du natürlich versuchen, Dich nicht zu stark mit unnötigen Gegenständen zu belasten, aber es sammeln sich nach einiger Zeit leicht mehr Gegenstände an, als Du im Flugzeug transportieren kannst.

Die Post ist, wie in Deutschland, ein staatliches Unternehmen. Es gibt zusätzlich Paketdienste, so zum Beispiel UPS.

Postgebühren sind niedrig

Die Postgebühren sind in den USA niedriger als in Deutschland, allerdings gibt es dort auch weniger Amtsstellen, und die Öffnungszeiten entsprechen nicht denen der übrigen Geschäfte. Werktags ist von 8-17 Uhr geöffnet, samstags von 8-12 Uhr und am Sonntag nur in großen Städten.
Wenn man Briefmarken nicht auf dem Postamt, sondern im Supermarkt, Drugstore oder in Hotels beziehungsweise an Automaten kauft, sind diese ein paar Cents teurer.

Briefkästen

Briefkästen gibt es auf den Postämtern selbst nicht, sondern sie sind in großer Zahl an den Straßen aufgestellt.
Aber Vorsicht beim Einwerfen: Die Briefkästen haben sehr große Ähnlichkeit mit Mülltonnen, das heißt: Immer nachsehen, ob auch US-Mail auf den Tonnen steht! Auf den Öffnungsklappen sind die Leerungszeiten angegeben.

US-Postgebühren für das In- und Ausland

Art	Inland US$	Ausland US$
Postkarte	0,20	0,50
Briefe/Gewicht		
0,5 oz	0,32	0,60
1,0 oz	0,32	1,00
1,5 oz	0,55	1,40
2,0 oz	0,55	1,40
3,0 oz	0,78	2,60
4,0 oz	1,01	3,40
5,0 oz	1,24	4,20
7,0 oz	1,70	5,80
10,0 oz	2,39	8,20

11,0 oz	2,62	9,00
1,0 lb	13,00	
2,0 lb	25,80	
3,0 lb	32,20	
4,0 lb	38,60	

Versenden von Paketen nach Deutschland (maximal sind 44 Pounds zugelassen, bei höheren Gewichten sollte man sich gesondert erkundigen)		
Gewicht	Land- und Seeweg	Luftpost
2,0 lb	9,00	12,25
3,0 lb	10,92	16,25
4,0 lb	12,84	20,25
5,0 lb	14,76	23,45
10,0 lb	24,36	39,45
15,0 lb	33,96	53,85
20,0 lb	43,56	68,25
22,0 lb	47,40	73,37

Alle obenstehenden Angaben sind Gebühren für *First-mail*, die immer innerhalb von zwei bis drei Tagen beim Adressaten ankommt. Daneben gibt es noch andere Versandkategorien, die günstiger, aber weniger schnell sind.

Post wird abgeholt

Ein sehr praktischer Service der amerikanischen Post ist es, nicht nur Sendungen auszuliefern, wie das hierzulande der Fall ist, sondern auch die Post, die man selber verschicken möchte, mitzunehmen. Man braucht sich also theoretisch nicht einmal zum Briefkasten zu bemühen.

Andere Postdienste sind folgende Firmen:

Federal Express (FedEx)

FedEx bietet neben dem regulären Versand von Paketen, die Versendung von Briefen und Paketen am selben Tag an und den Versand über Nacht. FedEx kannst Du in den USA unter 1 800-Go-FedEx, was der Nummer 1 800 463 3339 entspricht oder für internationalen Versand unter 1 800 247 4747 erreichen.

UPS oder DHL Worldwide Express
Dies kann eine günstige Option sein, wenn Du größere Pakete verschicken möchtest. Informationen bekommst Du unter 1-800-Pick-ups (1 800 742 5877).

Airborne Experss
Diese Firma ist für Dich ebenfalls interessant, da sie auch international versendet. Du erreichst sie unter 1-800-Airborne (1 800 247 2676).

Das Beste aus Deiner Zeit machen

Amerikanische *Colleges* und Universitäten bieten mehr als nur Unterricht und Forschung. Besuch bei Deiner Ankunft die Orientierungsveranstaltungen, um zu sehen, was los ist. Meistens gibt es eine *Student Union*, eine Art amerikanischer Asta, bei dem Du Informationen bekommen kannst.

Sport

Auf dem Campus gibt es, auch ohne daß Du Teil der Sportteams wirst, häufig hervorragende Möglichkeiten, Sport zu treiben, und warum solltest Du nicht mal Dein Glück in *Ultimate Frisbee* oder *Women's Rugby* versuchen. Die Sportarten, die nicht im Wettkampf betrieben werden, heißen *Club-Sports* oder *Intramurals* und bieten eine gute Möglichkeit, andere Studenten kennenzulernen.

Clubs

Viele Universitäten bieten ausgefallene Arbeitsgruppen an, und alle haben ein Orchestor und einen Chor, der auf hohem Niveau agieren kann. Gleiches gilt für die Campus-Zeitung. Große Universitäten haben tägliche Zeitungen, deren Herstellung ernst genommen wird. Die Arbeit bei einer solchen Zeitung kann einem Volontariat gleichkommen. Warum nicht mal Theater spielen?

Warum nicht einen Kurs in *African Dance* besuchen? Nutze die Möglichkeiten.

Hinzu kommen unzählige Clubs, sei es für Schach, Photographie oder Reiten. Es gibt unzählige Möglichkeiten, etwas Neues zu lernen.

Career Planning

Amerikanische Universitäten haben fast alle gut ausgestatte *Career Planning Centers* oder *Career Counseling Centers.* Nutze diese Möglichkeiten für die Planung Deiner Zukunft. Oft werden auch Praktikumsplätze von ehemaligen Studenten angeboten.

Fraternities und Sororities

Wer es mag, der kann hier glücklich werden. Verbindungen gibt es für Frauen und Männer und an liberalen Unis gemischt. Verbindungen richten viele Parties aus, auf denen viel getrunken wird (ganz wie in Deutschland). Die Mitglieder wohnen zusammen, und wer problemlos eine Wohngemeinschaft und eine Freundschaftsclique sucht, wird sie hier finden.

Dormitories

Universitäten und *Colleges* bieten eigene Unterkünfte. Manchmal sind dies Hochhäuser mit winzigen Zimmern, manchmal tolle Häuser mit herrlicher Ausstattung. In jedem Fall lernst Du auf diese Weise leicht Deine Kommilitonen kennen und brauchst Dich vorort nicht mehr um eine Unterkunft zu kümmern.

Ich will in den USA bleiben!

Du kannst nicht einfach in den USA bleiben. Um dauerhaft in den USA bleiben zu können, benötigst Du nämlich eine Green Card. Du kannst die erwähnte Möglichkeit – nach Deinem Studium ein Jahr

Practical training – in Anspruch nehmen, aber danach wird es visatechnisch schwierig, in den USA zu bleiben.

Practical training

Wenn Du mindestens neun Monate mit einem F-1-Visum studiert hast, kannst Du Dich für *Practical training* bis zu einem Jahr bewerben. Deine Beschäftigung muß mit Deinem Studienfach in Zusammenhang stehen. Du kannst dies aber sicherlich für Jobs nachweisen, die „irgendwie“ damit zusammenhängen, etwas Kreativität ist gefragt.

Trotzdem, wenn Du schon in den USA bist und Kontakte hast, wird es Dir wesentlich leichter fallen, in den USA zu bleiben.

H-1B-Visum

Ein anderes Visum, das für Dich in Frage kommt, ist das H-1B-Visum. Dein akademischer Abschluß muß Dich für den angestrebten Job qualifizieren. Außerdem muß Du ein Jobangebot von einem amerikanischen Arbeitgeber nachweisen können.

Um ein solches Visum zu beantragen, mußt Du einen Arbeitgeber finden, der bereit ist, den notwendigen, bürokratischen Aufwand für Dich zu erledigen.

Du kannst Dich weiterhin auch auf der Seite des US-Außenministeriums erkundigen (www.us-botschaft.de) oder in dem schon erwähnten Ratgeber *Arbeiten, Leben, Studieren in den USA* vom TIA-Verlag.

Alternativen

Deutsch unterrichten

Einige letzte Worte zu alternativen Möglichkeiten, in die USA zu gehen. Es gibt zum Beispiel einen Lehreraustausch für Graduierte und Lehrerassistenten, der von der Kultusministerkonferenz organisiert wird. An privaten *High schools* kann man sich allerdings auch so bewerben. Hierzu braucht man keinesfalls ein

Lehramtsstudium absolviert zu haben. Du solltest allerdings nachweisen können, daß Du über genügend Fachkenntnisse verfügst, und möglichst Lehrerfahrung nachweisen können. Die Schulen müssen dann ein Visum für Dich beantragen. Du kannst Dich auch bei der Zentralstelle für Arbeitsvermittlung in Frankfurt (ZAV) nach Lehrer-Austauschprogrammen erkundigen.

Praktika

Eine gute Möglichkeit sind Praktika. Es gibt bezahlte und unbezahlte Praktika, zudem gibt es noch Work & Travel-Programme vom Student Council. Du benötigst ein J-Visum, um bezahlte Praktika annehmen zu dürfen. Die kannst Du durch Programme des Student Council oder der Carl Duisberg Gesellschaft erhalten. Die Adressen findest Du im Anhang.

Wenn Du ein Praktikum suchst, solltest Du im Internet recherchieren oder Nachschlagewerke konsultieren.

Buchtip

Mills, Andrew, *Praktika in den USA*, TIA-Verlag 1999.

Oldman, Marc und Samer Hamadeh, *The Internship Bible*, Princeton Review 1998.

Schüleraustausch

Dann gibt es für Schüler noch das berühmte *High school*-Jahr in den USA oder die Möglichkeit, als Au pair in die USA zu gehen. Auch zu diesen Themen kannst Du Bücher vom TIA-Verlag konsultieren und Dich in den Amerika-Häusern von Education USA beraten lassen. TIA beantwortet selbstverständlich auch Deine Fragen unter Telefon 0228 9735 0.

Buchtip

Lanbacher, Mareike, Ein High School-Jahr in den USA, TIA-Verlag 1999.

Au pair in den USA, TIA-Verlag 1999.

Glossar

Achievement Tests

So wurden früher die SAT *Subject Tests* genannt. Sie prüfen Wissen in einem bestimmten Fach.

Accreditation

Die offizielle Anerkennung von *Colleges*, Universitäten und Programmen. Bei der Wahl einer Universität sollte man auf die *Accreditation* achten.

ACT

American College Testing Program (ACT). Ein standardisierter Test, der den SAT-Test ersetzen kann. Im Mittleren Westen wird gerade dieser Test häufig verlangt.

Admission office

Hier werden die Entscheidungen über Zulassung oder Ablehnung getroffen. Von dem *Admission office* fordert man auch das Informations- und Bewerbungsmaterial an.

Advanced Placement

Eine Prüfung, die in verschiedenen Fächern vom Collegeboard angeboten wird. Universitäten rechnen häufig *Credits* für den erfolgreichen Abschluß dieser Kurse an.

Advisor

Ein Advisor berät die Studenten bei der Gestaltung des Stundenplans und der Ausbildung, er oder sie wird auch *Academic Advisor* genannt.

All-American

Eine Auszeichnung im Sport, die einen Sportler als einen der besten des Landes ehrt.

Alumni
Ein ehemaliger Studierender einer Universität, eines *Colleges*, oder einer Schule.

Associate's degree (A.D.)
Ein Abschluß, den Studenten von einem *2-Year-College* erhalten.

All-State
Eine Auszeichnung im Sport für die besten Sportler in einem Bundesstaat.

Bachelor's degree (B.A. und B.S.)
Der Abschluß, den Studenten nach Beendigung des *Colleges* erhalten. Sie erhalten, je nach Fachrichtung, einen *Bachelor of Arts* oder einen *Bachelor of Science.*

College
Hochschulen, die vierjährige Programme anbieten, die mit einem *Bachelor's degree* abgeschlossen werden. Das *College* wird direkt nach der *High school* begonnen. Ein *College*-Abschluß ist Voraussetzung für den Besuch von Universitätsprogrammen und *Professional schools*, die Programme für M.B.A.s oder LL. M.s anbieten.

Common application
Eine Bewerbung, die von vielen *Coll*eges akzeptiert wird und den Bewerbungsprozeß erheblich vereinfachen kann.

Cost of Attendance (COA)
Diese Bezeichnung taucht in den *Financial aid*-Unterlagen auf. Sie meint sämtliche Kosten, also Studiengbühren, Unterkunft und Verpflegung, Bücher und sonstige Gebühren, die auf den Studenten zukommen.

Counselor

Ein *Counselor* ist in den USA ein Lehrer oder Professor, der Dich anleitet. Es handelt sich meist um einen *Academic counselor,* jemanden, der mit den Studenten den Stundenplan ausarbeitet und den akademischen Werdegang durchspricht. In den USA ist es üblich, daß Schüler in der *High school* einen *College counselor* haben, das heißt, jemanden, der sie bei der Auswahl der *Colleges* und bei der Bewerbung berät.

Credits

Dies bezeichnet die Anrechnung von Leistungen, die auch *Credit hours* genannt werden. Die Studenten erhalten *Credits* für ihre Kurse. Eine bestimmte Anzahl an *Credits* ist notwendig, um den *Degree* zu erhalten. Sie entsprechen in etwa den Semesterwochenstunden.

Dean‘s list

Auf dieser Liste stehen die besten Studenten eines Jahrgangs.

Early action

Dies ist ein Bewerbungsprogramm, bei dem Du Dich früher als andere Studenten bewerben kannst und auch früher eine Antwort erhälst.

Early decision

Dieses Programm entspricht dem *Early Action Program,* allerdings bedeutet eine Zusage, daß Du die Universität auch wirklich besuchen mußt.

Eligibility

Dieses Wort taucht immer dann auf, wenn Du bestimmte Kriterien erfüllen mußt, um für ein bestimmtes Programm zugelassen zu werden.

Extracurricular Activities
Das sind alle außerschulischen Engagements oder genauer außerakademischen Engagements. *Extracurricular activities* werden auch in einigen *High schools* angeboten. Zum Beispiel Sport, ein Photographie-Workshop, Schachclubs oder soziale Betätigung. Die Hochschulen legen auf Wert Bewerber, die auch *Extracurricular activites* vorzuweisen haben.

ESL
English as a Second Language-Kurse. Sie zielen darauf ab, Ausländern Englisch beizubringen und können für zukünftige Lehrer interessant sein.

Financial aid
So wird finanzielle Unterstützung bezeichnet. Finanzielle Hilfe gibt es aus öffentlichen Mitteln, von *Colleges* und Universitäten und von privaten Organisationen.

FAFSA
Dies ist die *Free Application for Federal Student Aid.* Mit diesem Formular beginnt die Beantragung von finanzieller Unterstützung. Allerdings ist *Federal Aid* für internationale Studenten nicht erhältlich.

Final Exam
Die Abschlußklausur, die in vielen Kursen obligatorisch ist und einen großen Teil der Note ausmacht.

Fraternities
Entsprechen ungefähr den deutschen Burschenhaften und Verbindungen.

GPA
Grade Point Average, der Notendurchschnitt.

Graduates
Als *Graduates* werden Studenten bezeichnet, die das *College* abgeschlossen haben.

Graduation
Der Abschluß von der *High school*, vom *College* oder weiterführenden Studiengängen. An den meisten Universitäten wird die *Graduation* mit einer aufwendigen Zeremonie gefeiert.

Greek System
Die Sammelbezeichnung für *Fraternities* und *Sororities*, die nach griechischen Buchstaben benannt sind.

Higher education
So wird die Ausbildung an *Colleges* und Universitäten bezeichnet.

High school
Die letzten vier Jahre der insgesamt zwölf Jahre dauernden Schule, die mit dem *High school*-Diplom abgeschlossen wird, das für den Besuch von *College*s und Universitäten nötig ist.

International Student
Alle Studenten, die nicht US-Bürger und nicht in Besitz einer Green Card (der unbefristeten Arbeits- und Aufenthaltsgenehmigung) sind, gelten als international.

Intramural Sports
So werden die Sportarten bezeichnet, die nicht im Wettkampf antreten, sondern nur *intramural*, zwischen den eigenen Mauern betrieben werden.

Ivy league
Eine Verbindung der *Colleges* und Universitäten: Brown, Columbia, Cornell, Dartmouth, Harvard, Princeton, University of Pennsylvania und Yale. Diese Verbindung entstand ursprünglich

durch den Sport. Heute signalisiert dieses Wort, daß es um Elite-Universitäten geht.

Legacy
Ein Student, dessen Eltern an der gleichen Universität studiert haben, an der er sich bewirbt.

Letter of intent
Ein andere Bezeichnung für ein *Statement of purpose.*

Liberal Arts Colleges
Dieser Begriff bezeichnet *Colleges,* die eine vierjährige Ausbildung anbieten, die Künste, Geisteswissenschaften und Sozial- und Naturwissenschaften umfaßt. Sie sollen den Studenten umfassend ausbilden. *Specialized Colleges* hingegen bereiten auf einen Beruf vor, zum Beispiel in den Bereichen Musik und Kunst, aber auch in Wirtschaft und Bildungswesen.

Magnet school
Eine *High school,* die eine Spezialisierung anbietet. *Magnet schools* haben häufig einen guten Ruf.

Major
Ein *Major* ist eine Art Hauptfach, das die Studenten auf dem *College,* normalerweise gegen Ende des zweiten Jahres, wählen. Sie müssen dann eine bestimmte Anzahl von Kursen dieser Fachrichtung beenden, um den B.A. oder B.S. am Ende ihrer *College*-Ausbildung zu erhalten.

Master's Degree
Dieser Abschluß entspricht etwa dem deutschen Diplom oder Magister.

Midterm exam
Eine Klausur, die nach der ersten Hälfte des Semesters geschrieben wird. Sie hat meist großen Einfluß auf die Endnote.

Minor
Eine Art kleiner *Major*. An einigen *College*s wird er zusätzlich zu den *Majors* angeboten.

Minority
Dieser Begriff bezeichnet die Gruppen von Studenten, die an den Hochschulen unterrepräsentiert sind, also Afro-Amerikaner, Indianer und Hispanier.

Need-blind
Dies bedeutet, daß die Universität ohne Rücksicht auf die finanzielle Situation der Bewerber die Bewerbungen beurteilt. Leider berücksichtigen auch Universitäten, die *need-blind admission* durchführen, bei internationalen *College*-Bewerbern (nicht für *Graduate Programs*!) trotzdem die finanzielle Situation.

Non-Need-Based
Wenn finanzielle Unterstützung gewährt wird, ist dies teilweise abhängig von der finanziellen Situation der Studenten. Diese Hilfe nennt sich *need-based*. Gerade für internationale Studenten ist *non-need-based* finanzielle Unterstützung jedoch häufig die einzige zugängliche Geldquelle.

Professional schools
Hierzu zählen Universitäten, die Programme anbieten, die direkt auf einen Beruf vorbereiten. Die bekanntesten sind wohl *Medical schools*, *Business schools* und *Law schools*. Diese *Schools* können erst nach Beendigung eines *Colleges* besucht werden.

Rank
Die Position, die ein Student im Verhältnis zu den Mitstudenten einnimmt. Eine typische Bezeichnung wäre: *Top 15% of her class*.

Postdoctorate Study
Dies ist ein Studienprogramm, das nach Beendigung eines Ph.D. begonnen werden kann. Es handelt sich um Forschungsprojekte.

Ranking
Ranglisten der Universitäten und *Colleges* nach verschiedenen Kriterien, die in den USA vielbeachtet sind.

Recruited Athlete
Ein Sportler, der aufgrund seiner Leistungen aktiv für die Hochschule geworben wurde.

Recommendation
Empfehlungsschreiben, das von den Hochschulen bei der Bewerbung verlangt wird.

Reputation
Dies ist das englische Wort für "Ruf".

Rolling Admission
Bei dieser Form der Bewerbungsabwicklung beginnt die Universität mit der Beurteilung der Bewerber, sobald sie Bewerbungen bekommt und sendet dann direkt Zu- und Absagen aus. Wenn Du Dich bei einer Universität mit *Rolling admissions* bewirbst, ist es besonders wichtig, daß Du Deine Unterlagen früh einreichst.

SAT I
Scholastic Assessment Test. Dieser Test soll die verbalen und mathematischen Fähigkeiten von Schülern messen und wird von *College*-Bewerbern verlangt.

SAT II:
siehe *Achievment tests.* Dies ist die neue Bezeichnung.

Sororities
Diese bilden das Gegenstück für Frauen zu den *Fraternities*, den amerikanischen Verbindungen.

Student Selectivity
Auf diesen Begriff wirst Du bei der Suche nach der geeigneten Hochschule immer wieder stoßen. Er bezieht sich darauf, wie "wählerisch" eine Universität bei der Auswahl der Studenten sein kann. Hat eine Universität hohe Anforderungen an Noten und Testergebnisse und viele Bewerber, die abgelehnt werden, so hat sie eine hohe *Selectivity.*

Statement of purpose
Die meisten *Graduate schools* verlangen einen Aufsatz über Deine Motive für die Entscheidung für Studienrichtung und Universität.

Thesis
Die schriftliche Abschlußarbeit, die am Ende eines Studiengangs stehen kann.

Transcript
Das amerikanische Zeugnis

Undergraduate
So werden Studenten bezeichnet, die ein *College* besuchen. Nach Abschluß werden die Studenten als *Graduates* bezeichnet.

Transfer Student
Dieser Ausdruck bezeichnet Studenten, die die Hochschule gewechselt haben. Sie erhalten *Transfer credits,* das heißt, daß ihre Kurse teilweise oder vollständig angerechnet werden. Deutsche Studenten können ebenfalls *Transfer credits* bekommen, zum Beispiel auch für das 13. Schuljahr.

Tuition
Das englische Wort für Studiengebühren.

Valedictorian
Der beste Schüler oder die beste Schülerin eines Jahrgangs.

Wait list
Studenten auf der Warteliste werden angenommen, wenn viele andere Studenten, die von der Hochschule akzeptiert worden sind, absagen.

Beachte bitte zusätzlich das Sportglossar in Schritt 5.

Die besten Business schools

Rankings der Universitäten, U.S.News, Stand 1999

1. Harvard University
Graduate School of Business Administration
Soldiers Field Road
Boston, MA 02163
Email: admissions@hbs.edu
Webseite: http://www.hbs.edu
Tel.: 001 617 495 6550
Fax: 001 617 495 0316

2. Stanford University
Stanford Graduate School of Business
Marie Mookini, Director of Admissions
Stanford, CA 94305
Email: mbainquiries@gsb.stanford.edu
Webseite:.http://www.stanford.edu
Tel.: 001 650 723 2766
Fax: 001 650 725 7831

3. Columbia University
Graduate School of Business
105 Uris Hall
3022 Broadway
New York, NY 10027
Email:
gohermes@claven.gsb.columbia.edu
Webseite: www.columbia.edu/cu/business

Tel.: 001 212 854 1961
Fax: 001 212 662 6754

3. Massachusetts Institute of Technology
Sloan School of Management
Rod Garcia, Admissions Director
E52-126
Cambridge, MA 02139
Email: mbaadmissions@sloan.mit.edu
Webseite: web.mit.edu/sloan/www
Tel.: 001 617 253 3730
Fax: 001 617 253 6405

3. University of Pennsylvania
The Wharton School
102 Vance Hall
3733 Spruce Street
Philadelphia, PA 19104-6361
mail: admissions@upenn.edu
Webseite: www.upenn.edu
Tel.: 001 215 898 6183
Fax: 001 215 898 0120

6. Northwestern University
J.L. Kellogg Graduate School of Management
2001 Sheridan Road
2nd Floor
Evanston, IL 60208
Email: kellogg-admissions@nwe.edu
Tel.: 001 847 491 3308
Fax: 001 847 491 4960

6. University of Chicago
Graduate School of Business

1101 East 58th Street
Chicago, IL 60637
Email: admissions@gsb.uchicago.edu
Webseite: www.gsb.uchicago.edu
Tel.: 001 773 702 7369
Fax: 001 773 702 9085

8. Dartmouth College
The Amos Tuck School of Business Administration
100 Tuck Hall
Hanover, NH 03755
Tel.: 001 603 646 3162
Fax: 001 603 646 1441

8. University of California at Los Angeles
The Anderson School at UCLA
110 Westwood Plaza
Los Angeles, CA 90095-1481
Email: mba.admissions@anderson.ucla.edu
Webseite: www.ucla.edu
Tel.: 001 310 825 6944
Fax: 001 310 825 8582

10. Duke University
The Fuqua School of Business
One Towerview Road
Email: fuqua admissions@mail.duke.edu
Durham, NC 27708
Webseite: www.fuqua.duke.edu
Tel.: 001 919 660 7705
Fax: 001 919 681 8026

10. University of California at Berkeley
Walter A. Haas School of Business
350 Barrows Hall
Berkeley, CA 94720
Email: mbaadm@haas.berkeley.edu
Webseite: www.haas.berkeley.edu
Tel.: 001 510 642 1405

10. University of Michigan at Ann Arbor
701 Tappan Street
Ann Arbor, MI 48109
Email: umbusmba@umich.edu
Webseite: www.bus.umich.edu
Tel.: 001 313 763 5796
Fax: 001 313 763 7804

10. University of Virginia
Darden Graduate School of Business Administration
PO Box 6550
Charlottesville, VA 22906
Email: darden@virginia.edu
Webseite: www.darden.virginia.edu
Tel.: 001 804 924 3220
Fax: 001 804 924 4859

14. New York University
Leonard N. Stern School of Business
Management Education Center
44 West
New York, NY 10012
Email: stenmba@stern.nyu.edu
Webseite: www.stern.nyu.edu
Tel.: 001 212 998 0600
Fax: 001 212 995 4231

15. Carnegie Mellon University
Graduate School of Industrial Administration
Laurie Stewart, Director of Admissions
5000 Forbes Avenue
Email: gsia admissions+@andrew.cmu.edu
Webseite: www.gsia.cmu.edu
Pittsburgh, PA 15213
Tel.: 001 412 268 2272
Fax: 001 412 268 7094

15. University of North Carolina at Chapel Hill
Kenan Flagler Business School
CB #3490
McCoil Building
Chapel Hill, NC 27599
Email: lynn_loomis@unc.edu
Webseite: www.bschool.unc.edu
Tel.: 001 919 962 3236
Fax: 001 919 962 0898

15. University of Texas at Austin
Graduate School of Business
CBA 2.316
Austin, TX 78712
Email: texasmba@bus.utexas.edu
Webseite: www.texasinfo.bus.utexas.edu
Tel.: 001 512 471 7612
Fax: 001 512 471 4243

15. Yale University
School of Management
135 Prospect Street
New Haven, CT 06520 8200
Email: som.admissions@yale.edu
Webseite: www.yale.edu/som
Tel.: 001 203 432 4771
Fax: 001 203 432 4771

19. Cornell University
Johnson Graduate School of Management
Malott Hall
Ithaca, NY 14853
Email: mba@johnson.cornell.edu
Webseite: www.gsm.cornell.edu
Tel.: 001 607 255 4526
Fax: 001 607 255 0065

20. University of Rochester
William E. Simon Graduate School of Business Administration
Schlegel Hall
Rochester, NY 14627
Email: mbaadm@mail.ssb.rochester.edu
Webseite: www.ssb.rochester.edu
Tel.: 001 716 275 3533
Fax: 001 716 271 3907

21. Emory University
Goizueta Business School
1300 Clifton Road
Atlanta, GA 30322
Email: Admissions@bus.emory.edu
Webseite: www.emory.edu/bus
Tel.: 001 404 727 6311
Fax: 001 404 727 4612

21. Indiana University
Graduate School of Business
1309 East 10th Street
Room 254
Bloomington, IN 47405
Email: mbaoffice@indiana.edu
Webseite: www.bus.indiana.edu

Tel.: 001 812 855 8006
Fax: 001 812 855 9039

21. University of Southern California
Graduate School of Business Administration
BRI 100
Los Angeles, CA 90089
Email: uscmba@bus.usc.edu
Webseite: www.usc.edu/dept/sba
Tel.: 001 213 740 7846
Fax: 001 213 749 8520

24. Purdue University
Krannert Graduate School of Management
1310 Krannert Building
West Lafayette, IN 47907
Email: krannert_ms@mgmt.purdue.edu
Webseite: www.mgmt.purdue.edu
Tel.: 001 765 494 4365
Fax: 001 765 494 9841

25. Ohio State University
Fisher College of Business
Hagerty Hall
1775 College Road
Email: cobgrd@cob.ohio state.edu
Webseite: www.cob.ohio state.edu
Columbus, OH 43210
Tel.: 001 614 292 8531
Fax: 001 614 292 1651

25. Vanderbilt University
Owen Graduate School
401 21st Avenue South
Nashville, TN 37203
Email: motzsm@ctrvax.vanderbilt.edu
Webseite: www.vanderbilt.edu/owen
Tel.: 001 615 322 2316
Fax: 001 615 343 7110

Die besten Law schools

1. Yale University
PO Box 208329
New Haven, CT 06520 8215
Email: admissions@mail.law.yale.edu
Webseite: www.law.yale.edu
Tel.: 001 203 432 4995

2. Harvard University
1563 Massachusetts Avenue
Webseite: www.law.harvard.edu
Boston, MA 02138
Tel.: 001 617 495 3109

2. Stanford University
Crown Quadrangle
Stanford, CA 94305
Email: law admissions@forsythe.stanford.edu

4. Columbia University
435 West 116th Street
New York, NY 10027
Webseite: www.columbia.edu/cu/law
Tel.: 001 212 854 2670
Fax: 001 212 854 7946

4. University of Chicago
1111 East 60th Street
Chicago, IL 60637
Tel.: 001 773 702 9484

6. New York University
West Third Street
2nd Floor
New York, NY 10012
Tel.: 001 212 998 6060

7. University of California at Berkeley
Boalt Hall School of Law
5 Boalt Hall
Berkeley, CA 94720 7200
Email: admissions@boalt.berkeley.edu
Webseite: www.law.berkeley.edu
Tel.: 001 510 642 2274
Fax: 001 510 643 6222

8. Duke University
PO Box 90393
Durham, NC 27708 0393
Email: admissions@law.duke.edu
Webseite: www.law.duke.edu
Tel.: 001 919 613 7200
Fax: 001 919 613 7231

8. University of Michigan at Ann Arbor
701 Tappan Street
Ann Arbor, MI 48109
Email: umbusmba@umich.edu
Webseite: www.bus.umich.edu
Tel.: 001 313 763 5796
Fax: 001 313 763 7804

8. University of Pennsylvania
3400 Chestnut Street
Philadelphia, PA 19104 6204
Email: adms@oyez.law.upenn.edu
Webseite: www.law.upenn.edu
Tel.: 001 215 898 7400
Fax: 001 215 573 2025

8. University of Virginia
580 Massie Road
Email: lawadmit@virginia.edu
Charlottesville, VA 22903 1789
Webseite: www.law.virginia.edu
Tel.: 001 804 924 7351

12. Cornell University
Myron Taylor Hall
Ithaca, NY 14853
Email: lawadmit@law.mail.cornell.edu
Webseite:
www.law.cornell.edu/admit/admit.htm
Tel.: 001 607 255 5141

12. Georgetown University
600 New Jersey Avenue, NW
Washington, DC 20057
Email: admis@law.georgetown.edu
Webseite: www.ll.georgetown.edu/lc
Tel.: 001 202 662 9010
Fax: 001 202 662 9459

12. Northwestern University
357 East Chicago Avenue
Chicago, IL 60611
Email: kellogg admissions@nwe.edu
Webseite: www.lawl.nwu.edu
Tel.: 001 312 503 8465
Fax: 001 312 503 0178

15. University of Southern California
USC Law School
University Park
Los Angeles, CA 90089 0071
Webseite: www.usc.edu/dept/law lib/index.html
Email: admissions@law.usc.edu
Tel.: 001 213 740 7331
Fax: 001 213 740 5502

16. Vanderbilt University
School of Law
Vanderbilt University
Nashville, TN 37240
Email: admissions@law.vanderbilt.edu
Tel.: 001 615 322 6452
Fax: 001 615 322 6631

17. University of California at Los Angeles
UCLA School of Law
Los Angeles, CA 90024
Email: admit@law.ucla.edu
Webseite: www.law.ucla.edu
Tel.: 001 310 825 4041

17. University of Minnesota Twin Cities
Law School
229 19th Avenue South
Minneapolis, MN 55455
Webseite: www.umn.edu/law
Tel.: 001 612 625 5005

19. Washington and Lee University
Lewis Hall
Lexington, VA 24450
Email: lawadm@wlu.edu
Webseite: www.wlu.edu
Tel.: 001 540 463 8504
Fax: 001 540 463 8586

20. George Washington University
2003 G Street, NW
Washington, DC 20052
Email: jd@admit.nlc.gwu.edu
Webseite: www.law.gwu.edu
Tel.: 001 202 994 7230
Fax: 001 202 994 3597

20. University of Illinois – Urbana Champaign
504 East Pennsylvania Avenue
Champaign, IL 61820
Email: dfalls@law.uiuc.edu
Webseite: www.law.uiuc.edu
Tel.: 001 217 244 6415

22. Boston College
885 Centre Street
Newton, MA 02159
Email: bclawadm@bc.edu
Webseite: www.bc.edu/lawschool
Tel.: 001 617 552 4350
Fax: 001 617 552 2615

23. University of Washington
Box 353200
Seattle, WA 98105
Tel.: 001 206 543 4078

24. University of Iowa
Melrose at Byington Streets
Iowa City, IA 52242
Email: ldwadmissions@uiowa.edu
Tel.: 001 319 335 9071
Fax: 001 319 335 9019

25. Emory University
Emory University School of Law
Atlanta, GA 30322
Webseite: www.law.emory.edu
Tel.: 001 404 727 6801

25. Fordham University
140 West 62nd Street
New York, NY 10023
Tel.: 001 212 636 6810

25. University of North Carolina at Chapel Hill
Campus Box 3380
Chapel Hill, NC 27599
Email: law_admissions@unc.edu
Webseite: www.law.unc.edu
Tel.: 001 919 962 5109
Fax: 001 919 962 1170

25. University of Notre Dame
Notre Dame Law School
Notre Dame, IN 46556
Email: law.bulletin.1@nd.edu
Webseite: www.nd.edu/~ndlaw
Tel.: 001 219 631 6626
Fax: 001 219 631 6371

Die besten *Colleges*

1. Amherst College
PO Box 5000
Amherst, MA 01002
Email: admissions@amherst.edu
Webseite: www.amherst.edu
Tel.: 001 413 542 2000
Fax: 001 413 542 2040

2. Swarthmore College
500 College Avenue
Swarthmore, PA 19081
Email: admissions@swarthmore.edu
Webseite: www.swarthmore.edu
Tel.: 001 610 328 8300
Fax: 001 610 328 8580

3. Williams College
PO Box 487
Williamstown, MA 01267
Email: admissions@williams.edu
Webseite: www.williams.edu
Tel.: 001 413 597 2211
Fax: 001 413 597 4052

4. Wellesley College
106 Central Street
Wellesley, MA 02181
Email: admission@wellesley.edu
Webseite: www.wellesley.edu
Tel.: 001 617 283 2270

5. Haverford College
370 Lancaster Avenue
Haverford, PA 19041
Email: admitme@haverford.edu
Webseite: www.haverford.edu
Tel.: 001 610 896 1350
Fax: 001 610 896 1338

5. Pomona College
333 North College Way
Claremont, CA 91711
Email: admission@pomona.edu
Webseite: www.pomona.edu
Tel.: 001 909 621 8134

7. Bowdoin College
5000 College Station
Brunswick, ME 04011 8441
Email: admissions lit@polar.bowdoin.edu
Webseite: www.bowdoin.edu
Tel.: 001 207 725 3100
Fax: 001 207 725 3101

7. Middlebury College
Middlebury, VT 05753
Email: admissions@middlebury.edu
Webseite: www.middlebury.edu
Tel.: 001 802 443 3000
Fax: 001 802 443 2056

9. Carleton College
One North College Street
Northfield, MN 55057
Email: admissions@acs.carleton.edu
Webseite: www.carleton.edu
Tel.: 001 800 995 2275
Fax: 001 507 646 4526

9. Wesleyan University
High Street and Wyllis Avenue
Middletown, CT 06457
Email: www admiss@wesleyan.edu
Webseite: www.wesleyan.edu
Tel.: 001 860 344 7900

11. Davidson College
PO Box 1719
Davidson, NC
Email: admissions@davidson.edu
Webseite: www.davidson.edu
Tel.: 001 704 892 2230
Fax: 001 704 892 2016

11. Grinnell College
PO Box 805
Grinnell, IA 50112
Email: askgrin@admin.grin.edu
Webseite: www.grin.edu
Tel.: 001 515 269 3600
Fax: 001 515 269 4800

11. Smith College
Elm Street
Northhampton, MA 01063
Email: admission@smith.edu
Webseite: www.smith.edu
Tel.: 001 413 585 2500
Fax: 001 413 585 2527

11. Washington and Lee University
Lexington, VA 24450
Email: admission@wlu.edu
Webseite: www.wlu.edu
Tel.: 001 540 463 8710
Fax: 001 540 463 8062

15. Bryn Mawr College
101 North Merion Avenue
Bryn Mawr, PA 19010 2899
Email: admissions@brynmawr.edu
Webseite: www.brynmawr.edu
Tel.: 001 610 526 5152
Fax: 001 610 526 7471

15. Claremont McKenna College
890 Columbia Avenue
Email: admission@mckenna.edu
Claremont, CA 91711
Webseite: www.mckenna.edu
Tel.: 001 909 621 8088
Fax: 001 909 621 8516

17. Colby College
Mayflower Hill
Waterville, ME 04901
Email: admissions@colby.edu
Webseite: www.colby.edu
Tel.: 001 207 872 3000
Fax: 001 207 872 3280

17. Vassar College
124 Raymond Avenue
Poughkeepsie, NY 12601
Email: admissions@vassar.edu
Webseite: www.vassar.edu
Tel.: 001 914 437 7300
Fax: 001 914 437 7063

19. Bates College
23 Campus Avenue
Lewiston, ME 04240
Email: admissions@bates.edu
Webseite: www.bates.edu
Tel.: 001 207 786 6000
Fax: 001 207 786 6025

19. Mount Holyoke College
College Street
South Hadley, MA 01075
Email: admissions@mtholyoke.edu
Webseite: www.mtholyoke.edu
Tel.: 001 413 538 2023
Fax: 001 413 538 2409

21. Colgate University
13 Oak Drive
Hamilton, NY 13346
Email: admission@center.colgate.edu
Webseite: www.colgate.edu
Tel.: 001 315 824 7401
Fax: 001 315 824 7544

21. Hamilton College
Clinton, NY 13323
Email: admission@hamilton.edu
Webseite: www.hamilton.edu
Tel.: 001 315 859 4421
Fax: 001 315 859 4457

23. Trinity College
300 Summit Street
Hartford, CT 06016
Email:
admissions.office@mail.trincoll.edu
Webseite: www.trincoll.edu
Tel.: 001 860 297 2180
Fax: 001 860 297 2287

24. Barnard College
3009 Broadway
New York, NY 10027
Email: admissions@barnard.columbia.edu
Webseite: www.barnard.columbia.edu
Tel.: 001 212 854 5262
Fax: 001 212 749 6531

24. Colorado College
14 East Cache La Poudre
Colorado Springs, CO 80903
Email: admission@cc.colorado.edu
Webseite: www.cc.colorado.edu
Tel.: 001 719 389 6344
Fax: 001 719 389 6816

Die besten Universitäten

1. Harvard University
Byerly Hall
8 Garden Street
Cambridge, MA 02138
Email: College@fas.harvard.edu
Webseite: www.fas.harvard.edu
Tel.: 001 617 495 1551
Fax: 001 617 495 8821

1. Princeton University
Box 430
Princeton, NJ 08544
Email: admissions@princeton.edu
Webseite: www.princeton.edu
Tel.: 001 609 258 3060

1. Yale University
PO Box 208234
New Haven, CT 06520
Email:
undergraduate.admissions@yale.edu
Webseite: www.yale.edu
Tel.: 001 203 432 4771
Fax: 001 203 432 4771

4. Massachusetts Institute of Technology
77 Massachusetts Avenue
Communications Office
Room 4 237
Cambridge, MA 02139
Email: admissions@mit.edu
Webseite: www.web.mit.edu
Tel.: 001 617 253 4791
Fax: 001 617 253 1986

4. Stanford University
Stanford, CA 94305
Email: admissions@stanford.edu
Webseite: www.stanford.edu
Tel.: 001 415 723 2091
Fax: 001 415 725 2846

6. Cornell University
410 Thurston Avenue
Ithaca, NY 14850
Email: admissions@cornell.edu
Webseite: www.cornell.edu
Tel.: 001 607 255 5241
Fax: 001 607 255 5242

6. Duke University
2138 Campus Drive
Box 90586
Durham, NC 27708
Email: askduke@admiss.duke.edu
Webseite: www.duke.edu
Tel.: 001 919 684 3214
Fax: 001 919 681 8941

6. University of Pennsylvania
34th and Spruce Street
Philadelphia, PA 19104
Email: admissions@upenn.edu
Webseite: www.upenn.edu
Tel.: 001 215 898 7507
Fax: 001 215 898 9670

9. California Institute of Technology
1200 East California Boulevard
Pasadena, CA 91125
Email: ugadmissions@caltech.edu
Webseite: www.caltech.edu
Tel.: 001 818 395 6341
Fax: 001 818 683 3026

10. Brown University
45 Prospect Street
Box 1876
Providence, RI 02912
Email: admissions@brown.edu
Webseite: www.brown.edu
Tel.: 001 401 863 2378
Fax: 001 401 863 9595

10. Columbia University
212 Hamilton Hall
New York, NY 10027
Email: ugradadmiss@columbia.edu
Webseite: www.columbia.edu
Tel.: 001 212 854 2522
Fax: 001 212 894 1209

10. Dartmouth College
6016 McNutt Hall
Hanover, NH 03755
Email: admissions@dartmouth.edu
Webseite: www.dartmouth.edu
Tel.: 001 603 646 2875
Fax: 001 603 646 1216

10. Northwestern University
PO Box 3060
1801 Hinman Avenue
Evanston, IL 60204
Email: ugadmission@nwu.edu
Webseite: www.acns.nwu.edu
Tel.: 001 847 491 7271

14. Johns Hopkins University
3400 North Charles Street
Baltimore, MD 21218
Email: gotohu@jhu.edu
Webseite: www.jhu.edu/~admis/
Tel.: 001 410 516 8171
Fax: 001 410 516 6025

14. University of Chicago
1116 East 59th Street
Chicago, IL 60637
Email:
college.admissions@uchicago.edu
Webseite: www.uchicago.edu
Tel.: 001 773 702 8650
Fax: 001 773 702 4199

16. Emory University
1380 South Oxford Road, NE
Atlanta, GA 30322
Email: admiss@emory.edu
Webseite: www.emory.edu
Tel.: 001 404 727 6036
Fax: 001 404 727 4303

16. Washington University in Saint Louis
Campus Box 1089
One Brookings Drive
Saint Louis, MO 63130-4899
Email: admissions@wustl.edu
Webseite: www.wustl.edu
Tel.: 001 800 638 0700
Fax: 001 314 935 4290

18. Rice University
Office of Admissions
PO Box 1892
Houston, TX 77251
Email: admi@rice.edu
Webseite: www.rice.edu
Tel.: 001 713 527 4036
Fax: 001 713 285 5952

18. University of Notre Dame
113 Main Building
Notre Dame, IN 46556
Email: admissions.admissio.1@nd.edu
Webseite: www.nd.edu
Tel.: 001 219 631 7505
Fax: 001 219 631 8865

20. Georgetown University
37th and O Streets, NW
Washington, DC 20057
Email:
guadmiss@gunet.georgetown.edu
Webseite: www.georgetown.edu
Tel.: 001 202 687 3600
Fax: 001 202 687 5084

20. Vanderbilt University
2305 West End Avenue
Nashville, TN 37203
Email: admissions@vanderbilt.edu
Webseite: www.vanderbilt.edu
Tel.: 001 615 322 2561
Fax: 001 615 343 7765

22 University of California at Berkeley
Berkeley, CA 94720
Email: ouars@berkeley.edu
Webseite: www.berkeley.edu
Tel.: 001 510 642 3175

22. University of Virginia
Office of Admission
PO Box 9017
Charlottesville, VA 22906
Email:
undergradadmission@virginia.edu
Webseite: www.virginia.edu
Tel.: 001 804 982 3200
Fax: 001 804 924 3587

24. University of North Carolina at Chapel Hill
Jackson Hall UADM CB2200
Chapel Hill, NC 27599
Email: uadm@email.unc.edu
Webseite: www.unc.edu
Tel.: 001 919 966 3621
Fax: 001 919 962 3045

25. Carnegie Mellon University
5000 Forbes Avenue
Pittsburgh, PA 15213
Email: undergraduate
admissions@andrew.cmu.edu
Webseite:
www.cmu.edu/enrollment/admission
Tel.: 001 412 268 2082
Fax: 001 412 268 7838

25. Tufts University
Medford, MA 02155
Email:
admissinquiry@infonet.tufts.edu
Webseite: www.tufts.edu
Tel.: 001 617 627 3170
Fax: 001 617 627 3860

25. University of California at Los Angeles
405 Hilgard Avenue
Los Angeles, CA 90024
Email: ugadm@saonnet.ucla.edu
Webseite: www.ucla.edu
Tel.: 001 310 825 3101
Fax: 001 310 206 1206

25. University of Michigan at Ann Arbor
1220 Student Activities Building
Ann Arbor, MI 48109 1316
Email: ugadmiss@umich.edu
Webseite: www.umich.edu
Tel.: 001 313 764 7433
Fax: 001 313 936 0740

Die besten öffentlichen Universitäten

University of California at Berkeley
Berkeley, CA 94720
Email: ouars@berkeley.edu
Webseite: www.berkeley.edu
Tel.: 001 510 642 3175

1. University of Virginia
Office of Admission
PO Box 9017
Charlottesville, VA 22906
Email: undergrad
admission@virginia.edu
Webseite: www.virginia.edu
Tel.: 001 804 982 3200
Fax: 001 804 924 3587

3. University of North Carolina at Chapel Hill
Jackson Hall UADM CB2200
Chapel Hill, NC 27599
Email: uadm@email.unc.edu
Webseite: www.unc.edu
Tel.: 001 919 966 3621
Fax: 001 919 962 3045

4. University of California at Los Angeles
405 Hilgard Avenue
Los Angeles, CA 90024
Email: ugadm@saonnet.ucla.edu
Webseite: www.ucla.edu
Tel.: 001 310 825 3101
Fax: 001 310 206 1206

4. University of Michigan at Ann Arbor
1220 Student Activities Building
Ann Arbor, MI 48109 1316
Email: ugadmiss@umich.edu
Webseite: www.umich.edu
Tel.: 001 313 764 7433
Fax: 001 313 936 0740

6. University of California at San Diego
9500 Gilman Drive
La Jolla, CA 92093 4831
Email: admissionsinfo@ucsd.edu
Webseite: admissions.ucsd.edu
Tel.: 001 619 534 4831

7. College of William and Mary
PO Box 8795
Williamsburg, VA 23187 8795
Email: admiss@facstaff.wm.edu
Webseite: www.wm.edu
Tel.: 001 757 221 4223
Fax: 001 757 221 1242

8. University of California at Irvine
Irvine, CA 92717
Email: oars@uci.edu
Webseite: www.uci.edu
Tel.: 001 714 856 6703
Fax: 001 714 824 2711

8. University of Wisconsin at Madison
140 Petenson Office Building
750 University Avenue
Email:
ON.WISCONSIN@mail.admin.wisc.edu
Webseite: httTel.://www.wisc.edu
Tel.: 001 608 262 3961
Fax: 001 608 262 1429

10. University of Illinois at Urbana Champagne
506 South Wright Street
Urbana, IL 61801
Email: admission@uiuc.edu
Webseite: www.uiuc.edu
Tel.: 001 217 333
Fax: 001 217 244 7124

11. Pennsylvania State University
University Park Campus
Email: admissions@psu.edu
University Park, PA 16802
Webseite: www.psu.edu
Tel.: 001 814 865 5471
Fax: 001 814 863 7590

11. University of California at Davis
Davis, CA 95616
Email: antdavis@ucdans.edu
Webseite: www.ucdavis.edu
Tel.: 001 916 752 1011
Fax: 001 916 752 8870

13. Georgia Institute of Technology
225 North Avenue, NW
Atlanta, GA 30332
Email: admissions@success.gatech
Webseite: www.gatech.edu
Tel.: 001 404 894 4154
Fax: 001 404 894 9511

14. University of California at Santa Barbara
Santa Barbara, CA 93106
Email: appinfo@ucsb.edu
Webseite: www.ucsb.edu
Tel.: 001 805 893 2485
Fax: 001 805 893 877

15. Texas A & M University College Station
College Station, TX 77843
Email: adminfo@tamu.edu
Webseite: www.tamu.edu
Tel.: 001 409 845 3741
Fax: 001 409 845 0629

16. Rutgers University
PO Box 2101
New Brunswick, NJ 08903 2101
Email: admissions@asb
ugadm.rutgers.edu
Webseite: www.rutgers.edu
Tel.: 001 732 932 INFO
Fax: 001 732 445 0231

17. University of California at Santa Cruz
1156 High Street
Cook House
Email: admissions@cats.ucsc.edu
Webseite: www.ucsd.edu
Tel.: 001 408 459 0111
Fax: 001 408 459 4452

17. University of Minnesota Twin Cities
231 Pillsbury Drive, SE
240 Williamson Hall
Minneapolis, MN 55455
Email: admissions@tc.umn.edu
Webseite: www.umn.edu/tc
Tel.: 001 612 625 2008
Fax: 001 612 626 1693

17. University of Texas Austin
Office of Admissions
Main Building Room 7
Austin, TX 78712
Email: adfre@utxdp.dp.utexas.edu
Webseite: www.utexas.edu
Tel.: 001 512 475 7399
Fax: 001 512 475 7478

17. University of Washington
1400 NE Campus Parkway
Seattle, WA 98195
Email: askuwadm@u.washington.edu
Webseite: www.washington.edu
Tel.: 001 206 543 9686
Fax: 001 206 685 3655

21. Colorado School of Mines
Weaver Towers
1811 Elm Street
Golden, CO 80401
Email: admit@mines.edu
Webseite: www.mines.edu
Tel.: 001 303 273 3220
Fax: 001 303 273 3509

21. State University of New York at Binghamton
PO Box 6000
Binghamton, NY 13902
Email: admit@binghamton.edu
Webseite: www.binghamton.edu
Tel.: 001 607 777 2171
Fax: 001 607 777 4445

23. Ohio State University at Columbus
Third Floor Lincoln Tower
1800 Cannon Drive
Columbus, OH 43210
Email: admissions@ohiostate.edu
Webseite: www.acs.ohiostate.edu
Tel.: 001 614 292 3980
Fax: 001 614 292 4818

23. University of Florida
Undergraduate Admissions
201 Criser Hall
Email: spritz@nw.mail.ufl.edu
Webseite: www.ufsa.ufl.edu/sfa/sfa.html
Tel.: 001 352 392 1365

25. University of Colorado, Boulder
Campus Box 30
Boulder, CO 80309
Email: apply@colorado.edu
Webseite: www.colorado.edu
Tel.: 001 303 492 6301

Amerikanische Stipendien

Zusammengestellt von Becky Trapp

Andrew Boehm Fellowship
Director of Scholarships
AFTMA Center
1250 Grove Avenue
Suite 300
Barrington, IL 60010
Tel.: 001 312 381 9490
Typ des Stipendiums: Scholarship
Level of Study: Graduate
Summe: bis US$ 10.000
Insgesamt ausgegeben: Unterschiedlich
Einsendeschluß: 15. März
Hauptfächer: Marine Biology, Fisheries Studies, Marine Science

American Association of Cereal Chemists Undergraduate and Graduate Fellowships
Director of Scholarships
American Association of Critical Care Nurses
One Civic Plaza
Newport Beach, CA 92660
Tel.: 001 714 644 9310
Typ des Stipendiums: Fellowship
Level of Study: Undergraduate
Summe: US$ 1.500
Insgesamt ausgegeben: Keine Angaben
Einsendeschluß: 1. April
Mindestens GPA: 3.40
Class Rank: Top 20% of Class
Hauptfächer: Food Science Technology/Nutrition

American College of Medical Practice Executives Scholarships
Scholarship Fund
American College of Medical Practice Executives
104 Inverness Terrace E
Englewood, CO 80112
Tel.: 001 303 397 7869
Typ des Stipendiums: Scholarship
Summe: US$ 2.000
Insgesamt ausgegeben: Keine Angaben
Einsendeschluß: 30. Juni
Hauptfächer: Health Services Administration, Hospital Administration/Services
Voraussetzung: Physically challenged

American Conservatory Theatre Fellowships
Director of Financial Aid
American Conservatory Theatre Foundation
30 Grant Avenue
San Francisco, CA 94108

Tel.: 001 415 834 3211
Typ des Stipendiums: Fellowship
Level of Study: Undergraduate
Summe: Unterschiedlich
Insgesamt ausgegeben: Unterschiedlich
Einsendeschluß: 31. Mai
Hauptfächer: Drama / Theatre
Award must be used at: American Conservatory of Theater

Dental Faculty Development Fellowship
Ann Charbonneau
American Fund for Dental Health
211 East Chicago Avenue
Suite 820
Chicago, IL 60611
Tel.: 001 312 787 6270
Typ des Stipendiums: Scholarship
Level of Study: Graduate
Summe: US$ 20.000
Insgesamt ausgegeben: Unterschiedlich
Einsendeschluß: 15. September
Hauptfächer: Dentistry, Education

American Graduate School International Management Returning Veterans Scholarship
Financial Aid Director
Thunderbird Campus
Glendale, AZ 85306
Tel.: 001 602 978 7130
Typ des Stipendiums: Scholarship
Level of Study: Graduate
Summe: Unterschiedlich
Insgesamt ausgegeben: 3
Einsendeschluß: 1. März, 1. Oktober
Mindestens GPA: 3.50
Award must be used at: American Graduate School of International Management

Continental Grain Fellowship
Financial Aid Director
American Graduate School of International Management
Thunderbird Campus
Glendale, AZ 85306
Tel.: 001 602 978 7130
Typ des Stipendiums: Fellowship
Level of Study: Graduate
Summe: US$ 8.000
Insgesamt ausgegeben: 1
Einsendeschluß: 1. März; 1. Oktober
Mindestens GPA: 3.50
Hauptfächer: Business Administration / Management
Award must be used at: American Graduate School of International Management

American Helicoptor Society
Awards Officer
American Helicoptor Society

Vertical Flight Foundation
217 North Washington Street
Alexandria, VA 22314
Tel.: 001 703 684 6777
Typ des Stipendiums: Scholarship
Level of Study: Undergraduate
Summe: US$ 2.000
Insgesamt ausgegeben: 1-10
Einsendeschluß: 1. Februar
Hauptfächer: Aerospace / Aeronautical Engineering
Weitere Information: Für Personen, die an Hubschraubern und Flugtechnologie interessiert sind

J. Franklin Jameson Fellowship
Director of Scholarships
American Historical Association
400 A Street SE
Washington, DC 20003
Tel.: 001 202 544 2422
Typ des Stipendiums: Fellowship
Level of Study: Graduate
Summe: US$ 9.000
Insgesamt ausgegeben: Keine Angaben
Einsendeschluß: 15. März
Hauptfächer: American History

Kraft Nutrition Grant
Director of Scholarships
American Home Economics Foundation
1555 King Street
Alexandria, VA 22314
Tel.: 001 703 706 4600
Typ des Stipendiums: Scholarship
Level of study: Graduate
Summe: US$ 2.500
Insgesamt ausgegeben: 1
Einsendeschluß: 10. Dezember
Hauptfächer: Food Science Technology / Nutrition, Home Economics

American Institute for Economic Research Summer
Fellowship Program
Pamela Allard
Division Street
Great Barrington, MA 01230
Tel.: 001 413 528 1216
Typ des Stipendiums: Fellowship, verlängerbar
Level of Study: Graduate
Summe: Unterschiedlich
Insgesamt ausgegeben: Unterschiedlich
Einsendeschluß: 31. März
Mindestens GPA: 3.00
Hauptfächer: Economics, Finance

American Institute for Economic Research Summer Fellowship
Fellowship Program Administrator
American Institution for Economic Research
Division Street
Great Barrington, MA 01230
Tel.: 001 413 528 1217

Typ des Stipendiums: Fellowship, verlängerbar
Level of study: Undergraduate
Summe: US$ 450-525 / monatlich
Insgesamt ausgegeben: Unterschiedlich
Einsendeschluß: 31. März
Mindestens GPA: 3.00
Hauptfächer: Economic Development, Economics, Land Economics

Marguerite R. Jacobs Award
Administrative Director
American Jewish Archives
3101 Clifton Avenue
Cincinnati, OH 5220
Typ des Stipendiums: Scholarship
Level of Study: Graduate
Summe: US$ 2.000
Insgesamt ausgegeben: Unterschiedlich
Einsendeschluß: 1. April
Hauptfächer: History (General), Jewish Studies
Arbeitserfahrung: Researcher
Weitere Information: Curriculum vitae, Forschungsvorhaben, Veröffentlichungen und zwei Empfehlungen

George B. Boland Nurses Scholarship
Director of Scholarships
American Legion
777 North Meridian Street
Indianapolis, IN 46206
Tel.: 001 317 635 6291
Typ des Stipendiums: Scholarship
Level of Study: Undergraduate
Summe: US$ 500
Insgesamt ausgegeben: Keine Angaben
Einsendeschluß: Keine Angaben
Hauptfächer: Krankenpflege

Frederic G. Melcher Scholarship
Scholarship Committee
American Library Association
50 East Huron Street
Chicago, IL 60611
Tel.: 001 312 944 6780
Typ des Stipendiums: Scholarship
Level of Study: Graduate
Summe: US$ 4.000
Insgesamt ausgegeben: 2
Einsendeschluß: 1. März
Hauptfächer: Bibliothekswissenschaften

Clift Scholarship
Director of Scholarships
American Library Association
50 East Huron Street
Chicago, IL 60611
Tel.: 001 312 944 6780
Typ des Stipendiums: Scholarship
Level of Study: Graduate

Summe: US$ 3.000
Insgesamt ausgegeben: 1-2
Einsendeschluß: 1. Dezember
Hauptfächer: Library Science

American Lung Association Research Grants
Medical Affairs Director
American Lung Association
1740 Broadway
New York, NY 10019
Tel.: 001 212 315 8700
Typ des Stipendiums: Scholarship
Level of Study: Graduate
Summe: US$ 17.500
Insgesamt ausgegeben: Unterschiedlich
Einsendeschluß: 1. November
Hauptfächer: Medicine, Cardiovascular Medicine, Pulmonary Medicine, Social Science

American Lung Association Pediatric Pulmonary Fellowship
Medical Affairs Director
American Lung Association
1740 Broadway
New York, NY 10019
Tel.: 001 212 245 8000
Typ des Stipendiums: Fellowship
Level of study: Graduate
Summe: Bis zu US$ 19.000
Insgesamt ausgegeben: Keine Angaben
Einsendeschluß: 1. Oktober
Hauptfächer: Medicine, Pulmonary Medicine

American Lung Association Career Investigator Grants
Medical Affairs Director
American Lung Association
1740 Broadway
New York, NY 10019
Tel.: 001 212 315 8700
Typ des Stipendiums: Scholarship
Level of Study: Graduate
Summe: US$ 35.000
Insgesamt ausgegeben: Unterschiedlich
Einsendeschluß: 1. Oktober
Hauptfächer: Medicine, Academic Medicine, Cardiovascular Medicine, Pulmonary Medicine

Howard T. Orville Meterorology Scholarship
Dr. Keith Seitter
American Meteorological Society
45 Beacon Street
Boston, MA 02108
Tel.: 001 617 742 8718
Typ des Stipendiums: Scholarship
Level of Study: College Senior
Summe: US$ 2.000
Insgesamt ausgegeben: 1
Einsendeschluß: 15. Juni
MindestensGPA: 3.00

Hauptfächer: Atmospheric Sciences, Meterorology

American Nuclear Society Radiation Science & Technical Award
Scholarship Committee
American Nuclear Society
555 North Kensington Avenue
La Grange Park, IL 60525
Tel.: 001 708 352 6611
Typ des Stipendiums: Grant
Level of Study: Graduate
Summe: US$ 1.000
Insgesamt ausgegeben: 1
Einsendeschluß: 15. April
Hauptfächer: Engineering, Science
Arbeitserfahrung: Forschungserfahrung

American Society of Civil Engineers Freeman Fellowship
Student Services Manager
American Society of Civil Engineers
345 East 47th Street
New York, NY 10017
Tel.: 001 212 705 7667
Typ des Stipendiums: Fellowship
Level of Study: Graduate
Summe: Unterschiedlich
Insgesamt ausgegeben: Keine Angaben
Einsendeschluß: 1. Februar
Hauptfächer: Civil Engineering

Joel and Leona Tall Scholarship
Financial Aid Director
American University
4400 Massachusetts Avenue NW
Wahington, DC 20016
Tel.: 001 202 885 6100
Typ des Stipendiums: Scholarship
Level of Study: Undergraduate
Summe: Unterschiedlich
Insgesamt ausgegeben: Unterschiedlich
Einsendeschluß: 1. März
Hauptfächer: Journalism, Literature; Hobby: Writing
Award must be used at: American University

American University Moss Institute Doctoral Fellowships
Graduate Affairs Office
American University
4400 Massachusetts Avenue NW
Washington, DC 20016
Tel.: 001 202 885 6100
Typ des Stipendiums: Fellowship
Level of Study: Graduate
Insgesamt ausgegeben: Unterschiedlich
Einsendeschluß: 1. März
Hauptfächer: Chemistry, Economics, Educational Administration, Physics
Award must be used at: American University

American Vacuum Society Scholarships for Graduate Studies
Awards Officer
American Vacuum Society
335 East 45th Street
New York, NY 10017
Tel.: 001 212 661 9404
Typ des Stipendiums: Need-based Scholarship
Level of Study: Graduate
Summe: Unterschiedlich
Insgesamt ausgegeben: Unterschiedlich
Einsendeschluß: 31. März
Hauptfächer: Physics

Louie A. Beard Memorial
Department of Education and Training
Archbold Memorial Hospital
Gordon Avenue at Mimosa Drive
Thomasville, GA 31792
Tel.: 001 912 226 4121
Typ des Stipendiums: Need-based Scholarship
Level of Study: College Junior
Summe: US$ 2.500
Insgesamt ausgegeben: Unterschiedlich
Einsendeschluß: Keine Angaben
Hauptfächer: Allied Health, Nursing
Weitere Information: Der Student muß eine anerkannte medizinische Hochschule besuchen.

Association of Operating Room Nurses Scholarships
Director of Scholarships
Association of Operating Room Nurses
Credentialing Division
2170 S. Parker Rd.
Denver, CO 80231
Tel.: 001 303 755 6300
Typ des Stipendiums: Scholarship
Level of Study: Undergraduate
Summe: Tuition
Insgesamt ausgegeben: Keine Angaben
Einsendeschluß: 1. Mai
Mindestens GPA: 3.00
Class Rank: Top 40% of Class
Hauptfächer: Krankenpflege

Baltimore Museum of Art Internships
Summer Internship Program
Baltimore Museum of Art
The Education Department
Art Museum Drive
Baltimore, MD 21218
Tel.: 001 301 396 6320
Typ des Stipendiums: Internship
Level of Study: Undergraduate
Insgesamt ausgegeben: 6
Einsendeschluß: 15. März
Hauptfächer: Kunst, Kunstgeschichte, Museum Studies
Weitere Information: Zeugnis und Lebenslauf, welches Praktika und

Arbeitserfahrung dokumentiert und zwei Empfehlungen

Bunge Corporation Scholarship
Scholarship Office
National FFA Foundation
PO Box 15160
Alexandria, VA 22309
Tel.: 001 703 360 3600
Typ des Stipendiums: Scholarship
Level of Study: Undergraduate
Summe: US$ 1.000
Insgesamt ausgegeben: 1
Einsendeschluß: 1. März
Hauptfächer: Agribusiness, Agriculture, Animal Science, Agricultural Engineering, Agricultural Management

Bunting Affiliation Program
Awards Officer
Bunting Institute
Radcliffe College
34 Concord Avenue
Cambridge, MA 02138
Tel.: 001 617 495 8212
Typ des Stipendiums: Fellowship
Level of Study: Graduate
Summe: Unterschiedlich
Insgesamt ausgegeben: Unterschiedlich
Einsendeschluß: 15. Oktober
Hauptfächer: Art (general), Drama / Theatre, Journalism, Music, Creative Writing
Nur Bewerberinnen sind zugelassen

Bunting Fellowship Program
Awards Officer
Bunting Institute
Radcliffe College
34 Concord Avenue
Cambridge, MA 02138
Tel.: 001 617 495 8212
Typ des Stipendiums: Fellowship
Level of Study: Graduate
Summe: US$ 17.600
Insgesamt ausgegeben: 10
Einsendeschluß: 15. Oktober
Hauptfächer: Art(general), Drama / Theatre, Journalism, Music, Creative Writing
Nur Bewerberinnen sind zugelassen

George Hitchings Scholarship
Burroughs Wellcome Fund
3030 Cornwallis Road
Research Triangle Pk, NC 27709
Tel.: 001 919 248 3000
Typ des Stipendiums: Scholarship
Level of Study: Graduate
Summe: 30.000
Einsendeschluß: April
Hauptfächer: Clinical Pharmacology, Pharmacy

Award must be used at: California State Polytechnic University – San Luis

Burroughs Wellcome Fund Developing Grants
Burroughs Wellcome Fund
3030 Cornwallis Road
Research Triangle Pk, NC 27709
Tel.: 001 919 248 3000
Typ des Stipendiums: Scholarship
Level of study: Undergraduate
Summe: US$ 30.000
Insgesamt ausgegeben: 1
Einsendeschluß: 15. April
Hauptfächer: Biochemie, Clinical Science, Immunologie, Klinische Pharmacklogie, Pharmazie

California Polytechnic State University Chevron USA, Inc. Scholarship
California Polytechnic State University
Financial Aid Office
San Luis Obispo, CA 93407
Tel.: 001 805 546 0111
Typ des Stipendiums: Scholarship
Level of Study: Undergraduate
Summe: Unterschiedlich
Insgesamt ausgegeben: Unterschiedlich
Einsendeschluß: 1. März
Hauptfächer: Electrical Engineering, Mechanical Engineering

California Polytechnic State University Scholarship
California Polytechnic State University
Financial Aid Office
San Luis Obispo, CA 93407
Tel.: 001 805 546 0111
Typ des Stipendiums: Scholarship
Level of Study: College Junior
Summe: US$ 1.000
Insgesamt ausgegeben: Unterschiedlich
Einsendeschluß: 1. März
Mindestens GPA: 3.30
Hauptfächer: Aerospace Engineering
Award must be used at: California State Polytechnic University –San Luis

California Polytechnic State University Boeing Company Scholarship Financial Aid Office
California Polytechnic State University
San Luis Obispo, CA 93407
Tel.: 001 805 546 0111
Typ des Stipendiums: Scholarship
Summe: US$ 1.500
Insgesamt ausgegeben: Unterschiedlich
Einsendeschluß: 1. März
Mindestens GPA: 3.00
Hauptfächer: Aerospace / Aeronautical Engineering, Aerospace Engineering

Award must be used at: California State Polytechnic University – San Luis

Gordon S. Fyfe Memorial Scholarship
Dr. Irene Lange
California State University at Fullerton
800 N. State College Boulevard
Langsdorf Hall 626
Fullerton, CA 92631
Tel.: 001 714 773 2361
Typ des Stipendiums: Scholarship
Level of Study: Undergraduate
Summe: Unterschiedlich
Insgesamt ausgegeben: 1
Einsendeschluß: 10. März
Hauptfächer: Marketing / Sales / Retailing
Award must be used at: California State University-Fullerton

Case Western Reserve University Physics Scholarship
Financial Aid Office
Case Western Reserve University
109 Pardee Hall
Cleveland, OH 44106
Tel.: 001 216 368 5830
Typ des Stipendiums: Scholarship
Level of Study: College Freshman
Summe: US$ 2.000
Insgesamt ausgegeben: 2
Einsendeschluß: 1. Februar
Hauptfächer: Physics
Award must be used at: Case Western Reserve University

Central Wyoming College Broadcasting Scholarships
Financial Aid Director
Central Wyoming College
Riverton, WY 82501
Tel.: 001 307 856 9291
Typ des Stipendiums: Scholarship
Level of Study: Undergraduate
Summe: Unterschiedlich
Insgesamt ausgegeben: Unterschiedlich
Einsendeschluß: 31. März
Hauptfächer: Radio / TV Broadcasting
Award must be used at: Central Wyoming College

Chris Mendes Small Grants Program
Resources for the Future
Chris Mendes
Small Grants Program
1616 P Street, NW
Washington, DC 20036
Tel.: 001 202 328 5067
Typ des Stipendiums: Scholarship
Level of Study: Graduate
Summe: Bis zu US$ 30.000
Insgesamt ausgegeben: Unterschiedlich
Einsendeschluß: 1. März

Hauptfächer: Energy Management, Environmental Health, Environmental Science, Natural Resources

Roy M. Abagnale Memorial Fellowship Award
Fellowship Committee
Civitan International Foundation
PO Box 130744
Birmingham, AL 35213
Tel.: 001 205 591 8910
Typ des Stipendiums: Fellowship
Level of Study: Graduate
Summe: US$ 3.000
Insgesamt ausgegeben: 1
Einsendeschluß: 1. Mai
Hauptfächer: Business Administration / Management, Economics, Marketing / Sales / Retailing, Political Science

Clarion University Cooperative-Education Program
Financial Aid Director
Clarion University
Clarion, PA 16214
Tel.: 001 814 226 2000
Typ des Stipendiums: Work Study
Level of Study: Undergraduate
Summe: Unterschiedlich
Unterschiedlich
Einsendeschluß: Keine Angaben
Hauptfächer: Art (general), Biology, Business Administration / Management, Education, Mathematics
Award must be used at: Clarion University

Clinch Valley College Cooperative Education Program
Financial Aid Director
Clinch Valley College
PO Box 16
Wise, VA 24293
Tel.: 001 703 328 0271
Typ des Stipendiums: Work Study
Level of Study: Undergraduate
Summe:Unterschiedlich
Insgesamt ausgegeben: 85
Einsendeschluß: 1. Mai
Hauptfächer: Agriculture, Architecture, Art (general), Biology, Business Administration / Management
Award must be used at: Clinch Valley College

College Misericordia Presidential Scholarship
Dean of Admissions
College of Misericordia
Office of Financial Aid
Lake Street
Dallas, PA 18612
Tel.: 001 717 675 2181
Typ des Stipendiums: Scholarship
Level of Study: Undergraduate

Summe: US$ 1.200-US$ 7.500
Insgesamt ausgegeben: 8
Einsendeschluß: Keine Angaben
Class Rank: Top 20% of Class
Hauptfächer: Humanities, Law
Award must be used at: Misericordia College

Concordia College Theatre Scholarship
Director of Admissions
Concordia College
901 South 5th Street
Moorhead, MN 56560
Tel.: 001 218 299 3004
Typ des Stipendiums: Scholarship
Level of Study: College Freshman
Summe: US$ 1.000
Insgesamt ausgegeben: 2
Einsendeschluß: 15. Februar
Class Rank: Top 20% of Class
Hauptfächer: Drama/ Theatre
Award must be used at: Concordia College
Applicant affiliation/ activity: Drama/ Theatre

American Association of Petroleum Geologists Grants in Aid
Grants-In-Aid Subcommittee
Conoco, Inc.
PO Box 2197
Office of Financial Aid
Houston, TX 77001
Typ des Stipendiums: Scholarship
Level of Study: Graduate
Summe: US$ 500-US$ 800
Insgesamt ausgegeben: Unterschiedlich
Einsendeschluß: 1. Februar
Hauptfächer: Geology, Geophysics, Mineralogy/ Metallurgy

Anne Thompson Hubbel Award
Financial Aid Director
Eastern Michigan University
203 Pierce Hall
Ypsilanti, MI 48197
Tel.: 001 313 487 1849
Typ des Stipendiums: Scholarship
Level of Study: Undergraduate
Summe: Unterschiedlich
Insgesamt ausgegeben: Unterschiedlich
Einsendeschluß: 23. Januar
Mindestens GPA: 3.00
Hauptfächer: Drama/ Theatre
Award must be used at: Eastern Michigan University
Applicant Affiliation/ activity: Drama/ Theatre

Harold E. Sponberg Scholarship
Financial Aid Director
Eastern Michigan University
203 Pierce Hall
Ypsilanti, MI 48197
Tel.: 001 313 487 1849
Typ des Stipendiums: Scholarship

Level of Study: College Sophomore
Summe: Unterschiedlich
Insgesamt ausgegeben: Unterschiedlich
Einsendeschluß: 23. Januar
Mindestens GPA: 3.00
Hauptfächer: English, Speech
Award must be used at: Eastern Michigan University
Applicant affiliation/ activity: Debate/ Forensics

Eastern State Hospital Scholarship
James W. Parham
Eastern State Hospital
PO Box 8791
Williamsburg, VA 23187
Tel.: 001 804 253 4208
Typ des Stipendiums: Scholarship
Level of Study: Undergraduate
Summe: Unterschiedlich
Einsedeschluß: 1. Dezember
Mindestens GPA: 2.50
Majors: Occupational Therapy, Physical Therapy

Lyle Mamer Fellowship
Executive Director
Electrical Womans Round Table
PO Box 292793
Nashville, TN 37229
Tel.: 001 615 254 4479
Typ des Stipendiums: Need based Fellowship
Level of Study: Graduate
Summe: Up to US$ 1.000
Insgesamt ausgegeben: 1
Einsendeschluß: 1. März
Hauptfächer: Advertising, Education, Electrical Engineering, Journalism, Radio/TV, Broadcasting
Applicant must be: Female

Elon College Music Performance Award
Director of Financial Planning
Elon College
Elon College, NC 27244
Tel.: 001 919 584 2478
Typ des Stipendiums: Scholarship
Summe: Unterschiedlich
Insgesamt ausgegeben: Unterschiedlich
Einsendeschluß: Keine Angaben
Hauptfächer: Music
Hobbies: Music
Award must be used at: Elon College

Iselin and Associates Scholarship
Entomological Society of America
9301 Annapolis Road
Lanham, MD 20706
Typ des Stipendiums: Scholarship
Level of Study: Undergraduate
Summe: US$ 500
Insgesamt ausgegeben: 1
Einsendeschluß: 31. Mai

Hauptfächer: Biology, Entomology, Zoology
Weitere Information: Must include SASE with application

Epilepsy Foundation Clinical Research Fellowships
Director of Scholarships
Epilepsy Foundation of America
4351 Garden City Drive
Landover, MD
Typ des Stipendiums: Fellowship
Level of Study: Graduate
Summe: US$ 25.000
Insgesamt ausgegeben: Keine Angaben
Einsendeschluß: 1. September
Hauptfächer: Medicine

Fannie and John Hertz Foundation Fellowship California Institute of Technology
Awards Director
Fannie and John Hertz Foundation
PO Box 5032
Livermore, CA 94551
Tel.: 001 510 373 1642
Typ des Stipendiums: Fellowship
Level of Study: Graduate
Summe: US$ 23.000
Insgesamt ausgegeben: 22-102
Einsendeschluß: 1. November
Mindestens GPA: 3.80
Class Rank: Top 20% of Class
Hauptfächer: Physical Science
Award must be used at: California Institute of Technology
Weitere Information: Studies must be concerned with applications of physical science.

Fannie and John Hertz Foundation Fellowship-Rice University
Awards Director
Fannie and John Hertz Foundation
PO Box 5032
Livermore, CA 94551
Tel.: 001 510 373 1642
Typ des Stipendiums: Fellowship
Level of Study: Graduate
Summe: US$ 23.000
Insgesamt ausgegeben: 22-102
Einsendeschluß: 1. November
Mindestens GPA: 3.80
Class Rank: Top 20% of Class
Hauptfächer: Physical Science
Award must be used at: Rice University
Weitere Information: Studies must be concerned with applications of physical science

Fannie and John Hertz Foundation Fellowship-New York University
Awards Director
Fannie and John Hertz Foundation
PO Box 5032
Livermore, CA 94551

Tel.: 001 510 373 1642
Typ des Stipendiums: Fellowship
Level of Study: Graduate
Summe: US$ 23.000
Insgesamt ausgegeben: 22-102
Einsendeschluß: 1. November
Mindestens GPA: 3.80
Class Rank: Top 20% of Class
Hauptfächer: Physical Science
Award must be used at: New York University
Weitere Information: Studies must be concerned with applications of physical science.

Fannie and John Hertz Foundation Fellowship-Stanford University
Awards Director
Fannie and John Hertz Foundation
PO Box 5032
Livermore, CA 94551
Tel.: 001 510 373 1642
Typ des Stipendiums: Fellowship
Level of Study: Graduate
Summe: US$ 23.000
Insgesamt ausgegeben: 22-102
Einsendeschluß: 1. November
Mindestens GPA: 3.80
Class Rank: Top 20% of Class
Hauptfächer: Physical Science
Award must be used at: Stanford University
Weitere Information: Studies must be concerned with applications of physical science.

Fannie and John Hertz Foundation Fellowship-University of Wisconsin-Madison
Awards Director
Fannie and John Hertz Foundation
PO Box 5032
Livermore, CA 94551
Tel.: 001 510 373 1642
Typ des Stipendiums: Fellowship
Level of Study: Graduate
Summe: US$ 23.000
Insgesamt ausgegeben: 22-102
Einsendeschluß: 1. November
Mindestens GPA: 3.80
Class Rank: Top 20% of Class
Hauptfächer: Physical Science
Award must be used at: University of Wisconsin-Madison
Weitere Information: Studies must be concerned with applications of physical science

Fannie and John Hertz Foundation Fellowship-University of Wisconsin-Madison
Awards Director
Fannie and John Hertz Foundation
PO Box 5032
Livermore, CA 94551
Tel.: 001 510 373 1642
Typ des Stipendiums: Fellowship

Level of Study: Graduate
Summe: US$ 23.000
Insgesamt ausgegeben: 22-102
Einsendeschluß: Keine Angaben
Mindestens GPA: 3.80
Class Rank: Top 20% of Class
Hauptfächer: Physical Science
Award must be used at: Massachusetts Institute of Technology
Weitere Information: Studies must be concerned with applications of physical science

Albert Gallatin Fellowship
William D. Carter
Ferris Foundation of America
970 Summer Street
Stanford, CT 06905
Typ des Stipendiums: Fellowship
Level of Study: Graduate
Summe: Unterschiedlich
Insgesamt ausgegeben: Unterschiedlich
Einsendeschluß: 13. März
Hauptfächer: International Relations

Esther Griswold Scholarship Award
Florida Atlantic University
Student Services Building
Room 223
Boca Raton, FL 33431
Tel.: 001 305 393 3000
Typ des Stipendiums: Scholarship
Level of Study: Graduate
Summe: US$ 5.000
Insgesamt ausgegeben: 1
Einsendeschluß: 1. März
Mindestens GPA: 3.00
Hauptfächer: Drama/ Theatre, Music
Award must be used at: Florida Atlantic University
Weitere Information: Leadership and character are considered.

Science Student Grant Program
Rebecca F. Smith
Foundation for Science & Disability, Inc.
115 South Brainard Avenue
LaGrange, IL 60525
Typ des Stipendiums: Need based Scholarship, renewable
Level of Study: Graduate
Summe: Unterschiedlich
Insgesamt ausgegeben: Unterschiedlich
Einsendeschluß: 1. Dezember
Hauptfächer: Engineering, Mathematics, Medicine, Science
Applicant must be: Non-specific disability

Francis Marion College Health Sciences Scholarship
Financial Aid Director
Francis Marion College
Box F-7500
Florence, SC 29501

Tel.: 001 803 669 4121
Typ des Stipendiums: Need-based Scholarship
Level of Study: Undergraduate
Summe: Unterschiedlich
Insgesamt ausgegeben: 1
Einsendeschluß: 1. März
Hauptfächer: Health Science, Allied Health
Award must be used at: Francis Marion College

Francis Marion College ARS Medical Health Career Scholarship
Financial Aid Director
Francis Marion College
Box F-7500
Florence, SC 29501
Tel.: 001 803 669 4121
Typ des Stipendiums: Scholarship
Level of Study: Undergraduate
Insgesamt ausgegeben: Keine Angaben
Einsendeschluß: 1. März
Mindestens GPA: 3.00
Hauptfächer: Allied Health, Medicine
Award must be used at: Francis Marion College

Mary Hamilton Neary Endowed Scholarship
Financial Aid Director
Friends University
2100 University
Wichita, KS 67213
Tel.: 001 316 261 5887
Typ des Stipendiums: Scholarship
Level of Study: Undergraduate
Summe: Unterschiedlich
Insgesamt ausgegeben: Unterschiedlich
Einsendeschluß: Keine Angaben
Hauptfächer: French, German, Literature, British Literature, Spanish
Hobbys: Writing
Award must be used at: Friends University

Geological Society of America Research Grants
Research Grants Administrator
Geological Society of America
PO Box 9140
Boulder, CO 80301
Tel.: 001 303 447 2020
Typ des Stipendiums: Scholarship, renewable
Level of Study: Graduate
Summe: US$ 500-US$ 1.700
Insgesamt ausgegeben: 218
Einsendeschluß: 15. Februar
Hauptfächer: Archeology, Geology, Geophysics, Hydrology, Oceanography

George Mason University Bilingual Education Fellowship
Department of Education
George Mason University

4400 University Drive
Fairfax, VA 22030
Tel.: 001 703 323 2000
Typ des Stipendiums: Fellowship
Level of Study: Graduate
Summe: US$ 3.300
Insgesamt ausgegeben: Keine Angaben
Einsendeschluß: Keine Angaben
Hauptfächer: Bilingual Education, Spanish
Award must be used at: George Mason University

German Society of Maryland Scholarships
Scholarship Committee
German Society of Maryland
PO Box 22585
Baltimore, MD 21203
Tel.: 001 301 685 0450
Typ des Stipendiums: Scholarship, renewable
Level of study: College Freshman
Summe: Unterschiedlich
Insgesamt ausgegeben: Unterschiedlich
Einsendeschluß: 15. April
Applicant must be: Resident of Maryland, German

Carter Manny Awards
Director of Scholarships
Graham Foundation for the Advancement of Studies in Fine Arts
4 West Burton Place
Chicago, IL 60610
Typ des Stipendiums: Scholarship
Level of Study: Graduate
Summe: max. US$ 10.000
Insgesamt ausgegeben: Keine Angaben
Einsendeschluß: 15. März
Hauptfächer: Architecture, Interior Decoration/ Design, Urban Planning/ Management

Harry S. Truman Library Institute Scholarship
Secretary
Harry S. Truman Library Institute
Committee on Research & Education
Independence, MO 64050
Tel.: 001 816 833 1400
Typ des Stipendiums: Scholarship
Level of Study: Undergraduate
Summe: Unterschiedlich
Insgesamt ausgegeben: Unterschiedlich
Einsendeschluß: Keine Angaben
Hauptfächer: American History, Political Science

Health Focus Scholarship
Director of Personnel
Health Focus
301 West Mislam
Wharton, TX 77488
Tel.: 001 800 231 2177
Typ des Stipendiums: Scholarship

Summe: Unterschiedlich
Insgesamt ausgegeben: Unterschiedlich
Einsendeschluß: 30. Juni
Hauptfächer: Physical Therapy
Weitere Information: Must agree to work for Health Focus for 12 months after graduation.

Heiser Visiting Research Award
Director
Heiser Program for Leprosy Research
450 East 63rd Street
New York, NY 10021
Tel.: 001 212 751 6233
Typ des Stipendiums: Scholarship
Level of Study: Graduate
Summe: Unterschiedlich
Insgesamt ausgegeben: 1-3
Einsendeschluß: 1. Februar
Hauptfächer: Medicine, Clinical Pharmacology, Science, Leprosy Studies

Heiser Postdoctoral Research Fellowship
Director
Heiser Program for Leprosy Research
450 East 63rd Street
New York, NY 10021
Tel.: 001 212 751 6233
Typ des Stipendiums: Scholarship
Level of Study: Graduate
Summe: US$ 18.000-US$ 21.000
Insgesamt ausgegeben: 10
Einsendeschluß: 1. Februar
Hauptfächer: Medicine, Immunology, Clinical Pharmacology, Science, Leprosy Studies

Heiser Research Grants
Director
Heiser Program for Leprosy Research
450 East 63rd Street
New York, NY 10021
Tel.: 001 212 751 6233
Typ des Stipendiums: Scholarship
Level of Study: Graduate
Summe: US$ 20.000
Insgesamt ausgegeben: Unterschiedlich
Einsendeschluß: 1. Februar
Hauptfächer: Medicine, Clinical Pharmacology, Science / Leprosy Studies

Dr. Richard Allen Williams Scholarship
Dr. Waine Kong
Howard University
2400 Sixth Street NW
Washington, DC 20059
Typ des Stipendiums: Scholarship
Level of Study: Graduate
Summe: US$ 1.000
Insgesamt ausgegeben: Unterschiedlich
Einsendeschluß: 30. Juni

Hauptfächer: Medicine, Cardiovascular Medicine Medicine
Applicant must be : Minority
Weitere Information: Application form, letter of recommendation, transcript, and cover letter required

Robert Kaufman Memorial Scholarship
Director of Scholarships
Independent Accountants International Educational Foundation
9200 South Dadeland Boulevard, Suite 510
Miami, FL 33156
Tel.: 001 305 670 0580
Typ des Stipendiums: Need-based Scholarship
Level of Study: Undergraduate
Summe: US$ 250-US$ 5.000
Insgesamt ausgegeben: 20
Einsendeschluß: 28. Februar
Hauptfächer: Accounting

Albert E. Beckwith Scholarship
Financial Aid Director
Indiana Institute of Technology
1600 East Washington Boulevard
Fort Wayne, IN 46803
Tel.: 001 219 422 5561
Typ des Stipendiums: Scholarship
Level of Study: College Sophomore
Summe: US$ 500
Insgesamt ausgegeben: 1
Einsendeschluß: Keine Angaben
Hauptfächer: Business Administration/ Management
Award must be used at: Indiana Institute of Technology

Indiana State University Cooperative-Education Program
Director of Financial Aids
Indiana State University at Evansville
8600 University Boulevard
Evansville, IN 47712
Tel.: 001 812 237 2215
Typ des Stipendiums: Work Study
Insgesamt ausgegeben: 148
Einsendeschluß: Keine Angaben
Hauptfächer: Agriculture, Architecture, Art (general), Biology, Business Administrative/ Management
Award must be used at: Indiana State University-Terre Haute

Institute of Paper Chemistry Graduate Scholarship
Dean of Students
Institute of Paper Chemistry
PO Box 1039
Appleton, WI 54911
Tel.: 001 414 734 9251
Typ des Stipendiums: Scholarship
Level of Study: Graduate

Summe: US$ 1.000
Insgesamt ausgegeben: Unterschiedlich
Einsendeschluß: 15. März
Hauptfächer: Biology, Chemistry, Chemical Engineering, Paper Studies/ Science, Physics

Institute of Food Technologists Freshman Scholarships
Scholarship Department
Institute of Food Technologies
221 North La Salle Street
Suite 300
Chicago, IL 60601
Tel.: 001 312 782 8424
Typ des Stipendiums: Scholarship
Level of Study: College Freshman
Summe: US$ 500-US$ 2.000
Insgesamt ausgegeben: 15
Einsendeschluß: 15. Februar
Hauptfächer: Food Science Technology/ Nutrition

David Collins Scholarship/ Work-Study Program
Chairman
Iowa State University
Ames, IA 50011
Tel.: 001 515 294 4717
Typ des Stipendiums: Work Study
Level of Study: College Freshman
Summe: US$ 1.500
Insgesamt ausgegeben: 1
Einsendeschluß: Keine Angaben
Hauptfächer: Physics
Award must be used at: Iowa State University

Garst Fellowship in History
Department Executive Officer
Iowa State University
Ames, IA 50011
Tel.: 001 515 294 7286
Typ des Stipendiums: Fellowship
Level of Study: Graduate
Summe: US$ 8.000
Insgesamt ausgegeben: 1
Einsendeschluß: 1. Juni
Class Rank: Top 20% of class
Hauptfächer: History (general)
Award must be used at: Iowa State University

Kent State University NBC-RCA Scholarship
Financial Aid Director
Kent State University
Kent, OH 44242
Tel.: 001 216 672 2972
Typ des Stipendiums: Need based Work Study
Level of Study: College Junior
Summe: US$ 1.000
Insgesamt ausgegeben: 1
Einsendeschluß: Keine Angaben

Mindestens GPA: 3.00
Hauptfächer: Communications, Journalism, Radio/ TV Broadcasting
Award must be used at: Kent State University

Liberty Baptist College Foreign Student Work Study
Scholarship Manager
Liberty Baptist College
Box 20000
Lynchburg, VA 24506
Tel.: 001 804 847 5880
Typ des Stipendiums: Need-based Work Study
Level of Study: Undergraduate
Summe: US$ 2.500
Insgesamt ausgegeben: 11
Einsendeschluß: Keine Angaben
Award must be used at: Liberty Baptist College
Applicant must be: Resident of Foreign Country

MacDowell Colony Inc. Fellowships
Admissions Secretary
MacDowell Colony, Inc.
100 High Street
Peterborough, NH 03458
Tel.: 001 603 924 3886
Typ des Stipendiums: Fellowship
Level of Study: Graduate
Summe: Unterschiedlich
Insgesamt ausgegeben: Unterschiedlich
Einsendeschluß: 15. April, 15. September
Hauptfächer: Sculpture, Film, Music Composition, Photography, Creative Writing

Marshall University Cooperative-Education Program
Financial Aid Director
Marshall University
PO Box 1360
Huntington, WV 25715
Tel.: 001 304 696 3170
Typ des Stipendiums: Work Study
Insgesamt ausgegeben: Keine Angaben
Einsendeschluß: Keine Angaben
Hauptfächer: Biology, Mathematics, Physical Science
Award must be used at: Marshall University

Lloyd Bohm Kriege Scholarship
Financial Aid Director
McKendree College
701 College Road
Lebanon, IL 62254
Tel.: 001 618 537 4481
Typ des Stipendiums: Scholarship
Level of Study: Undergraduate
Summe: Unterschiedlich
Insgesamt ausgegeben: Unterschiedlich
Einsendeschluß: Keine Angaben
Hauptfächer: Religion/ Theology

Award must be used at: McKendree College
Applicant must be: Methodist
Weitere Information: Available to students preparing for the Methodist ministry

C.W. Conn Sr. Memorial Scholarship
Scholarship/ Testing Director
McNeese State University
Box A-6
Lake Charles, LA 70609
Tel.: 001 318 477 2520
Typ des Stipendiums: Scholarship
Level of study: College Freshman
Summe: US$ 1.000
Insgesamt ausgegeben: 2
Einsendeschluß: Keine Angaben
Mindestens GPA: 3.00
Hauptfächer: Accounting, Business Administration/ Management, Economics, Finance, Marketing
Award must be used at: McNeese State University

Elizabeth Stewart Memorial Scholarship
Financial Aid Director
Methodist College
5400 Ramsey Street
Fayetteville, NC 28301
Tel.: 001 919 488 7110
Typ des Stipendiums: Scholarship
Level of study: Undergraduate
Summe: US$ 1.000
Insgesamt ausgegeben: 1
Einsendeschluß: 1. Mai
Hauptfächer: Religion/ Theology
Award must be used at: Methodist College
Applicant must be: Methodist

Dr. Wayne Toothaker Scholarship
Financial Aid Officer
Missouri Western State College
4525 Downs Drive
Street Joseph, MO 64507
Tel.: 001 816 271 4361
Typ des Stipendiums: Scholarship
Level of Study: Undergraduate
Summe: Unterschiedlich
Insgesamt ausgegeben: 1
Einsendeschluß: 1. April
Mindestens GPA: 2.00
Hauptfächer: Medicine
Award must be used at: Missouri Western State College

Archbishop Rembert Weakland Scholarship
Financial Aid Director
Mount Mary College
2900 N. Menomonee River Parkway
Milwaukee, WI 53222
Tel.: 001 414 259 9220
Typ des Stipendiums: Scholarship
Level of Study: Undergraduate

Summe: Unterschiedlich
Insgesamt ausgegeben: Unterschiedlich
Einsendeschluß: 15. Februar
Mindestens GPA: 2.80
Hauptfächer: Anthropology, Music, Psychology, Religion/ Theology, Sociology
Award must be used at: Mount Saint Mary College (WI)
Applicant must be: Female

Education Council-Graphic Arts Industry National Graduate Scholarship
National Scholarship Trust Fund of the Graphic Arts
4615 Forbes Avenue
Pittsburgh, PA 15213
Tel.: 001 412 621 6941
Typ des Stipendiums: Scholarship
Level of Study: Graduate
Summe: Unterschiedlich
Insgesamt ausgegeben: Unterschiedlich
Einsendeschluß: Keine Angaben
Hauptfächer: Graphic Arts, Materials Management, Graphic Engineering, Printing, Graphic Design

Vicki L. Stone Lloyd Lewis Fellowship in American History
Awards Committee
Newberry Library
60 West Walton Street
Chicago, IL 60610
Tel.: 001 312 943 9090
Typ des Stipendiums: Fellowship
Level of Study: Graduate
Summe: Unterschiedlich
Insgesamt ausgegeben: 1-2
Einsendeschluß: 20. Januar
Hauptfächer: History (General), American History, American Indian History

Northeastern University Cooperative-Education Program
Financial Aid Director
Northeastern University
360 Huntington Avenue
Boston, MA 02115
Tel.: 001 617 437 2200
Typ des Stipendiums: Work Study
Level of Study: Undergraduate
Summe: Unterschiedlich
Insgesamt ausgegeben: Unterschiedlich
Einsendeschluß: Keine Angaben
Hauptfächer: Biology, Business Administration / Management, Education, Engineering, Mathematics
Award must be used at: Northeastern University

H. Fletcher Brown Scholarship
Gregg L. Landis
PNC Bank
PO Box 791

Wilmington, DE 19899
Typ des Stipendiums: Need based Scholarship
Level of Study: College Freshman
Summe: US$ 10.000
Insgesamt ausgegeben: 1-2
Einsendeschluß: Keine Angaben
Mindestens GPA: 3.50
Class Rank: Top 20% of Class
Hauptfächer: Dentistry, Engineering, Law, Medicine

College and University Food Service Internship Program
Pennsylvania State University
24 Food Stores Building
University Park, PA 16802
Tel.: 001 814 865 6301
Typ des Stipendiums: Praktikum
Level of Study: College Junior
Summe: US$ 800
Insgesamt ausgegeben: 30-38
Einsendeschluß: 15. Januar
Hauptfächer: Food Service Technology / Nutrition, Food Service, Hotel / Restaurant Management
Award must be used at: Pennsylvania State University

Population Fellowships Social Sciences
Fellowship Secretary
Population Council
One Dag Hammarskjold Plaza
New York, NY 10017
Tel.: 001 212 339 0671
Typ des Stipendiums: Fellowship
Level of Study: Graduate
Summe: US$ 18.000
Insgesamt ausgegeben: 25-30
Einsendeschluß: 2. Dezember, 2. Januar
Hauptfächer: Anthropology, Economics, Political Science, Social Science, Sociology

Maurie Clark Fellowship
Financial Aid Director
Portland State University
PO Box 751
Portland, OR 97207
Tel.: 001 503 299 4411
Typ des Stipendiums: Fellowship
Level of Study: Graduate
Summe: Unterschiedlich
Insgesamt ausgegeben: Unterschiedlich
Einsendeschluß: Keine Angaben
Class Rank: Top 20% of Class
Hauptfächer: Urban Planning / Management
Award must be used at: Portland State University

Pratt Institute Photography Scholarship Competition
Don Pitkoff
Pratt Institute
200 Willoughby Avenue

Brooklyn, NY 11205
Tel.: 001 713 636 3600
Typ des Stipendiums: Scholarship
Level of Study: College Freshman
Summe: US$ 500
Insgesamt ausgegeben: 3
Einsendeschluß: 24. März
Hauptfächer: Photography
Hobbys: Photography
Award must be used at: Pratt Institute

Resources for the Future Gilbert F. White Fellowship
Vice President
Resources for the Future
Gilbert F. White Fellowship Program
1616 P Street, NW
Washington, DC 20036
Tel.: 001 202 328 5000
Typ des Stipendiums: Fellowship
Level of Study: Graduate
Summe: US$ 28.000
Insgesamt ausgegeben: 2
Einsendeschluß: 1. März
Hauptfächer: Energy Management, Environmental Health, Environmental Science, Natural Resources

Olive Lynn Salembier Scholarship
Chairman
Society of Women Engineers
United Engineer Center, Room 305
New York, NY 10005
Tel.: 001 212 509 9577
Typ des Stipendiums: Scholarship
Level of Study: Undergraduate
Summe: US$ 2.000
Insgesamt ausgegeben: 1
Einsendeschluß: 1. Juli
Hauptfächer: Engineering
Applicant must be: Female

Digital Equipment Corporation Scholarship
Chairman
Society of Women Engineers
United Engineer Center, Room 305
New York, NY 10005
Tel.: 001 212 509 9577
Typ des Stipendiums: Scholarship, renewable
Level of Study: College Sophomore
Summe: US$ 1.000
Insgesamt ausgegeben: 1
Einsendeschluß: 1. Februar
Mindestens GPA: 2.00
Hauptfächer: Engineering, Electrical Engineering, Mechanical Engineering
Applicant must be: Female
Weitere Information: For a student attending a university in the Eastern U.S.

Kenneth E. Grant Scholarship
Awards Officer
Soil Conservation Society
7515 NE Ankeny Road
Ankeny, IA 50021
Tel.: 001 515 289 2331
Typ des Stipendiums: Scholarship
Level of Study: Undergraduate
Summe: US$ 1.000
Insgesamt ausgegeben: 1
Einsendeschluß: 1. April
Mindestens GPA: 2.50
Hauptfächer: Agriculture, Conservation / Ecology

Rollins College Theater Talent Scholarships
Department of Theater Dance
Rollins *College*
Campus Box 2684
Winter Park, FL 32789
Tel.: 001 305 646 2395
Typ des Stipendiums: Scholarship
Level of Study: Undergraduate
Summe: US$ 500-US$ 2.000
Einsendeschluß: Keine Angaben
Hauptfächer: Drama / Theatre
Hobbys: Drama / Theatre
Award must be used at: Rollins College

Southern Oregon State College Coop-Education Program
Financial Aid Director
Southern Oregon State College
1250 Siskiyou Boulevard
Ashland, OR 97520
Tel.: 001 503 482 6161
Typ des Stipendiums: Work Study
Level of Study: Undergraduate
Summe: Unterschiedlich
Insgesamt ausgegeben: Unterschiedlich
Einsendeschluß: Keine Angaben
Hauptfächer: Art (general), Biology, Business Administration/ Management, Chemistry, Education
Award must be used at: Southern Oregon State College

Stetson University Guilden Scholarships
Financial Aid Director
Stetson University
21 North Woodland Boulevard
Campus Box 8379
Deland, FL 32720
Tel.: 001 904 734 4121
Typ des Stipendiums: Scholarship
Level of Study: College Freshman
Summe: US$ 1.500
Insgesamt ausgegeben: 1
Einsendeschluß: 1. März
Mindestens GPA: 3.30
Hauptfächer: Business Administration / Management, Economics

Award must be used at: Stetson University

Suburban Hospital Scholarship Program
Scholarship Committee
Chairman
Suburban Hospital Auxiliary
8600 Old Georgetown Road
Bethesda, MD 20814
Tel.: 001 301 530 3936
Typ des Stipendiums: Need-based Scholarship
Level of Study: Undergraduate
Summe: US$ 5.000
Insgesamt ausgegeben: Unterschiedlich
Einsendeschluß: 1. Juni
Mindestens GPA: 2.50
Hauptfächer: Physical Therapy

Texas A&M University Cooperative-Education Program
Cooperative Education Director
Texas A&M University
College Station, TX 77843
Tel.: 001 713 845 3211
Typ des Stipendiums: Work Study
Level of Study: Undergraduate
Summe: Unterschiedlich
Insgesamt ausgegeben: Unterschiedlich
Einsendeschluß: Keine Angaben
Hauptfächer: Agriculture, Architecture, Art (general), Biology, Business Administration / Management
Award must be used at: Texas A&M University-College Station

Texas Southern University Cooperative-Education Program
Financial Aid Director
Texas Southern University
3201 Wheeler Avenue
Houston, TX 77004
Tel.: 001 713 527 7011
Typ des Stipendiums: Work Study
Level of Study: Undergraduate
Summe: Unterschiedlich
Insgesamt ausgegeben: Unterschiedlich
Einsendeschluß: Keine Angaben
Hauptfächer: Biology, Business Administration/ Management, Mathematics, Psychology, Sociology
Award must be used at: Texas Southern University

Fred A. Hooper Memorial Scholarship
Scholarship Committee
Traffic Clubs International
1275 Kamus Avenue
Fox Island, WA 98333
Tel.: 001 206 549 2251
Typ des Stipendiums: Scholarship
Level of Study: Undergraduate
Summe: Unterschiedlich
Insgesamt ausgegeben: 1

Einsendeschluß: 30. April
Mindestens GPA: 3.00
Hauptfächer: Economics, Marketing/ Sales/ Retailing, Transportation /Traffic Management
Applicant must be: Female
Weitere Information: Based on scholastic ability, potential, professional interest, and character

O. Leroy Huntington Memorial Scholarship
Financial Aid Director
Union College
Stanley R. Becker Hall
Schenectady, NY 12308
Tel.: 001 518 370 6000
Typ des Stipendiums: Need-based Scholarship
Level of Study: Undergraduate
Summe: Unterschiedlich
Insgesamt ausgegeben: Keine Angaben
Einsendeschluß: 1. Februar
Hauptfächer: Government, International Relations, Political Science
Award must be used at: Union College (NY)

Peter Lindholm Scholarship
College of Architecture
University of Houston
University Park
4800 Calhoun, 200 Z
Houston, TX 77004
Tel.: 001 713 749 1187
Typ des Stipendiums: Scholarship
Level of Study: Undergraduate
Summe: Unterschiedlich
Insgesamt ausgegeben: Unterschiedlich
Einsendeschluß: 1. März
Mindestens GPA: 3.00
Hauptfächer: Architecture
Award must be used at: University of Houston-University Park
Weitere Information: Awarded to full-time students with demonstrated achievement in architecture.

Martha Moxley Memorial Scholarship
Dean, School of Business
University of Kansas
203 Summerfield
Lawrence, KS 66045
Tel.: 001 913 864 3795
Typ des Stipendiums: Scholarship
Level of Study: Graduate
Summe: Unterschiedlich
Insgesamt usgegeben: Unterschiedlich
Einsendeschluß: Keine Angaben
Hauptfächer: Business Administration/ Management
Award must be used at: University of Kansas-Lawrence

Leonard Song Chemistry Scholarship
Chair, Department of Chemistry
University of Kansas
2010 Malott Hall
Lawrence, KS 66045
Tel.: 001 913 864 4670
Typ des Stipendiums: Need-based Scholarship
Level of Study: Undergraduate
Summe: Unterschiedlich
Insgesamt ausgegeben: Unterschiedlich
Einsendeschluß: Keine Angaben
Hauptfächer: Chemistry, Biochemistry, Clinical Chemistry, Industrial Chemistry, Radiation Chemistry
Award must be used at: University of Kansas-Lawrence

Paul & Virginia Miller Scholarship
Dean, School of Engineering
University of Kansas
4010 Learned Hall
Lawrence, KS 66045
Tel.: 001 913 864 3881
Typ des Stipendiums: Scholarship
Level of Study: Undergraduate
Summe: Unterschiedlich
Insgesamt ausgegeben: Unterschiedlich
Einsendeschluß: Keine Angaben
Hauptfächer: Engineering, Architectural Engineering, Ceramic Engineering, Chemical Engineering, Civil Engineering
Award must be used at: University of Kansas-Lawrence
Weitere Information: For students in any area of engineering except electrical.

Bender Foundation Scholarship
Assistant Dean of Engineering
University of Maryland
Engineering Classroom Building
Room 11311
College Park, MD 20742
Tel.: 001 301 454 4048
Typ des Stipendiums: Scholarship
Level of Study: Undergraduate
Summe: Unterschiedlich
Insgesamt ausgegeben: Unterschiedlich
Einsendeschluß: Keine Angaben
Hauptfächer: Engineering
Award must be used at: University of Maryland-College Park

John E. Christen Scholarship
Financial Aid Director
Valparaiso University
Valparaiso, IN 46383
Tel.: 001 219 464 5000
Typ des Stipendiums: Scholarship
Level of Study: Undergraduate
Summe: Unterschiedlich
Insgesamt ausgegeben: 1

Einsendeschluß: Keine Angaben
Hauptfächer: Law, Legal History, Pre-Law Studies
Award must be used at: Valparaiso University

Clara H. Holeman Scholarship
Financial Aid Director
Valparaiso University
Valparaiso, IN 46383
Tel.: 001 219 464 5000
Typ des Stipendiums: Scholarship
Level of Study: Undergraduate
Summe: Unterschiedlich
Insgesamt ausgegeben: Unterschiedlich
Einsendeschluß: Keine Angaben
Hauptfächer: Medicine
Award must be used: Valparaiso University

F. Lammont Belin Arts Scholarship
Scholarship Selection Committee
Waverly Community House, Inc.
Waverly, PA 18471
Tel.: 001 717 586 8191
Typ des Stipendiums: Scholarship
Level of Study: Undergraduate
Summe: US$ 8.000
Insgesamt ausgegeben: Keine Angaben
Einsendeschluß: 15. Dezember
Hauptfächer: Architecture, Dance, Film, Music, Photography
Applicant affiliation/ ability: Drama/ Theatre

Anne Louise Barrett Fellowship
Graduate Fellowship Committee
Wellesley College
Office of Financial Aid
Box GR
Wellesley, MA 02181
Tel.: 001 617 235 0320
Typ des Stipendiums: Need-based Fellowship
Level of Study: Graduate
Summe: Up to US$ 3.000
Insgesamt ausgegeben: Unterschiedlich
Einsendeschluß: 1. Dezember
Hauptfächer: Music, Music Composition, Music History, Music Theory
Applicant affiliation/ activity: Wellesley College

Harriet A. Shaw Fellowship
Graduate Fellowship Committee
Wellesley College
Office of Financial Aid
Box GR
Wellesley, MA 02181
Tel.: 001 617 235 0320
Typ des Stipendiums: Fellowship
Level of Study: Graduate
Summe: Bis zu US$ 3.000
Insgesamt ausgegeben: Unterschiedlich

Einsendeschluß: 1. Dezember
Hauptfächer: Art History, Music
Applicant must be: Female
Weitere Information: Applicant must participate in study abroad program

Peggy Howard Fellowship in Economics
Wellesley College
Economics Department
Box GR
Wellesley, MA 02181
Tel.: 001 617 235 0320
Typ des Stipendiums: Fellowship
Level of Study: Graduate
Summe: Unterschiedlich
Insgesamt ausgegeben: Unterschiedlich
Einsendeschluß: 1. April
Hauptfächer: Economics
Award must be used at: Wellesley College
Applicant affiliation/ activity Wellesley College
Applicant must be: Female

Andrew W. Mellon Fellowship
Center for the Humanities
Wesleyan University
Middletown, CT 06457
Tel.: 001 203 347 9411
Typ des Stipendiums: Fellowship
Level of Study: Graduate
Summe: US$ 20.500
Insgesamt ausgegeben: Unterschiedlich
Einsendeschluß: 1. November
Hauptfächer: Humanities
Award must be used at: Wesleyan University

David Wayne Scholarship
Theatre Department Advisor
Western Michigan University
College of Fine Arts
Kalamazoo, MI 49008
Tel.: 001 616 383 1806
Award Type: Scholarship
Insgesamt ausgegeben: Unterschiedlich
Einsendeschluß: Keine Angaben
Mindestens GPA: 3.00
Hauptfächer: Drama/ Theatre
Award must be used at: Western Michigan University
Applicant affiliation/ ability: Drama/ Theatre

Western Oregon State College Music Department Scholarship
Financial Aid Office
Western Oregon State College
Administration Building
Monmouth, OR 97361
Tel.: 001 503 838 1220
Typ des Stipendiums: Scholarship
Insgesamt ausgegeben: Unterschiedlich
Einsendeschluß: 1. März
Hauptfächer: Music, Music Education
Hobbys: Music

Award must be used at: Oregon College of Education

Bellingham Rotary Club Scholarship
Dean, Coll. Of Business/ Econ.
Western Washington University
Bellingham, WA 98225
Tel.: 001 206 676 3000
Typ des Stipendiums: Scholarship
Level of Study: College Junior
Summe: Unterschiedlich
Insgesamt ausgegeben: Unterschiedlich
Einsendeschluß: 31. März
Mindestens GPA: 3.00
Hauptfächer: Banking, Business Administration/ Management, Economics, Finance, Marketing Management
Award Must be used at: Western Washington University
Weitere Information: Awarded on basis of academics and extracurricular activities.

Wilkes College Cooperative-Education Program
Co-Op Director
Wilkes College
Sturdevant Hall
PO Box 111
Wilkes-Barre, PA 18766
Tel.: 001 717 824 4651
Typ des Stipendiums: Work Study
Level of Study: Undergraduate
Summe: Unterschiedlich
Insgesamt ausgegeben: Unterschiedlich
Einsendeschluß: Keine Angaben
Hauptfächer: Architecture, Art (general), Commercial Art, Biology, Business Administration/ Management
Award must be used at: Wilkes College

Floyd Barger Memorial Scholarship
Financial Aid Director
Wittenberg University
PO Box 720
Springfield, OH 45501
Tel.: 001 513 332 7321
Typ des Stipendiums: Scholarship
Level of Study: Undergraduate
Summe: Unterschiedlich
Insgesamt ausgegeben: Unterschiedlich
Einsendeschluß: 15. März
Hauptfächer: Journalism Communications
Award must be used at: Wittenberg University

Amelia Earhart Fellowship Awards
Earhart Fellowship Committee
Zonta International Foundation
557 West Randolph Street
Chicago, IL 60661
Tel.: 001 312 930 0951
Typ des Stipendiums: Fellowship
Level of Study: Graduate
Summe: US$ 6.000

Insgesamt ausgegeben: 35
Einsendeschluß: 1. November
Mindestens GPA: 3.50
Class Rank: Top 20% of Class
Hauptfächer: Aerospace/ Aeronautical Engineering, Aerospace Engineering
Applicant must be: Female

Amelia Earhart Fellowship Award for Women
Foundation Manager
Zonta International Foundation
557 West Randolph Street
Chicago, IL 60661
Tel.: 001 312 930 5848
Typ des Stipendiums: Scholarship, renewable
Level of Study: Graduate
Summe: US$ 6.000
Insgesamt ausgegeben: 38
Einsendeschluß: 1. Dezember
Hauptfächer: Aerospace / Aeronautical Engineering, Biology, Geology, Meterology, Oceanography
Applicant must be: Female

Stipendien für Internationale Bewerber

Welch Foundation Scholarship
Dr WD Westwood
Advanced Technology Laboratory
BNR/ Box 3511
Station C
Ottawa K1Y 4H7 Canada Registered Office
Scientific Association
Avenue de la Renaissance 30
Brussels B-1040 Belgium
Typ des Stipendiums: Scholarship for Research
Level of Study: Graduate/ Postgraduate, Postdoctoral, Professional
Summe: US$ 12.500 durchschnittlich
Insgesamt ausgegeben: 1
Einsendeschluß: 14. April
Fields of Study: Physical Sciences, Nachdruck: Vacuum Science Techniques/ Applications
Eligibility: Reasonable fluency in English
Weitere Information: Strong preference for applicants who propose to study in a foreign lab in which they have not yet studied.

Native Speaker Scholarship
Vera W. Wenzel, Director
Albion College
Off-Campus Programs
Albion, MI 49224
Tel.: 001 517 629 0307
Fax: 001 517 629 0509
Email: vwenzel@alpha.albion.edu

Typ des Stipendiums: Scholarship
Level of Study: Undergraduate/ Graduate/ Post-Graduate
Summe: US$ 9.000, durchschnittlich
Insgesamt ausgegeben: 6
Einsendeschluß: 13. Januar
Eligibility: Recipient must be enrolled in the granting institution
Weitere Information: Students live in the International House with American students and attend regular classes at the college.

International Student Scholarship
Jennifer Hendricks, Associate Director
Albright College
13th & Bern Streets
PO Box 15234
Reading, PA 19612 5234
Tel.: 001 610 921 7512
Fax: 001 610 921 7530
Email: albright@joe.alb.edu
Typ des Stipendiums: Scholarship
Level of Study: Undergraduate
Summe: Tuition
Insgesamt ausgegeben: 20
Einsendeschluß: 15. Februar
Eligibility: Recipient must be enrolled in granting institution

International Student Exchange
Ira Bornstein, Director
Argonne National Laboratory
9700 South Cass Avenue
Tel.: 001 708 252 9504
Fax. 001 708 252 5149
Email: bornstein@anl.gov
Typ des Stipendiums: Student Exchange
Level of Study: Graduate/ Postgraduate
Summe: US$ 8.000, durchschnittlich
Insgesamt ausgegeben: Unbekannt
Einsendeschluß: Keine Angaben
Weitere Information: Geographic region: Idaho, Illinois
Eligibility: Must be a graduating senior or graduate student majoring in engineering, science or mathematics.

Graduate Assistantship (MA) and Doctoral Assistantship (PhD)
Robert D. Habich, Director
Graduate Programs
Department of English
Ball State University
Munice, IN 47306
Tel.: 001 317 285 8415
Fax: 001 317 285 3765
Email: oordhabich@suvc.bsu.edu
Christopher Ely, Director
International English Institute
Department of English
Ball State University
Munice, IN 47306
Tel.: 001 317 285 8442

Fax: 001 317 285 3765
Email: oocmely@suvc.bsu.edu
Typ des Stipendiums: Assistantship
Level of Study: Graduate / Postgraduate
Summe: US$ 5.800, durchschnittlich
Insgesamt ausgegeben: 15
Einsendeschluß: 1. März
Fields of Study: English Composition, English Language and Literature / Letters, Linguistics, Teaching English as a Second Language
Weitere Information: Must submit statement of purpose and letters of recommendation in addition to TOEFL score and grades.

International Visiting Scholar Awards
Office of Admissions
Brandeis University
PO Box 9110
Waltham, MA 02254
Tel.: 001 617 736 3500
Fax:001 617 736 3536
Email: admitme@brandeis.edu
Susan E. Mack, Director
International Students & Scholars Office
Brandeis University
PO Box 9110
Waltham, MA 02254
Tel.: 001 617 736 3480
Fax: 001 617 736 3484
Typ des Stipendiums: Scholarship
Level of Study: Undergraduate
Summe: US$ 19.380, durchschnittlich
Insgesamt ausgegeben: 3
Einsendeschluß: 1. Februar
Hauptfächer: Biological and Physical Sciences, Biological Sciences/ Life Sciences, Chemistry, Computer Science, Dramatic/ Theater Arts and Stagecraft, Fine Arts and Art Studies, Humanities/ Humanistic Studies, Liberal Arts and Sciences, General Studies and Humanities, Mathematics, Music, Neuroscience, Physics, Social Sciences
Applicant must be: University student in home country or be eligible to enter university in coming academic year; fluent English

Three Free, Scholarships and Assistantships
Weitere Info:
Dr. Peter Klassen, Director
International Programs
California State University
5150 North Maple
Fresno, CA 93740-0056
Tel.: 001 209 278 6482
Fax: 001 209 2787879

Email:
peterk@zimmer.csufresno.edu
Carol B. Munshower, Director
International Student Svcs and Programs
California State University
5150 North Maple
Fresno, CA 93740-0056
Tel.: 001 209 2782409
Fax: 001 209 2787879
Email:
carolm@zimmer.csufresno.edu
Typ des Stipendiums: Assistantship and Scholarship
Level of Study: Undergraduate/ Graduate / Post Graduate
Summe: US$ 738- US$ 7.380, durchschnittlich
Insgesamt ausgegeben: 1
Einsendeschluß: 1. Februar
Applicant must be: Recipient must be enrolled in the granting institution, must be willing to contribute to the university through work exchange and cultural sharing.
Award must be used at: California State University, Fresno

International Student Scholarships
Dr. John L Nesgoda, Director, ISC
Carlow College
3333 Fifth Avenue
Pittsburgh, PA 15213
Tel.: 001 412 578 6010
Fax: 001 412 5788722
Typ des Stipendiums: Scholarship
Level of Study: Undergraduate / Graduate / Post Graduate
Summe: US$ 2.000 durchschnittlich
Insgesamt ausgegeben: 23
Hauptfächer: Unrestricted
Award must be used at: Carlow College

Lindbergh Grant
Lindbergh Foundation
708 South Third Street
Suite 110
Minneapolis, MN 55415
Tel.: 001 612 3381703
Fax: 001 612 338 6826
Typ des Stipendiums: Grant
Level of Study: Graduate / Post Graduate, Postdoctoral, Professional
Summe: US$ 10.580, durchschnittlich
Insgesamt ausgegeben: 10
Einsendeschluß: Mitte Juni
Hauptfächer: Agricultural Plant Pathology, Agriculture / Agricultural Sciences, Aviation and Airway Science, Biomedical Engineering Technology, Communications, Conservation and Renewable Natural Resources, Environmental Control Technology, Environmental / Environmental

Health Engineering, Humanities / Humanistic Studies, Visual and Performing Arts, Water Quality and Wastewater Treatment Technology
Award must be used at: US wide
Weitere Info: For individuals whose initiative and work in a wide spectrum of disciplines further technological advancement and environmental preservation balance

International Student Scholarship
Joan Goosens
College of Saint Scholastica
1200 Kenwood Avenue
Duluth, MN 55811
Tel.: 001 218 723 6046
Fax: 001 218 723 5991
Email: admission@stf1.css.edu Jon Erickson
College of Saint Scholastica
1200 Kenwood Avenue
Duluth, MN 55811
Tel.: 001 218 7236047
Fax: 001 218 7235991
Email: jericks1@stf1.css.edu
Typ des Stipendiums: Scholarship
Level of Study: Undergraduate
Summe: US$ 6.230, durchschnittlich
Insgesamt ausgegeben: 20
Einsendeschluß: 90 Tage vor
Hauptfächer:
Applicant must be:
Award must be used at: College of Saint Scholastica
Weitere Info: To attract a diverse student population

International Room, International Board and International Tuition Grants
Leslie Mamoorian, Associate Director
International and Graduate Admissions
Drake University
2507 University Avenue
Des Moines, IA 50311
Tel.: 001 515 2713181
Fax: 001 515 2712831
Email: admit.info@acad.Drake.edu
Typ des Stipendiums: Grant
Level of Study: Undergraduate
Summe: US$ 4.770 – 6.000
Insgesamt ausgegeben: 65
Einsendeschluß: 1. März
Hauptfächer: Business, Education, Journalism, Liberal Arts and Sciences, General Studies and Humanities, Pharmacy
Award must be used at: Drake University
Weitere Info: Award includes tuition, housing and meals.

Libermann Scholarship
Thomas B. Hassett, Director

Or Gregory T. Walker, Associate Director
Intl Affairs, 601 Duquesne Union
Pittsburgh, PA 15282-1606
Tel.: 001 412 396 6113
Fax 001 412 396 5178
Email: oia@duq2.cc.duq.edu
Typ des Stipendiums: Scholarship
Level of Study: Graduate / Postgraduate
Summe: US$ 3.000- US$ 6.000, durchschnittlich
Insgesamt ausgegeben: 15-20
Einsendeschluß: 1. April und 1. Dezember
Hauptfächer:
Applicant must be:
Award must be used at: Duquesne University
Weitere Info: Credentials must show that candidate is a student of distinction.

International Student Tuition Waiver
Bo Keppel, Director
Programs for Academic Support
East Stroudsburg University
East Stroudsburg, PA 18304
Tel.: 001 717 4223470
Fax: 001717 4223777
Email: bokeppel@esu.edu
Typ des Stipendiums: Tuition waiver
Level of Study: Undergraduate
Summe: Unterschiedlich
Insgesamt ausgegeben: 30
Einsendeschluß: 1. April
Hauptfächer:
Applicant must be:
Award must be used at: East Stroudsburg University
Weitere Info: Mindestens 3.0 GPA oder documented projected financial need for full waiver

Deans and Trustees Scholarship
Wildolfo Arvelo
Emerson College
100 Beacon Street
Boston, MA 02116
Tel.: 001 617 578 8600
Fax: 001 617 578 8609
Email: warvelo@emerson.edu
Typ des Stipendiums: Scholarship
Level of Study: Undergraduate
Summe: US$ 4.000-US$ 6.000
Insgesamt ausgegeben: 50
Einsendeschluß: 15. März
Hauptfächer:
Applicant must be:
Award must be used at: Emerson College
Weitere Info: Award on basis of merit

International Grant
Admissions
Franklin Pierce College
PO Box 60

Rindge, NH 03461-0600
Tel.: 001 603 8994050
Fax: 001 603 899 4372
Typ des Stipendiums: Grant
Level of Study: Undergraduate
Summe: US$ 3.000, durchschnittlich
Insgesamt ausgegeben: 12
Award must be used at: Franklin Pierce College
Tuition Grants and International Academic Scholarships

Carl Barnett, International Grants
Goshen College
1700 South Main Street
Goshen, IN 46526
Tel.: 001 219 535 7472
Fax: 001 219 535 7609
Email: carleb@goshen.edu
Typ des Stipendiums: Grant
Level of Study: Undergraduate
Summe: 50% of tuition
Insgesamt ausgegeben: 25
Einsendeschluß: 15. März
Hauptfächer: Liberal Arts and Sciences, General Studies and Humanities, Unrestricted
Award must be used at: Goshen College

Count Folk Bernadotte Memorial Scholarship
Ruth Mason, Director
International Education
Gustavus Adolphus College
800 West College Avenue
St Peter, MN 56082
Tel.: 001 507 933 7545
Fax: 001 507 933 6277
Email: rmason@gac.edu
Email: keswani@gac.edu
Typ des Stipendiums: Scholarship
Level of Study: Undergraduate
Summe: US$ 10.612
Insgesamt ausgegeben: 8-10
Einsendeschluß: 1. März
Hauptfächer:
Applicant must be: 17-23 Jahre alt
Award must be used at: Gustavus Adolphus College

Mars Hill College Academic Scholarships
Rick Hinshaw, Dean of Admissions
Mars Hill College
PO Box 370
Mars Hill, NC 28754
Typ des Stipendiums: Scholarship
Level of Study: Undergraduate
Summe: US$ 1.000- US$ 8.400
Insgesamt ausgegeben: 5
Award must be used at: Mars Hill College

Tuition and Fee Waivers
Donald N. Nelson or Michell Creech
International Programs
Miami University
Oxford, OH 45056

Tel.: 001 513 529 2512
Fax: 001 513 52917383
Email: mjcreech@miamiu.edu
Typ des Stipendiums: Grant
Level of Study: Undergraduate, Graduate, Post Graduate
Summe: US$ 8.800
Insgesamt ausgegeben: 20
Einsendeschluß: 1. März
Award must be used at: Miami University

Scholarship
James Wrightsman, Director
International Admissions
Monmouth University
400 Cedar Avenue
West Long Branch, NJ 07764
Tel.: 001 908 571 7515
Fax: 001 908 571 3629
Typ des Stipendiums: Scholarship
Level of Study: Undergraduate
Summe: US$ 2.000-US$ 6.000
Insgesamt ausgegeben: 1
Einsendeschluß: 1. August
Hauptfächer: Accounting, Art, Biological and Physical Sciences, Business Administration and Management, Computer Science, Criminal Justice Studies, English Language and Literature/ Letters, Foreign Languages and Literatures, Mathematics, Music, Nursing, Family Practice, Social Sciences, Special Education
Applicant must be: TOEFL minimum: 500
Award must be used at: Monmouth University
Weitere Info: GPA and SAT scores also considered

Northwestern University Graduate Studies Fellowship
Ruth Schlossberg, Program Director
Graduate Studies Program
Northwestern University
357 East Chicago Avenue
Chicago, IL 60611
Tel.: 001 312 503 0220
Fax: 001 312 503 2518
Email: rla19s@nuls.law.nwu.edu
Lelaine Paik, Director of Admissions
Graduate Studies Program
Northwestern University
357 East Chicago Avenue
Chicago, IL 60611
Tel.: 001 312 503 8465
Fax: 001 312 503 0179
Email: nulawadm@harold.law.nwu.edu
Typ des Stipendiums: Grant
Level of Study: Graduate/ Post graduate
Summe: US$ 7.000
Insgesamt ausgegeben: 10-20
Einsendeschluß: 1. Februar
Hauptfächer: Law and Legal Studies

Award must be used at: Northwestern University School of Law

Presidential Scholarship
Mary Treleven, Director
International Admissions
Pine Manor College
400 Heath Street
Chestnut Hill, MA 02167
Tel.: 001 617 731 7104
Fax: 001 617 731 7199
Leslie Miles, Dean
Admissions
Pine Manor College
400 Heath Street
Chestnut Hill, MA 02167
Tel.: 001 617 731 7104
Fax: 001 617 731 7199
Typ des Stipendiums: Scholarship
Level of Study: Undergraduate
Summe: US$ 8.000, durchschnittlich
Insgesamt ausgegeben: 10
Einsendeschluß:15. Mai
Hauptfächer: American Studies/ Civilization, Art History, Criticism and Conservatism, Biological Technologies, Business, Communications, Education, Interior Design, Management Science, Psychology
Applicant must be: Weiblich
Award must be used at: Pine Manor College

Institutional Scholarships
Claudia McNamara
Coordinator of International Admissions
Roosevelt University
430 South Michigan Avenue
Chicago, IL 60605
Tel.: 001 312 341 3522
Fax: 001 312 341 4316
Email:
intadmit@admrsok.roosevelt.edu
Director of International Affairs
Roosevelt University
430 South Michigan Avenue
Chicago, IL 60605
Typ des Stipendiums: Scholarship
Level of Study: Undergraduate, Graduate, Post-Graduate
Summe: US$ 5.000, durchschnittlich
Insgesamt ausgegeben: 75
Einsendeschluß: 1. März
Hauptfächer: Drama/Theater Arts, Liberal Arts and Sciences, General Studies and Humanities, Music
Applicant must be:
Award must be used at: Roosevelt University
Weitere Info: Audition is required for performing arts

Fellowships, Scholarships, Teaching Assistantships
Dean's Office
Graduate School
Rutgers University
360 Martin King Boulevard
Newark, NJ 07102
Tel.: 001 201 648 5834
Fax: 001 201 648 1191
Typ des Stipendiums: Assistantship or Scholarship
Level of Study: Graduate/ Postgraduate
Summe: US$ 12.000
Insgesamt ausgegeben: 100
Award must be used at: Rutgers University

Smith College Grant
Myra B Smith
Smith College
Northampton, MA 01063
Tel.: 001 413 585 2530
Fax: 001 413 585 2566
Typ des Stipendiums: Grant
Level of Study: Undergraduate
Summe: US$ 15.500, durchschnittlich
Insgesamt ausgegeben: 86
Einsendeschluß: 1. Februar
Applicant must be: Weiblich
Award must be used at: Smith College

Judith Resnick Memorial Scholarship
Society of Women Engineers
120 Wall Street 11th Floor
New York, NY 10005-3902
Tel.: 001 212 509 9577
Fax: 001 212 509 0224
Typ des Stipendiums: Scholarship
Level of Study: Undergraduate
Summe: US$ 2.000
Insgesamt ausgegeben: 1
Einsendeschluß: 1. Februar
Hauptfächer: Aeronautical and Aerospace Engineering Technology, Aerospace, Aeronautical and Astronautical Engineering
Applicant must be: Weiblich
Award must be used at: US wide
Weitere Info: School must be SWE approved

International Cultural Service Program
Kathy Holden
International Student Advisor
Southern Oregon State College
1250 Siskiyon Boulevard
Ashland, OR 97520
Tel.: 001 541 552 6660
Fax: 001 541 552 6440
Email: holden@wpo.sosc.osshe.edu
Keith Chambers, Director
International Programs
Southern Oregon State College
1250 Siskiyon Boulevard

Ashland, OR 97520
Tel.: 001 541 552 6338
Fax: 001 541 552 6440
Email:
chambers@wpo.sosc.osshe.edu
Typ des Stipendiums: Scholarship
Level of Study: Undergraduate / Graduate / Post Graduate
Summe: US$ 4.875, durchschnittlich
Insgesamt ausgegeben: 1
Einsendeschluß: 30. April
Award must be used at: Southern Oregon State College

SU Fellowship
Graduate Awards
Syracuse University
Graduate School, 303 Bowne Hall
Syracuse, NY 13244-1200
Tel.: 001 315 443 4492
Fax: 001 315 443 3423
Email: gradschl@suadmin.syr.edu
Peter Englot, Director
Graduate Awards and Admissions
Kristin Sciortino, Coordinator
Syracuse University
Graduate School, 303 Bowne Hall
Syracuse, NY 13244-1200
Tel.: 001 315 443 4492
Fax: 001 315 443 3423
Email: gradschl@suadmin.syr.edu
Typ des Stipendiums: Fellowship
Level of Study: Graduate / Postgraduate
Summe: US$ 25.360
Insgesamt ausgegeben: 101
Einsendeschluß: 10. Januar
Eligibility: Recipient must be enrolled in the granting institution
Award must be used at: Syracuse University

Individual UNESCO Fellowships, Study Grants and Travel Grants
N Noguchi, Director
UNESCO
7, Place de Fontenoy
Paris 75007
France
Tel.: 00 33 1 4568 1490
Fax: 00 33 1 4566 9429
F Abou-Shady, Chief, Fellowships Section
UNESCO
7 Place de Fontenoy
Paris 75007 France
Tel.: 00 33 1 4568 1507
Fax: 00 33 1 4566 9429
Typ des Stipendiums: Fellowship and Travel Grant
Level of Study: Graduate/ Postgraduate
Summe: Tuition, Travel, Living Expenses, Health Insurance,
Insgesamt ausgegeben: 440
Einsendeschluß:
Hauptfächer: Ethnic and Cultural Studies, Communications, Education, Information Sciences

and Systems, Science, Technology and Society
Eligibility: Must be a citizen of UNESCO Member States
Award must be used at: US Wide

International Student Scholarship
David Currey
Center for International Students and Scholars
University of Arizona
915 North Tyndall Avenue
Tuscon, AZ 85721
Tel.: 001 520 621 4627
Fax: 001 520 621 4069
Email:
dcurrey@vms.ccit.arizona.edu
Typ des Stipendiums: Scholarship
Level of Study: Undergraduate
Summe: US$ 6.028, durchschnittlich
Insgesamt ausgegeben: 1
Einsendeschluß: März
Award must be used at: University of Arizona

Awards
Donald Haight, Asst to the President
Academic Affairs
University of Northern California
101 S San Antonio Road
Petaluma, CA 94952
Tel.: 001 707 765 6400
Fax: 001 707 769 8600 Anna Levenson, Director Admissions
University of Northern California
101 S San Antonio Road
Petaluma, CA 94952
Tel.: 001 707 765 6400
Fax: 001 707 769 8600
Typ des Stipendiums: Multiple Award Types
Level of Study: Undergraduate / Graduate / Post Graduate
Summe: US$ 6.300, durchschnittlich
Insgesamt ausgegeben: 30
Einsendeschluß:
Hauptfächer: Biomedical Engineering Technology, Communication Disorders, Engineering, English Language and Literature / Letters, Foreign Languages and Literatures
Eligibility: Recipient must be enrolled in granting institution
Award must be used at: University of Northern California

University Fellowships
Program of Study
University of Pennsylvania
106 College Hall
Philadelphia, PA 19104-6381
Typ des Stipendiums: Fellowship
Level of Study: Graduate / Post Graduate

Summe: US$ 10.000, durchschnittlich
Insgesamt ausgegeben: 215
Einsendeschluß: 15. Januar
Hauptfächer: African Studies, Area, Ethnic and Cultural Studies, Asian Studies, Earth and Planetary Sciences, Humanities / Humanistic Studies, Insurance and Risk Management, Middle Eastern Studies, Operations Management and Supervision, Organizational Behavior Studies, Physical Sciences, Social Sciences, Systems Engineering
Eligibility: Should take the general part of the GRE no later than October
Award must be used at: University of Pennsylvania

International Academic Scholarship
Kio Santana, Director, Intl Recruitment
University of Tampa
401 West Kennedy Boulevard
Tampa, FL 33606-1490
Tel.: 001 813 253 6211
Fax: 813 254 4955
Typ des Stipendiums: Scholarship
Level of Study: Undergraduate
Summe: US$ 3.000-US$ 4.000, durchschnittlich
Insgesamt ausgegeben: 1
Einsendeschluß: 1. Juli
Hauptfächer:
Eligibility: TOEFL 550 and excellent high school or post secondary school experience
Award must be used at: University of Tampa

International Student Scholarship for Freshmen
Lon Sherman, Admissions
University of Wisconsin-Whitewater
Baker Hall
Whitewater, WI 53190
Tel.: 001 414 472 1460
Fax: 001 414 472 1515
Typ des Stipendiums: Scholarship
Level of Study: Undergraduate
Summe: US$ 4.000
Insgesamt ausgegeben: 15
Einsendeschluß: Februar
Hauptfächer:
Eligibility: Must be academically superior
Award must be used at: University of Wisconsin-Whitewater

Colin Ferguson Grant
Kevin Coveney, Vice President Admissions
Washington College
300 Washington Avenue
Chestertown, MD 21620
Tel.: 001 410 778 7700

Fax: 001 410 778 7287
Email:
kevin_coveney@washcoll.edu Jean
M Narcum, Director
Financial Aid
Washington College
300 Washington Avenue
Chestertown, MD 21620
Tel.: 001 410 778 7214
Fax: 001 410 778 7287
Email: jean_narcum@washcoll.edu
Typ des Stipendiums: Scholarship
Level of Study: Undergraduate
Summe: US$ 2.500-US$ 7.500
Insgesamt ausgegeben: 29
Einsendeschluß: 15. Februar
Award must be used at: Washington College (MD)

International Student Scholarship
Urmi Kar, Director, Admission
Programs
Whittier College
13406 East Philadelphia
Whittier, CA 90608
Tel.: 001 310 907 4238
Fax: 001 310 907 4870
Email: ukar@whittier.edu
Typ des Stipendiums: Scholarship
Level of Study: Undergraduate
Summe: US$ 7.500, durchschnittlich
Insgesamt ausgegeben: 10-15
Eligibility: 3.0 GPA, 1100 SAT, 550 TOEFL.
Award must be used at: Whittier College
Weitere Information: Recipient must be enrolled in the granting institution

International Scholarships
Teresa K Hudkins, Director,
Admissions or
Susan J Rauch, Senior Assoc
Director
Willamette University
900 State Street
Salem, OR 97301
Tel.: 001 503 370 6303
Fax: 001 503 375 5363
Email:
undergrad_admission@willamette.edu
Typ des Stipendiums: Scholarship
Level of Study: Undergraduate
Summe: US$ 9.000, durchschnittlich
Insgesamt ausgegeben: 1
Award must be used at: Willamette University

Fellowship
Fellowships Office
Woodrow Wilson Center
1000 Jefferson Drive SW
MRC 022
Washington, DC 20560
Tel.: 001 202 357 2841
Fax: 001 202 357 4439

Typ des Stipendiums: Fellowship
Level of Study: Postdoctoral, Professional
Summe: US$ 47.500
Insgesamt ausgegeben: 1
Einsendeschluß: 1. Oktober
Hauptfächer: Humanities/ Humanistic Studies, Social Studies
Applicant must be:
Award must be used at: Woodrow Wilson International Center for Scholars

Charlotte W Newcombe Doctoral Dissertation Fellowships

Judith L Pinch, Vice President
Or Mary Hill
WWNFF
CN 5281
Princeton, NJ 08543
Tel.: 001 609 452 7007
Fax: 001 609 452 0066
Email: judith@wwnff.org
Typ des Stipendiums: Fellowship
Level of Study: Graduate / Postgraduate
Summe: US$ 14.000
Insgesamt ausgegeben: 1
Einsendeschluß: 12. Dezember
Hauptfächer: Humanities / Humanistic Studies, Social Sciences
Applicant must be: Must be enrolled in a graduate school in the US and have completed all predissertation requirements
Award must be used at: US wide

Scholarships

Roy A Seaberg, Sr or Kay R Dietrich
Worcester Polytechnic Institute
100 Institute Road
Worcester, MA 01609
Tel.: 001 508 831 5286
Fax: 001 508 831 5875
Typ des Stipendiums: Scholarship
Level of Study: Undergraduate
Summe: US$ 8.500
Insgesamt ausgegeben: 5
Einsendeschluß: 15. Februar
Hauptfächer: Biochemistry, Biology, Biotechnology Engineering, Mathematics, Physics
Award must be used at: Worcester Polytechnic Institute

English Language Scholarship

Jose O Arauz, Executive Director
World Education Forum
PO Box 383-4005
San Antonio de Belen
Heredia Costa Rica
Tel.: 001 800 689 1170
Fax: 001 506 239 2254
Typ des Stipendiums: Scholarship
Level of Study: Undergraduate / Graduate / Postgraduate / Professional / Teachers
Summe: Includes tuition, housing, meals, local transportation

Insgesamt ausgegeben: 100
Hauptfächer: American Studies / Civilization, English Language and Literature / Letters, Foreign Languages Teacher Education
Applicant must be: Minimum age: 19, Maximum 38. Applicant must be a citizen of a French, German or Spanish speaking country.
Award must be used at: US wide

Frese Senior Research Fellowship

Fellowship Program
National Gallery of Art
Center for Advanced Study in Visual Arts
Washington DC 20565
Tel.: 001 202 842 6482
Fax: 001 202 842 6733
Email: casva@capcon.net

Typ des Stipendiums: Fellowship
Level of Study: Graduate, Postgraduate, Postdoctorate, Professional
Insgesamt ausgegeben: 1
Einsendeschluß: 1. Oktober
Hauptfächer: Architectural Urban Design and Planning, Architecture, Art History, Criticism and Conservation, Film/ Cinema Studies, Graphic Design, Commercial Art and Illustration, Industrial Design, Landscape Architecture, Museology/ Museum Studies, Painting, Photography, Sculpture, Urban Affairs / Studies, Visual and Performing Arts
Applicant must be: Citizen of Germany, Must have Ph.D. for 5 years or more, possess record of professional accomplishment and be in the process of preparing a Habilitationsschrift.
Award must be used at: Washington DC, National Gallery of Art, Center for Advanced Study in the Visual Arts
Weitere Information: Fellowship is for full-time research for those pursuing a career in museums or historic monuments commissions in Germany; fellows are expected to reside in Washington throughout academic year and to participate in activities of the center.

Beratungsstellen

Amerika-Haus Berlin
Hardenbergstr. 22-24
10623 Berlin
Tel.: 030 311073
Fax: 030 31107433
Email: covbera@usia.gov
Research Center: Tel.: 030 3132732
Studieninformation: Tel.: 030 3132732

Amerika-Haus Frankfurt
Staufenstr. 1
60232 Frankfurt (Main)
Tel.: 069 97144820
Fax: 069 174962
Email: nerfran@usia.gov

Amerika-Zentrum Hamburg e.V.
Tesdorpfstr. 1
20148 Hamburg
Tel.: 040 45010423
Fax: 040 44809698
Email: csghamb@usia.gov

Amerika-Haus Köln
Apostelnkloster 13-15
50672 Köln
Tel.: 0221 2090147
Fax: 0221 2090157
Email: ahlcolo@usia.gov

Amerika-Haus Leipzig
Wilhelm-Seyfferth-Str. 4
04107 Leipzig
Tel.: 0341 2138425
Fax: 0341 2138443
Email: ustleip@usia.gov

Bayrisch-Amerikanisches Zentrum
Karolinenplatz 3
80333 München
Tel.: 089 55253717
Fax: 089 553578
Email: mapmuni@usia.gov

Carl-Schurz-Haus
Kaiser-Joseph-Str. 266
79098 Freiburg
Tel.: 0761 31645
Fax: 0761 39827
Email: dai-csh@uni-freiburg.de
Webseite: www.uni-freiburg.de/carl-schurz-haus

Deutsch-Amerikanisches Institut
Sofienstr. 12
69115 Heidelberg
Tel.: 06221 24771 / 60730
Fax: 06221 14925

Kennedy-Haus
Holtenauerstr. 9
24103 Kiel
Tel.: 0431 554866
Fax: 0431 555483

Deutsch-Amerikanisches Institut
Gleissbühlstr. 13
90402 Nürnberg
Tel.: 0911 203327
Fax: 0911 208767

Deutsch-Amerikanisches Institut
Haidplatz 8
93047 Regensburg
Tel.: 0941 52476
Fax: 0941 52198

Deutsch-Amerikanisches Institut
Berliner Promenade 15
66111 Saarbrücken
Tel.: 0681 31160
Fax: 0681 372624

Deutsch-Amerikanisches Institut
Karlstr. 3
72072 Tübingen
Tel.: 07071 34071/2
Fax: 07071 31873

Deutsch-Amerikanisches Zentrum
James-F.-Byrnes-Institut e.V.
Charlottenplatz 17
70173 Stuttgart
Tel.: 0711 22818 0
Fax: 0711 22818 40

Das Deutsch-Amerikanische Zentrum / James-F.-Byrnes-Institut e.V. ist die Nachfolgeinstitution des ehemaligen Amerikahauses in Stuttgart, das nunmehr von der Stadt Stuttgart und dem Land Baden-Württemberg getragen wird und im Institut für Auslandsbeziehungen (ifa) untergebracht ist.

Für Ärzte und Krankenschwestern

Educational Commission for Foreign Medical Graduates (ECFMG)
3624 Market Street, 4th Floor,
Philadelphia, Pennsylvania 19104-2685
USA
Tel.: 001 215 386 5900
Fax: 001 215 387 9963

Webseite: http://www.ecfmg.org

Commission on Graduates of Foreign Nursing Schools (CGFNS)
3600 Market Street, Suite 400
Philadelphia, Pennsylvania 19104-2651
Tel.: 001 215 349 8767
Fax: 001 215 662 0425
email:
102432.735@compuserve.com

Juristen

Deutsch-amerikanische Juristenvereinigung e.V.
Alte Bahnhofstr. 10
53173 Bonn
Tel.: 0228 361376
Fax: 0228 357972

American Bar Association, International Legal Exchange Program
1700 Pennsylvania Avenue, N.W., room 160, Washington, DC 20006
Tel.: 001 202 662 1000
Fax: 001 202 347 9015

German American Law Association, Inc.
90 Park Avenue - 14th Floor
USA - New York, NY 10016
Tel.: 001 212 210 9460
Fax: 001 212 210 9444

Botschaften und Konsulate

Botschaft der Vereinigten Staaten von Amerika
Deichmanns Aue 29
53170 Bonn
Tel.: 0228 339 1/ 2053
Fax: 0228 33 2712
Öffnungszeiten: Mo.-Fr. 8:30-11:30
Konsularabteilung: -2663/

Konsularischer Amtsbezirk: Nordrhein-Westfalen

ACHTUNG: Visa-Auskünfte nur noch unter der Nummer: 0190 915000 (2,42/pro Minute)

Aussenstelle Berlin
(Postanschrift)
Neustädtische Kirchstr. 4-5
10117 Berlin
Tel.: 030 238 5174
Fax: 030 238 690

Konsularabteilung der Außenstelle Berlin
Clayallee 170
14195 Berlin
Tel.: 030 8329233
Fax: 030 8314926
Öffnungszeiten: Mo.-Fr. 8:30-11:30

Amtsbezirk: Berlin, Brandenburg, Bremen, Hamburg, Mecklenburg-Vorpommern, Niedersachsen, Sachsen, Sachsen-Anhalt, Schleswig-Holstein, Thüringen

Generalkonsulat
Siesmayerstr. 21
60323 Frankfurt a.M.
Tel.: 069 75350
Fax: 069 748938
Öffnungszeiten: Mo.-Fr. 8:00-11:00

Amtsbezirk: Länder Hessen, Rheinland-Pfalz, Saarland, Regierungsbezirk, Unterfranken des Landes Bayern, Baden-Württemberg

Generalkonsulat
Königinstr. 5
80539 München
Tel.: 089 2888 0
Fax: 089 2805163

Amtsbezirk: Bayern (außer Unterfranken)
Das Generalkonsulat München erteilt keine Einreisesichtvermerke

Generalkonsulat
Alsterufer 27
20354 Hamburg
Tel.: 040 411710
Fax: 040 443004
Das Generalkonsulat Hamburg erteilt keine Einreisesichtvermerke.

Austauschprogramme

AFS - Interkulturelle Begegnungen
Friedensallee 48
22765 Hamburg
Tel.: 040 3992220

Programm für junge Arbeitnehmer
Berufsbezogenes Fach- und Begegnungsprogramm

AIESEC, Deutsches Komitee der AIESEC e.V.
Subbelrather Str. 247
50825 Köln
Tel.: 0221 551056
Fax: 0221 5507676

Email: aiesec.gery@uni-koeln.de

Internationaler Praktikantenaustausch
Studenten, die an Wirtschaftswissenschaften interessiert sind

Action Sühnezeichen
Friedensdienste e.V.
Auguststr. 80
10117 Berlin
Tel.: 030 28395184
Fax: 030 28395135

Soziale Freiwilligendienste
junge Leute zwischen 18 und 30 Jahren

American Council of Young Political Leaders
1000 Connecticut Ave. NW 208 - Suite 800
USA - Washington, DC 20036
Tel.: 001 202 857 0999
Fax: 001 202 857 0027

Private, nicht gewinnorientierte Organisation, die im Wege des Austausches jungen politischen Führungskräften (Alter zwischen 25 und 41 Jahren) die Möglichkeit bietet, im Rahmen einer Tätigkeit bei ausländischen Regierungsstellen die Politik und Kultur des Gastlandes kennenzulernen. Es bestehen Austauschbeziehungen zwischen den USA und 60 anderen Ländern

Arbeitsgemeinschaft für Jugendhilfe
Haager Weg 44
53127 Bonn
Tel.: 0228 910240
Fax: 0228 9102466

Vermittelt Praxisaufenthalte in den USA für Fachkräfte der Sozial- und Jugendarbeit

Arthur F. Burns-Fellowship Programm
c/o Initiative Jugendpresse e.V.
Höhenblick 2
61462 Königstein
Tel.: 06174 7707
Fax: 06174 4123

Bilaterales Stipendienprogramm für Journalisten

Bertelsmann Stiftung
Carl-Bertelsmann-Str. 256
Postfach 103
33311 Gütersloh
Tel.: 05241 817 0
Fax: 05241 816677

Dreimonatige Auslandspraktika für junge Buchhändler mit Berufserfahrung und Lehreraustausch

Carl Duisberg Gesellschaft e.V.
Weyerstr. 79-83
50676 Köln
Tel.: 0221 2098 0 oder -102, -148, -229
Fax: 0221 2098111
Website: http://www.cdg.de

Die Carl Duisberg Gesellschaft bietet eine große Vielzahl an Programmen für Berufstätige und Studenten verschiedener Sparten an, aufgelistet finden Sie nur eine Auswahl:

- *Career Training für Berufe aus Gartenbau und Landwirtschaft, Landwirte, Agraringenieure, Gärtner*
- *Career Training für Berufstätige, Kaufleute, Ingenieure, Hotelfachleute, Sekretärinnen usw.*
- *Career Training für Studierende, Absolventen des Grundstudiums im wirtschaftswissenschaftlichen oder technischen Bereich*
- *Deutsch-Amerikanisches Praktikantenprogramm (BMA): Junge Berufstätige aus kaufmännischen, technischen, handwerklichen u.a. Bereichen mit abgeschlossener Berufsausbildung*
- *Parlamentarisches Patenschaftsprogramm für junge Berufstätige: junge Berufstätige aus kaufmännischen, technischen, handwerklichen und landwirtschaftlichen Bereichen*

The Council of International Programs (C.I.P.) for Youth Leaders and Social Workers
Arbeitsgemeinschaft für Jugendhilfe (AGJ)
Haager Weg 44
53127 Bonn
Tel.: 0228 910240
Fax: 0228 9102466

Studienaufenthalte in den USA für hauptberufliche und ehrenamtlich sozialpädagogische Fachkräfte der Jugend- und Sozialarbeit

Council on International Educational Exchange e.V. (CIEE)
Oranienburger Str. 13-14
10178 Berlin
Tel.: (030) 284859 0
Fax: (030) 28096180
Email:
InfoGermany@councilexchange s.de
Webseite: www.council.de
Tel.: 0228 983600
Fax: 0228 659 564

Bietet Praktikums- und Ferienjobprogramme an. Austauschprogramme für Berufstätige (vor allem Lehrer), Studenten und Schüler. Mit seinem Programm „School Partners Abroad" vermittelt der CIEE Schulpartnerschaften für Gruppen- und Individualaustausch (3-4 Wochen)

Deutsch-Amerikanisches Institut Tübingen
Karlstr. 3
72072 Tübingen
Tel.: 07071 34071

Lehrerfortbildung in den USA

Deutsche Auslandshandelskammern (AHK)
Informationen:
Deutscher Industrie- und Handelstag
Abt I AHK - Personal
Postfach 1446
53004 Bonn
Tel.: 0228 0140

Praktikum an deutschen Auslandshandelskammern und Wahlstationen für Rechtsreferendare

Deutscher Bauernverband e.V.
Internationaler Praktikantenaustausch
Godesberger Allee 142-148
53175 Bonn
Tel.: 0228 81 98299
Fax: 0228 81 89205

Bietet Praktika für junge Landwirte/Gärtner/Hauswirtschafter/innen und praxiserfahrene Studenten in den USA an

Deutscher Famulantenaustausch für Humanmediziner
Godesberger Allee 54
53175 Bonn
Tel.: 0228 375340
Fax: 0228 8104155
Email: dfa@cmex.de
Webseite:
http://www.cmex.de/dfa

Deutscher Bundestag
Verwaltung
Referat Internationale
Austauschprogramme (PB 4)
Bundeshaus
Adenauerallee 133
53113 Bonn
Tel.: 0228 1629336
Fax: 0228 26574

Schüler und junge Berufstätige, Schüleraustausch, Austausch für Berufstätige, Community college

Zahnmedizinischer Austauschdienst (ZAD) e.V.
Mallwitzstr. 16
53177 Bonn
Tel.: 0228 85570

Auslandsfamulatur

ZAV Zentralstelle für Arbeitsvermittlung der Bundesanstalt für Arbeit
Auslandsabteilung
Feuerbachstr. 42-46
60325 Fankfurt a. Main
Postfach 170545
60079 Frankfurt
Tel.: 069 71110
Fax: 069 7111555

Arbeitsvermittlung in verschiedene Richtungen, zum Beispiel Camp Counselor USA, EPCOT-Center Florida, Transamerica Job-Programm

Schul- und Familienaufenthalte

IAESTE International Association for the Exchange of Students for Technical Experience
im DAAD
Kennedyallee 50
53134 Bonn
Tel.: 0228 882 0
Fax: 0228 882 444
email: iaeste@daad.de

Internationaler Praktikantenaustausch in den Fachrichtungen Ingenieur- und Naturwissenschaften, Land- und Forstwirtschaft

Internationale Jugendgemeinschaftsdienste e.V. (IJGD)
Kaiserstr. 43
53113 Bonn
Tel.: 0228 228000

Auslandsaufenthalte, Freiwilligendienste

Internationaler Christlicher Jugendaustausch e.V. (ICJA)
Kiefernstr. 45
42283 Wuppertal
Tel.: 0202 501081
Fax: 0202 506563

Auslandsaufenthalte, freiwillige soziale Dienste im Ausland

Service Civil International
Deutscher Zweig e.V.
Blücherstr. 14
53115 Bonn
Tel.: 0228 212086
Fax: 0228 264234

Workcamps

Visaberatung

Visaberatung: Rechtsanwalt
Jan Frederichs
Hans-Böckler-Str. 19
53225 Bonn
Tel.: 0190 861145
DM 3,63 pro Minute
Mo-Fr. 14-18 Uhr
Email: jfrederichs@hotmail.com
Webseite: www.usa-visa.de

Fragen zum US-Visum werdeh beantwortet. Mo-Fr. 14-18 Uhr, DM 3,63 pro Minute

Servisum
Postfach 120 513
53047 Bonn
Tel.:0228 91 76 89
Fax: 0228 54 949 6

Servisum besorgt gegen ca. DM 70 Visa für alle Länder

Zusätzlich berät der erwähnte Visainformationsdienst der Konsulate.

Studienförderung für Deutsche

Alexander von Humboldt-Stiftung (AvH)
Jean-Paul-Straße 12
53173 Bonn
Tel.: 0228 8 33 0
Fax: 0228 8 33 1 99
Alexander von Humboldt Foundation
U.S. Büro
1055 Thomas Jefferson Street, N.M., Suite 2030
Washington, DC 2007
USA
Tel.: 001 202 296 2990
Fax: 001 202 8338514
Email: humboldt@umail.umd.edu
Webseite: http://www.avh.de

Die Stiftung vergibt jährlich bis zu 500 Forschungsstipendien an promovierte ausländische Wissenschaftler im Alter von bis zu 38 Jahren für einen Forschungsaufenthalt im Ausland; 20 Max-Planck-Forschungspreise für Projekte deutscher und ausländischer Wissenschaftler; 10 Bundeskanzler-Stipendien für künftige Führungskräfte aus den USA; einige weitere Forschungsstipendien für besondere Zwecke

Cusanuswerk - Bischöfliche Studienförderung
Baumschulallee 5
53115 Bonn
Tel.: 0228 631 407 08
Tel.: 0228 63 1237 38
Fax: 0228 651912
Email: Cusanuswerk@T-Online.de
Webseite: www.cusanuswerk.de

Fördert Auslandsstudien seiner Stipendiaten durch Beratung und finanzielle Unterstützung (Reisekosten, Studiengebühren, Auslandszuschlag). Neben regulären, zumeist zweisemestrigen Studienaufenthalten werden auch Praktika und Famulaturen (in begrenztem Maße in der Promotionsförderung auch Forschungsaufenthalte) gefördert

DAAD
Kennedyallee 50
Postfach 200404
53134 Bonn
Tel.: 0228 8820
Fax: 0228 882444

Email: postmaster@daad.de
Webadresse: www.daad.de

Weit gefächerte Förderungsmöglichkeiten für Studierende, Graduierte, Promovierte, Wissenschaftler. Dies sollte die erste Anlaufadresse sein

Deutsche Forschungsgemeinschaft
Kennedyallee 40
Postfach 205004
53170 Bonn
Tel.: 0228 8851
Fax: 0228 8852777
Webseite: http://www.dfg.de

Auslandsstipendien, Reisebeihilfen

Friedrich-Ebert-Stiftung
Abteilung Studienförderung
Godesberger Allee 149
53175 Bonn
Tel.: 0228 8830
Fax: 0228 883697
Webseite: http://www-fes.gmd.de

Verschiedene Förderungsmöglichkeiten

Fulbright-Kommission (FulKom)
Postfach 20 05 55
53135 Bonn
und
Theaterplatz 1 a
53177 Bonn
Tel.: 0228 93569 0
Fax: 0228 363130
Webseite: http://www.fulbright.de
Email: humboldt@umail.umd.edu

Deutsch-amerikanische Institution für den Austausch von Studenten, Wissenschaftlern, Lehrern und besonderen Berufsgruppen

Friedrich-Naumann-Stiftung
Institut für Forschung und Begabtenförderung
Königswinterer Str. 409
53639 Königswinter
Tel.: 02223 701 0
Fax: 02223 701 222
Webseite: http://www.liberale.de

Fritz Thyssen Stiftung
Am Römerturm 3
50667 Köln
Postfach 18 03 46
50506 Köln
Tel.: 0221 2 57 50 51
Fax: 0221 2 57 50 92

Die Stiftung unterstüzt verschiedene Deutsch-amerikanische wissenschaftliche Projekte

Hans-Böckler-Stiftung
Mitbestimmungs-, Forschungs- und Studienförderungswerk des Deutschen Gewerkschaftsbundes
Referat Internationales
Berta-von-Suttner-Platz 3
40227 Düsseldorf
Tel.: 0211 7778 0
Fax: 0211 7778 120
Email: www-oe@boeckler.de

Die Stiftung stellt Kontakte zwischen amerikanischen und deutschen Forschern her

Heinrich Hertz Stiftung
Minister für Wissenschaft und Forschung des Landes Nordrhein- Westfalen
Volklinger Strasse 49
40221 Düsseldorf
Tel.: 0211 896 4266
Fax: 0211 896 4407

Typ des Stipendiums: Grant Stipendien für Graduierte und Postgraduiert, die mit Nordrhein-Westfalen verbunden sind

The German Marshall Fund of the United States
Friedrichstr. 113a
10117 Berlin
Tel.: 030 2834833
Fax: 030 2834853

Forschungsstipendien für junge, deutsche Wissenschaftler auf den Gebieten amerikanischer Politik, Wirtschaft, Geschichte oder Gesellschaftswissenschaften und Reisekostenzuschüsse für Forschungsreisen

John-F.-Kennedy-Institut für Nordamerikastudien
Freie Universität Berlin
Lansstr. 5-9
14195 Berlin
Tel.: 030 8382703
Fax: 030 8382882

Institut mit umfangreicher Bibliothek. Es werden Forschungsstipendien für 1-3 Monate vergeben

Katholischer Akademische Ausländer-Dienst KAAD
Hausdorffstr.151
53129 Bonn
Tel.: 0228 91 75 80

Der KAAD fördert insbesondere durch Postgraduiertenstipendien und Forschungsaufenthalte

Studenten und Wissenschaftler, vor allem Nachwuchskräfte aus Afrika, Asien, Lateinamerika und Osteuropa

Konrad-Adenauer-Stiftung
Rathausallee 12
53757 St. Augustin
Tel.: 02241 2 46 0
Fax: 02241 2 46 591
http://www.kas.de/mail.html
Koordinierungsstelle für die praktischen Studiensemester der Fachhochschulen in Baden-Württemberg (KOOR)
Moltkestr. 4
76133 Karlsruhe
Postfach 24 40
76012 Karlsruhe
Tel.: 0721 9 25 50 80
Fax: 0721 9 25 50 90

Landesamt für Ausbildungsförderung
Behörde für Wissenschaft und Forschung
Hamburger Str. 37
22083 Hamburg

Max Kade Foundation, Inc.
100 Church Street, Suite 1604
New York, NY 10007 USA
Tel.: 001 212 964 7980
Fax: 001 212 964 1549

Die Stiftung gibt Jahresstipendien an promovierte Naturwissenschaftler, die an Forschungsinstistuten in den USA arbeiten möchten

Max Planck Research Awards for Foreign and German Scholars
Alexander Von Humboldt-Stiftung
Jean-Paul Strasse 12
D-53173 Bonn
Tel.: 0228 833 0
Fax: 0228 833 199

Max-Planck-Gesellschaft
Hofgartenstraße 2
80539 München
Postfach 10 10 62
80084 München
Tel.: 089 21 08 0
Fax: 089 21 08 11 11
Zahlreiche Forschungsstipendien

Stiftung Volkswagenwerk
Postfach 81 05 09
30505 Hannover
Kastanienallee 35
30519 Hannover
Tel.: 0511 83 81 0
Fax 0511 83 81 344
Email: mail@volkswagen-stiftung.de

Die Stiftung fördert verschiedene Programme für Wissenschaftler

Stifterverband für die Deutsche Wissenschaft e.V.
Barkhovenallee 1
45239 Essen
Tel.: 0201 84 01 0
Fax: 0201 84 01 3 01

Verschieden Förderprojekte

Studienstiftung des deutschen Volkes
Mirbachstr. 7
53173 Bonn
Tel.: 0228 820960

Auslandsstipendien

Verband der Deutsch-Amerikanischen Clubs
Brigitte Driehaus
Chairperson Student Exchange Program
Meisenweg 5
97299 Zell a. Main
Tel.: 0931 4675231

Der Verband vergibt Stipendien an Studenten

Informationen

Council on International Educational Exchange e.V. (CIEE)
Oranienburger Str. 13-14
10178 Berlin
Tel.: 030 284859 0
Fax: 030 2809 6180
Email:
InfoGermany@councilexchanges.de
Webseite: www.council.de

Herbert Quandt Stiftung
Postfach 40 02 40
80702 München
Hanauer Str. 46
80788 München
Tel.: 089 38 21 16 30
Fax: 089 38 21 16 36

Die Quandt Stiftung fördert verschiedene Projekte für Ausbildung, Wissenschaft und Forschung

Hermann von Helmholtz-Gemeinschaft Deutscher Forschungszentren
Ahrstr. 45
53175 Bonn
Tel.: 0228 37 67 41
Fax: 0228 37 67 44
Email:
http://hgf.gekko.technopark.gmd.de/

Kontakte zu vielen amerikanischen Universitäten und Forschungsstätten

Institute of International Education (IIE)
809 United Nations Plaza
New York, NY 10017-3580
Tel.: 001 212 883 8200
Fax: 001 212 984 5452

National Association for Foreign Student Affairs (NAFSA)
1875 Connecticut Avenue, NW
Suite 1000
Washington, DC 20009 - 5728
Tel.: 001 202 462 4811
Fax: 001 202 667 3419
Email: inbox@nafsa.org

Frauenhofer-Gesellschaft zur Förderung der angewandten Forschung e.V.
Leonrodstr. 54
80636 München

Tel.: 089 12 05 01
Fax: 089 12 05 31 7
Email: gorzaw@zv.fhg.de

Die Frauenhofer-Gesellschaft ist die führende Organisation für angewandte Forschung

Wissenschaftszentrum Berlin für Sozialforschung (WZB)

Reichpietschufer 50
10785 Berlin
Tel.: 030 25 49 10
Fax: 030 25 49 16 84
Email: wzb@wz-berlin.de

Kooperationen mit amerikanischen Univeritäten

Kultusministerien

Baden-Würtemberg:
Oberschulamt Stuttgart
Postfach 103642
70031 Stuttgart
Breitscheidstr. 42
70176 Stuttgart
Tel.: 0711 6670 0
Fax: 0711 6670 477
Email:
poststelle@osas.kultusvw.bwl.de

Bayern: Bayrisches Staatsministerium für Unterricht und Kultur
Salvatorstr. 1
80333 München
Tel.: 089 21860
Fax: 089 2186 2800

Brandenburg: Ministerium für Bildung, Jugend und Sport
Postfach 900161
14437 Potsdam
Steinstr. 104-106
14480 Potsdam
Tel.: 0331 866 0
Fax: 0331 866 3595

Bremen: Senator für Bildung, Wissenschaft, Kunst und Sport
Rembertiring 8-12
28195 Bremen
Tel.: 0421 361 6587
Fax: 0421 361 4176

Berlin: Senatsverwaltung für Schule, Jugend und Sport
Beuthstr. 6-8
0117 Berlin-Mitte
Tel.: 030 90267
Fax: 030 9026 5001
Email:
martina.holzer@sensjs.verwalt-berlin.de

Hamburg: Behörde für Schule, Jugend und Berufsbildung
Hamburger Str. 31
22083 Hamburg
Tel.: 040 42863 0
Fax: 040 42863 3496

Hessen: Kultusministerium Hessen
Luisenplatz 10
65185 Wiesbaden
Tel.: 0611 3680
Fax: 0611 368 2099

Mecklenburg-Vorpommern: Ministerium für Bildung, Wissenschaft und Kultur des Landes Mecklenburg-Vorpommern
Wiederstr. 124, 19055 Schwerin, 0385-5880, Fax 0385-588-7082, Email: **presse@kultus.mv.de**

Niedersachsen: Niedersächsisches Kultusministerium
Schiffsgraben 12
30159 Hannover
Tel.: 0511 1200
Fax: 0511 120 7450

NRW: Ministerium für Schule und Weiterbildung, Wissenschaft und Forschung des Landes NRW
Völkinger Str. 49
40221 Düsseldorf
Tel.: 0211 89603
Fax: 0211 8964514
Email:
Poststelle@mswwf.nrw.de

Rheinland-Pfalz: Ministerium für Bildung, Wissenschaft und Weiterbildung Rheinland-Pfalz
Postfach 3220
55022 Mainz
Mittlere Bleiche 61
55116 Mainz
Tel.: 06131 160
Fax: 06131 162997

Saarland: Ministerium für Bildung, Kultur und Wissenschaft
Postfach 102452
66024 Saarbrücken
Hohenzollernstr. 60
66117 Saarbrücken
Tel.: 0681 503 0
Fax: 0681 503 291

Sachsen-Anhalt: Kultusministerium des Landes Sachsen-Anhalt
Turmschanzenstr. 32
39114 Magdeburg
Tel.: 039156701
Fax: 0391-567-3695

Schleswig-Holstein: Ministerium für Bildung, Wissenschaft Forschung und Kultur des Landes Schleswig-Holstein
Postfach 1467
24013 Kiel
Brunswiker Str. 16-22
Tel.: 0431 988 0
Fax: 0431 988 5888

Thüringen: Thüringer Kultusministerium
Postfach 190

99004 Erfurt
Werner-Seelenbinder-Str. 1
99096 Erfurt
Tel.: 0361 37900
Fax: 0361 3794 690

Index

Interessiert immer auf dem neuesten Stand in Sachen USA zu sein? Interessiert an unserem Magazin oder Literatur? Rufen Sie uns an. Tel.: 0228-97350, tägl. 9-22 Uhr

DAS NEUE USA-MAGAZIN

Das Ratgeber-Magazin für Amerika-Begeisterte, die Ihre Pläne auch verwirklichen wollen! Wir zeigen Ihnen, was andere gemacht haben und wie Sie Ihre eigenen Pläne realisieren können.

☐ Ich möchte mir eine Einzelausgabe zum Einführungspreis von 9,80 sichern. Jetzt anrufen: 0228-97350.

☐ Ja, ich will mehr wissen.
Informieren Sie mich halbjährlich: Studiengänge, Praktika, Austauschprogramme, Jobsuche, Existenzgründung, Immobilien, Green Card und vieles mehr...

Oder anrufen: 0228-97350 oder Fax: 0228-9735190

TIA-BEWERBUNGSSERVICE

Sie benötigen eine aussagekräftige Bewerbung nach amerikanischem Vorbild?

Kein Problem: TIA bietet professionelle Unterstützung bei der Bewerbung "auf amerikanisch".

- **Servicepacket 1**: Falls Sie schon einen USA geeigneten deutschen Lebenslauf und ein Anschreiben haben, können Sie sich beides von TIA in vorgegebenem Format übersetzen lassen.
- **Servicepacket 2**: Übersetzung, Umformulierung und Layout eines allgemeinen Lebenslaufes und eines Anschreibens. Sie geben nur die Inhalte vor.
- **Servicepacket 3**: Zielgerichtete Bewerbung. Wenn Sie sich bei mehreren Firmen bewerben möchten, kann TIA Ihnen helfen, Ihre Bewerbung auf die jeweilige Firma abzustimmen.
- **Servicpacket 4**: Wenn Sie nicht wissen, wie Sie die Arbeitssuche überhaupt angehen sollen, wie Sie sich präsentieren sollen, wie Sie überzeugen können, erhalten sie auf Wunsch individuelle Beratung durch Bewerbungsprofis.

Interesse? Lassen Sie sich von der Qualität und unseren guten Preisen von überzeugen!

TIA Martell - Hans-Böckler-Str. 19 - 53225 Bonn - Tel.: 0228-97350 Fax: 0228-9735190